Ida Pfeiffer
ABENTEUER INSELWELT

Ida Pfeiffer

ABENTEUER INSELWELT

Die Reise 1851
durch Borneo, Sumatra und Java

Herausgegeben und Vorwort von Gabriele Habinger

Die Deutsche Bibliothek – CIP-Einheitsaufnahme

Pfeiffer, Ida:

Abenteuer Inselwelt: die Reise 1851 durch Borneo, Sumatra und Java/ Ida Pfeiffer. [Hrsg.: Gabriele Habinger]. - Wien: Promedia-Verl.-Ges., 1993

(Edition Frauenfahrten)

ISBN 3-900478-70-8

NE: Habinger, Gabriele [Hrsg.]

Titel der Originalausgabe: Meine Zweite Weltreise, Wien 1856.
    Erster Teil: London. Das Cap der guten Hoffnung. Singapore. Borneo. Java.
    Zweiter Teil: Sumatra. Java. Celebes. Die Molukken.
Umschlagentwurf: Gisela Scheubmayr
Druck: Wiener Verlag, Himberg
Printed in Austria
ISBN 3–900478–70–8

Vorwort

Am 18. März 1851 verließ Ida Pfeiffer Wien in Richtung London. Dies war der Beginn ihrer zweiten Weltreise, die schließlich mehr als vier Jahre dauern sollte. Gerade bei dieser Reise ließ sich die 53jährige Wienerin vor allem durch ihr Entdeckerfieber leiten. Ursprünglich spielte sie mit dem Gedanken, Australien zu erkunden. *Diesem Vorhaben mußte ich entsagen,* schrieb sie in der Vorrede ihres Reiseberichtes, *denn meine Reise wäre gerade in die Zeit gefallen, als man in Australien die reichen Goldlager entdeckte, als die Auswanderer von allen Seiten dahin strömten und in Folge dessen Leben und Aufenthalt über alle maßen teuer wurden.*

In London traf sie sich mit dem bekannten Geographen August Petermann, um mit ihm ihre Reisepläne zu diskutieren. Sie beschloß daraufhin, von Kapstadt, ihrem ersten Ziel, ins unbekannte Innere des afrikanischen Kontinents vorzudringen – doch auch dieses Vorhaben mußte sie aus Geldmangel aufgeben. Schließlich nahm sie eine günstige Schiffspassage nach Singapur wahr und erkundete die nächsten zweieinhalb Jahre die Inselwelt des Malaiischen Archipels.

Zunächst ging Pfeiffer an die Westküste Borneos nach Sarawak, das seit 1841 von James Brooke, dem „Weißen Raja", mit fester Hand regiert wurde; er hatte hier einen Stützpunkt für den britischen Kolonialismus geschaffen. In Begleitung des Neffen von James Brooke besuchte sie erstmals die einheimischen Dajak. Auf Borneo gelang der Wienerin eine beachtenswerte Leistung: Sie durchquerte als erste Weiße das Innere der Insel auf einer Route, auf der ihr später viele Forschungsreisende folgen sollten. Dieses Unterfangen war nicht ungefährlich, schließlich rettete sie beim Zusammentreffen mit einer kriegerischen Gruppe von Dajak nur die Flagge des bei den Einheimischen ihrer Meinung nach sehr geschätzten – vielleicht auch gefürchteten – Raja Brooke.

Über Batavia, der Hauptstadt von Niederländisch-Indien – ein Großteil des heutigen Indonesiens war damals Kolonialbesitz der Holländer –, gelangte Pfeiffer schließlich nach Padang, dem Hauptort der holländischen Besitzungen auf Sumatra. Hier plante sie ihr bisher größtes Wagnis: Sie wollte, trotz zahlloser Warnungen, die als Kannibalen verrufenen Batak aufsuchen und bis zu deren Zentrum, dem Tobasee, vordringen. Dieser See war im 19. Jahrhundert Anlaß zahlreicher Expeditionen: Die Europäer wußten zwar von seiner Existenz, die Toba-Batak verwehrten aber Fremden den Zutritt.

Es war ein gefahrvoller, beschwerlicher und weiter Weg, der letzte Teil der Strecke mußte zu Fuß zurückgelegt werden. Nur wenige Kilometer vom Ziel entfernt – Pfeiffer war bis in die Nähe des heutigen Tarutung vorgedrungen – wurde ihr die Weiterreise verwehrt; trotzdem war sie weiter gekommen, als jeder Europäer vor ihr. Vielleicht rettete ihr nicht zuletzt die Tatsache, daß sie eine Frau war, das Leben, aber auch ihr furchtloses und entschlossenes Verhalten in kritischen Situationen und der ihr eigene trockene Humor halfen ihr bei der Bewältigung so mancher kritischen Situation.

Diese Reise war eine der abenteuerlichsten, aber auch eine der beschwerlichsten, die Ida Pfeiffer bis zu diesem Zeitpunkt zu bestehen hatte; sie selbst beschrieb die Reise durch Sumatra als *die interessanteste von allen*. Die Wienerin reiste durch die indonesische Inselwelt auf die gewohnt bescheidene Art, meist führte sie gerade so viel Gepäck mit sich, daß sie es im Notfall alleine tragen konnte; während der Expeditionen, die nicht selten in anstrengenden Fußmärschen mündeten, ernährte sie sich manchmal nur von Reis und Wasser. Trotz häufiger Regenschauer konnte sie Kleider und Wäsche oft nicht wechseln, sie mußte die Angriffe springender Blutsauger ertragen und manchmal mit bloßen Füßen die morastigen Wege meistern. Sie scheute auch nicht davor zurück, sich nur von einem einheimischen Führer begleiten zu lassen.

Auf dem Weg nach Celebes machte Ida Pfeiffer ein zweites Mal Station auf Java. Auf dieser Insel stattete sie den noch heute beliebten Touristenzielen Besuche ab, unter anderem dem erst wenige Jahre vor ihrer Ankunft wiederentdeckten Tempel von Borobudur, einem der schönsten Sakralbauten der buddhistischen Welt. Schließlich reiste sie weiter nach Celebes, dem heutigen Sulawesi, sie besuchte die Molukken, damals auch als „Gewürzinseln" berühmt, und durchquerte zu Fuß die Insel Seram. Am 6. Juli 1853 endeten ihre Inselabenteuer, mit der Seereise nach San Francisco begann der zweite Abschnitt der Weltreise.

In Kalifornien suchte Pfeiffer Goldwäschereien auf und unternahm einen Ausflug zu den Rogue-River-Indianern; sie bereiste Peru und Ecuador und wagte in der Nähe des Chimborazo eine Überquerung der Kordilleren. Auch Südamerika hielt einige Abenteuer für die Weltenbummlerin bereit: Ein Sturz in einen von Kaimans wimmelnden Fluß endete glimpflich, obwohl Ida Pfeiffer nicht schwimmen konnte; und sie sah ein großartiges Naturschauspiel: den Ausbruch des Vulkans Cotopaxi. Über den Isthmus von Panama gelangte Pfeiffer nach Nordamerika, sie fuhr den Mississippi entlang nordwärts, besuchte Montreal, Quebec und die Großen Seen und bestaunte die Niagarafälle, die sie als *eine der wunderbarsten, erhabensten Naturszenen in Gottes schöner Welt* bezeichnete – eine Entschädigung für all die *Mühen und Beschwerden,* die ihr das Reisen abverlangte.

Auch Besuche der nordamerikanischen Städte und Schilderungen ihres bunten Treibens fehlen im Reisebericht nicht: New Orleans, St. Louis, Chicago, Boston, New York. In dieser *Weltstadt Amerikas,* die damals 600.000 Einwohner zählte, verbrachte sie rund sechs Wochen, im November 1854 schiffte sie sich nach England ein. Nach einem Abstecher auf die Azoreninsel São Miguel, wo sie fast fünf Monate mit ihrem Sohn Oscar verbrachte, den sie nach sechs Jahren erstmals wieder traf, fuhr sie über Lissabon nochmals nach London, wo sie am 14. Juni 1855 eintraf und ihre Reise somit als *glücklich vollendet* erklärte.

Als die Wienerin zu ihrer zweiten Weltreise aufbrach, war sie kein unbeschriebenes Blatt mehr, obwohl sie ihr Reiseleben erst im Alter von 44 Jahren begonnen hatte und ihre schriftstellerische Karriere eher einem Zufall zu verdanken war. Am 22. März 1842 bestieg Ida Pfeiffer in Wien ein Dampfschiff, das sie nach Konstantinopel bringen sollte, ohne jemandem das wahre Ziel ihrer Reise anzuvertrauen – sie wollte das Heilige Land bereisen, erklärte aber, *sie werde eine Freundin in Konstantinopel, mit der sie seit langer Zeit in lebhafter Korrespondenz stand, besuchen.** Verwandten

---

*   Ida Pfeiffer: *Biographische Skizze, nach ihren eigenen Aufzeichnungen,* S. XXXI, veröffentlicht in der *Reise nach Madagaskar,* Wien 1861. Diese Biographie verfaßte vermutlich Oscar Pfeiffer, basierend auf den Aufzeichnungen seiner Mutter, nach deren Tod er die Herausgabe ihres letzten Reiseberichtes übernahm.

und Freunden schien selbst die Idee, bis Konstantinopel zu reisen, äußerst verrückt – doch die angehende Weltreisende hatte sich gewappnet: mit einem *festen unabänderlichen Willen*, der sie in der Folge meistens die selbstgesteckten Ziele erreichen ließ. Außerdem hatte sie ihre *irdischen Angelegenheiten mit voller Besonnenheit* vor der Abreise geordnet und für alle Eventualitäten vorgesorgt: *Ich machte mein Testament, bestellte alles der Art, daß im Falle des Todes, worauf ich mehr gefaßt sein mußte, als auf eine glückliche Rückkehr, die Meinigen alles in bester Ordnung fänden.** Nach einer Abwesenheit von neun Monaten kehrte sie jedoch wohlbehalten nach Wien zurück. Sie hatte Beirut, Jerusalem und Bethlehem besucht, auf dem Weg nach Damaskus den Libanon überquert und war schließlich von Alexandria mit einer arabischen Barke den Nil aufwärts bis Kairo gelangt. Auf abenteuerliche Weise hatte sie reiten gelernt, was ihr auf den zukünftigen Reisen noch sehr zum Vorteil gereichen sollte.

Mit Akribie und zum Teil mit spitzer Feder – auch für die folgenden Reiseaufzeichnungen charakteristisch – hatte sie in ihrem Tagebuch all ihre Schritte und Erlebnisse dokumentiert. Ursprünglich waren diese Aufzeichnungen als persönliche Erinnerungshilfe gedacht, doch der Wiener Verleger Dirnböck konnte sie zu einer Veröffentlichung überreden. Er hatte guten verlegerischen Instinkt bewiesen: Innerhalb weniger Jahre wurde die *Reise einer Wienerin in das heilige Land* viermal aufgelegt, Ida Pfeiffer war somit binnen kürzester Zeit zu einer der beliebtesten Reiseschriftstellerinnen ihrer Zeit geworden.

Knapp zweieinhalb Jahre nach ihrer Rückkehr aus dem Orient trat Ida Pfeiffer im April 1845 ihre zweite große Reise an. Da ihr eine Fahrt zum Nordpol denn doch etwas zu gewagt schien – er *zeigte trotz aller magnetischen Anziehungskraft bei näherer Überlegung unüberwindliche Schwierigkeiten*** –, wählte sie ein anderes Ziel im hohen Norden: die Vulkaninsel Island. Diese lockte sie wegen ihrer unvergleichlichen Naturwunder, aber auch weil

---

* Ida Pfeiffer: *Reise einer Wienerin in das heilige Land*, 2 Teile, Wien 1844, S. 1f.

** Ida Pfeiffer: *Biographische Skizze*, S. XXXI.

sie hoffte – aus der Literatur angeregt –, hier, was Gesittung und Lebensweise der Bewohner betraf, *ein wahres Arkadien* zu finden.

Zu Beginn ihrer Reise ins Heilige Land hatten sie noch *heftige Kopfschmerzen, Fieberschauer und wiederholtes Erbrechen* gequält, vermutlich aus Furcht vor der vollkommen neuen Situation und der unbekannten Schwierigkeiten, die im Ausland auftreten könnten, doch nun war die Aussicht auf eine weite Reise nicht mehr angsteinflößend: *Von allen meinen Lieben nahm ich diesmal viel leichteren Abschied; ich hatte nun schon erprobt, daß eine Frau mit festem Willen in der Welt ebenso gut fort kommt wie ein Mann und daß man überall gute Menschen findet.*

Die Isländer enttäuschten Ida Pfeiffer: Sie fand hier keine edlen, gebildeten Menschen, die in harmonischem Einklang mit der Natur leben. Die ärmlichen Lebensbedingungen der isländischen Bauern stießen sie ebenso ab wie das gezierte Verhalten der *sogenannten gebildeten Klasse* in Reykjavík. Sie wandte sich also den Naturschönheiten der Insel zu: Auf dem kleinen, aber zähen isländischen Pferd durchstreifte sie die bizarre vulkanische Landschaft, fasziniert beschrieb sie Geysire und Schwefelquellen, und auch von einer Besteigung des Vulkan Hekla berichtete sie in ihrer *Reise nach dem skandinavischen Norden und der Insel Island*. Dieses Buch stellt ein interessantes Zeitdokument dar – Ida Pfeiffer war vermutlich die erste Österreicherin, die die Insel am Polarkreis besuchte.

Nach einem Aufenthalt von zweieinhalb Monaten verließ sie Island auf einer *erbärmlichen Schaluppe* in Richtung Kopenhagen. Mit einem von ihr selbst gelenkten kleinen Wagen unternahm sie eine fünftägige Rundfahrt durch das südliche Norwegen; per Dampfschiff gelangte sie von Göteborg aus über den Göta Älv und die mittelschwedischen Seen nach Stockholm. Hier wurde sie sogar der Königin vorgestellt: *Ihre Majestät hörten von meinen Reisen und nahmen ein ganz besonderes Interesse an jener von Palästina.* Ida Pfeiffer wurde langsam aber sicher zu einer Berühmtheit.

Nach einer sechsmonatigen Abwesenheit kehrte die Reisende nach Wien zurück und begann nun sofort mit der Bearbeitung ihres zweiten Reiseberichtes, denn das Tagebuch ihrer Nordlandfahrt war von vornherein zur Veröffentlichung bestimmt. Das

Honorar für ihre Bücher trug wesentlich dazu bei, die Reisekasse wieder aufzufüllen.

Am 1. Mai 1846 reiste Ida Pfeiffer abermals von Wien ab, um von Hamburg aus zu ihrer ersten Weltumrundung in See zu stechen. Sie besuchte Brasilien, wo sie mit ihrem Regenschirm mutig den Angriff eines entflohenen Sklaven abwehrte, umrundete das Kap Hoorn und gelangte über Chile und die Südseeinsel Tahiti nach China, aufgrund der prekären politischen Lage blieb sie hier jedoch nur kurz. In Indien bewunderte sie das Taj-Mahal, sie erhielt Zutritt zu Häusern reicher, vornehmer Inder, erlebte Tigerjagden und durchquerte schließlich einen Teil des Landes auf einem Ochsenkarren – Beschwernisse oder Gefahren konnten sie selten von ihren Plänen abbringen. Von Bombay ging die Reise weiter nach Mesopotamien, sie fuhr den Tigris hinauf und besichtigte die gerade erst zu Berühmtheit gelangten Ausgrabungen von Ninive und Nimrud. Zwischen Mosul und Täbris – einer Route, die als besonders gefährlich galt – schloß sie sich einer kleinen Karawane an und kehrte über Armenien, Georgien und Konstantinopel nach Europa zurück.

Beunruhigt durch die Ereignisse in Wien – man schrieb das Revolutionsjahr 1848 – und besorgt um ihre Angehörigen eilte sie nach Hause. Nachdem Wien von den kaiserlichen Truppen im Sturm genommen worden war, durfte sie am 4. November 1848, nach einer Abwesenheit von mehr als zweieinhalb Jahren, die Stadt betreten. *Erst nachdem ich alle die Meinigen unversehrt gesehen hatte, war ich imstande, mit frohem Herzen mein Dankgebet an die gütige Vorsehung zu richten, die mich in allen Gefahren und Leiden so wunderbar geschützt und stets kräftig erhalten hatte*, schrieb sie am Ende ihres Reiseberichtes. Doch die Mutmaßungen mancher ihrer Zeitgenossen, sie würde sich nach den Anstrengungen, die eine Weltumrundung mit sich brachte, etwas Ruhe gönnen, zerstreute die wagemutige, aber doch schon bejahrte Reisende mit dem Aufbruch zu ihrer zweiten Reise um die Welt.

Ein großes Abenteuer, die Reise nach Madagaskar, stand Ida Pfeiffer noch bevor – im Mai 1856 verließ sie ein letztes

Mal ihre Heimatstadt. Es war nicht leicht, die Insel zu betreten, da diese von einer den Europäern äußerst feindlich gesinnten Königin regiert wurde, die nur wenigen Ausländern Zutritt gewährte. In Mauritius gelang es der Wienerin zwar, eine Einreiseerlaubnis zu erwirken, doch durch ihren Fürsprecher wurde sie in eine Verschwörung gegen die Herrscherin verwickelt, die entdeckt wurde und den Beteiligten beinhahe das Leben gekostet hätte.

Bereits während ihrer zweiten Weltreise hatte Pfeiffer des öfteren über Fieberanfälle geklagt, die nun verstärkt wieder einsetzten. Sie wurde des Landes verwiesen, man transportierte sie jedoch auf einem besonders langen Weg, durch sumpfige Niederungen, zur Küste, oft konnte sie tagelang, vom Fieber geschwächt und vollkommen apathisch, ihr Lager nicht verlassen. *Halb sterbend*, wie sie selber schrieb, langte Ida Pfeiffer in Mauritius an – doch während ihrer mehrere Monate dauernden Genesungsphase begann sie neue Reisepläne zu schmieden: Sie wollte doch noch die Gelegenheit wahrnehmen und von hier nach Australien reisen. Trotz ihres ungebrochenen Reise- und Lebenswillens erholte sie sich nicht mehr von ihrer Krankheit: Schwer gezeichnet kehrte Ida Pfeiffer im September des Jahres 1858 nach Wien zurück und starb nur wenige Wochen später an den Folgen des Madagaskar-Fiebers.

Was veranlaßte diese Frau, all die Mühen und Strapazen auf sich zu nehmen? Galt es doch Mitte des vorigen Jahrhunderts nicht nur für Angehörige des schwachen Geschlechts als besonderes Wagnis, eine Weltreise zu unternehmen. Als die Wienerin ihre zweite Weltumrundung gerade beendete, stellte ein Journalist bewundernd und ein wenig erstaunt fest: *Gehören schon für einen* Mann *ganz besondere Eigenschaften und Umstände dazu, um großartige Reiseunternehmungen auch nur mit einiger Aussicht auf Erfolg wagen zu können, so muß es doppelt Wunder nehmen, eine schwächliche, vermögenslose Frau Reisen der gefahrvollsten und kostspieligsten Art nach fernen, ungesunden, noch völlig undurchforschten Punkten der Erde, allein mit den bescheidensten Ersparnissen, bloß im*

*„Vertrauen auf ihr gutes Glück", unternehmen und durchführen zu sehen.**

Ein großes Handicap war auch, daß Ida Pfeiffer nur wenig Geld zur Verfügung hatte. Die österreichische Regierung gewährte ihr zwar erstmals einen Zuschuß von 150 Pfund Sterling, doch aufgrund ihres geringen Budgets hatte sie *nichts weniger im Sinne, als eine zweite Reise um die Welt zu machen*, schrieb sie rückblickend in der Vorrede ihres Reiseberichts. Ihre Pläne konnte sie tatsächlich nur verwirklichen, weil sie von den holländischen Kolonialbeamten, aber auch von einigen Privatpersonen tatkräftig unterstützt wurde. *Allen diesen Herren* widmete sie ihr vierbändiges Werk, das 1856 unter dem Titel *Meine Zweite Weltreise* in Wien erschien. Die freien Schiffspassagen, die sie in Niederländisch-Indien erhielt, bestimmten in einem großen Ausmaß ihre Reiseroute.

Als Reisemotivation gab Pfeiffer immer wieder eine angeborene *Reise- und Wanderlust* und eine schon in der Kindheit verspürte Sehnsucht nach fernen Ländern an; in der Vorrede zur ersten Weltreise schrieb sie: *Wie es den Maler drängt, ein Bild zu malen, den Dichter, seine Gedanken auszusprechen, so drängt es mich, die Welt zu sehen. – Reisen war der Traum meiner Jugend, Erinnerung des Gesehenen ist nun das Labsal meines Alters.* Viele ihrer Zeitgenossen argumentierten ähnlich, doch nur selten gestand man ihr wissenschaftliche Ambitionen zu – höchstens eine gewisse persönliche Wißbegierde: *Keine dahin zielende Erziehung, keine eigentlich wissenschaftliche Anregung, kein Drang nach forschender Entdeckung waren die Motive, welche unsere berühmte Reisende bestimmten, die Erde zu sehen. [...] Schon als Kind zeigte sie einen festen und starken Willen, eine muthige Unerschrockenheit und eine große Wißbegierde, die sich mit den reiferen Jahren immer mehr entwickelten, zu denen sich eine unbezwingbare Reiselust gesellte.***

Ein anderer Journalist erklärte ihre Reisetätigkeit, die letztendlich mehr als 16 Jahre andauern sollte, folgendermaßen: *Zu welchem Zweck, welcher Idee Leben gebend Frau Ida Pfeiffer reist, weiß*

---

* Abendblatt der Wiener Zeitung, Wien, Nr. 110, 14. Mai 1856, Feuilleton.

** Die Donau, Wien, Jg. 1855, S. 3277, Feuilleton.

sie wohl selbst nicht. Es scheint mir nicht der dichterische Drang nach Freiheit, nicht der wissenschaftliche nach Unterweisung, nicht der philosophische nach Wahrheit, es scheint mir eine Abenteuerlust, ein Reiz an Gefahren, eine Sonderbarkeitsgrille und jetzt schon eine Gewohnheit. *

Doch bereits in Island hatte Pfeiffer mit dem Sammeln von Naturalien begonnen, später brachte sie auch ethnographische Gegenstände mit, und diese Sammeltätigkeit wurde eine wichtige Legitimation ihrer Reisen. Außerdem besserten die Einkünfte aus dem Verkauf der mitgebrachten Objekte das Reisebudget auf, das Sammeln entwickelte sich deshalb zu einem unverzichtbaren Bestandteil ihrer Unternehmungen.

Pfeiffer hatte zwar keine wissenschaftliche Ausbildung genossen – der Besuch von höheren Schulen und Universitäten war Frauen damals verwehrt – doch den Mangel an Möglichkeiten versuchte sie durch verstärkte Eigeninitiative auszugleichen. Während ihres Londonaufenthaltes zu Beginn der zweiten Weltreise berichtete sie unter anderem davon, das Britische Museum besucht zu haben, um sich hier weitere Kenntnisse über Sammeltechniken anzueignen.

Eine Ausbeute dieser Sammeltätigkeit war das private *Naturalien- und Kunstcabinet*, das Pfeiffer nach ihrer zweiten Weltreise *für alle Neugierigen und Wissenschaftsmenschen* ** in Wien eröffnete. Ein Besucher berichtete nicht ohne wonnigen Schauder von den zur Besichtigung ausgestellten ethnographischen Gegenständen: *Dieselben bieten eine Kollektion von höchst merkwürdigen, zu großem Theile selten oder nie in Europa erblickten Dingen. Wir sahen darunter Kleidungsstücke der wilden Deyaker auf Borneo, diademartigen Kopfschmuck ihrer Fürsten, Ohrgehänge, Gürtel, Waffen, den mit Menschenhaaren behangenen Korb, in welchem die Deyaker den abgehauenen Kopf ihres Schlachtopfers an der Seite tragen, ferner ein Halsband von etwa 150 Menschenzähnen erschlagener Feinde, das unter jenen Wilden als der höchste Schmuck kriegerischer Tapferkeit gilt, und viele andere derartige Dinge. Aus dem Battakerlande auf Sumatra, in welches*

---

*   Unterhaltungen am häuslichen Herd, Leipzig, Jg. 1856, S. 237.

**   Ebda, S. 236.

Frau Ida Pfeiffer tiefer eingedrungen ist als die am weitesten gekomme-
nen zwei katholischen Missionäre, die vor einigen Jahren dorten erschla-
gen und von den Kannibalen verzehrt wurden, hat sie noch merkwürdi-
gere Dinge mitgebracht. [...] der von unserer Reisenden mitgebrachte
Mantel eines ihrer Häuptlinge ist ein Meisterstück starker, solider und
geschmackvoller Weberei. Noch interessanter aber ist ein Battakisches
Buch, in einer ganz regelmäßigen Schrift auf Bast mit tiefschwarzer
Tinte geschrieben, und ein Battakischer Kalender, der aus zwei runden,
voll Buchstaben und Zeichen geschnitzten Hölzern besteht. Neben die-
sen Kulturgegenständen lehnt wie eine freche Verhöhnung der Civilisa-
tion ein Tungal Panaluan, d.h. ein über sechs Fuß hoher Stock, der aus
dem Holze des Baumes geschnitzt ist, an welchen die Battaker ihre Opfer
binden, ehe sie dieselben köpfen und aufzehren. Sie schreiben einem
solchen Stocke wunderbare Eigenschaften zu und pflegen ihn sehr
zierlich zu schnitzen. Eine menschliche Figur reiht sich an die andere an
diesem kannibalischen Möbel, das hier in der Ecke eines freundlichen
Zimmers am Graben in Wien einen unheimlichen Erinnerungspfahl an
blutige Szenen im indischen Archipel abgibt.*

Anläßlich dieser Ausstellung wurden auch Wünsche laut,
Pfeiffer möge öffentliche Vorträge über ihre Reisen halten, da
diese vermutlich einiges Interesse erwecken könnten, und man
knüpfte ganz bestimmte Erwartungen daran: *Sie würde keinen*
gelehrten Vortrag halten, keine geistreich zugespitzten Phrasen spre-
chen; aber eben ihre schlichte Darstellung, ihre naivheitere Erzählung,
das Vorzeigen der Hunderte von mitgebrachten interessantesten Gegen-
ständen würde fesseln, rühren, Staunen und Bewunderung hervorru-
fen.** Pfeiffer wollte ursprünglich nichts davon wissen, da sie die
Kritik des Publikums zu sehr scheute, doch schließlich ließ sie
sich umstimmten und referierte über ihre zweite Weltreise.***

---

*   Ost-Deutsche Post, Wien, Nr. 262, 11. November 1855, Feuilleton.

** Die Donau, Wien, Jg. 1855, S. 3293, Feuilleton.

*** In Pfeiffers Nachlaß sind zwei handschriftliche Vortragsmanuskripte vorhan-
    den, eines mit dem Titel *Reise auf Sumatra zu den Canibalen,* ein zweites zeigt
    stichpunktartig die Etappen der zweiten Weltreise auf. (Vgl. Hiltgund Jehle: Ida
    Pfeiffer. Weltreisende im 19. Jahrhundert, Münster/New York 1989, S. 32.)

Das vorliegende Buch *Abenteuer Inselwelt* enthält in geringfügig gekürzter Form die ersten beiden Bände der zweiten Weltreise Ida Pfeiffers. Orthographie und Zeichensetzung wurden dem heutigen Sprachgebrauch angepaßt, veraltete oder unverständliche Begriffe durch Anmerkungen erläutert. Eigennamen und Ortsbezeichnungen wurden nicht verändert, da sie in den meisten Fällen problemlos zugeordnet werden können. Die Abbildungen stammen aus zeitgenössischen Publikationen, zwei aus dem Originalbericht. Der Beginn der Reise, ein sechswöchiger Aufenthalt in London, wurde in die Publikation nicht aufgenommen und soll daher kurz skizziert werden.

Eine Fahrt nach London war zwar zur damaligen Zeit nur noch *eine Spazierfahrt, die man bequem in vier Tagen machen kann,* dennoch benötigte Ida Pfeiffer fast einen Monat, da sie auf dem Weg Freunde und Verwandte in Prag und Hamburg besuchte. Am 10. April kam sie in London an. Die Wienerin war unangenehm berührt vom ungewohnt regen Treiben in den Straßen der Großstadt: *Dieses Pressen und Drängen der Menschen, das Gewirre der zahllosen Wagen, die das Überschreiten einer Straße wahrhaft lebensgefährlich machen, ließen mich die Minute segnen, in der ich mein Zimmer erreichte.* Auch die ungewohnte Größe der Stadt war für sie eher eine *weitere Unbequemlichkeit,* denn Anlaß zu fasziniertem Staunen.

Doch sie verbrachte nicht all ihre Zeit im Zimmer: Sie besichtigte Sehenswürdigkeiten in der Stadt selbst und unternahm mehrere Ausflüge in deren nähere Umgebung, bewunderte die exotischen Tiere des zoologischen Gartens und lobte soziale Einrichtungen wie das *Narrenhospital.* Aber auch Seitenhiebe gegen die *sogenannte "feine Lebensart", den Stolz und Hochmut der Aristokratie und der Reichen* konnte sich Pfeiffer nicht verhehlen, und sie machte sich über das langweilige gesellige Leben der Engländer lustig.

Nachdem die Reisende ihren Wissensdurst durch mehrere Besuche der Weltausstellung und verschiedener Museen und Galerien gelöscht und auch ihre Reisepläne geklärt hatte, begab sie sich am 24. Mai an Bord des Segelschiffes, das sie an die Südspitze Afrikas bringen sollte.

Gabriele Habinger, Wien 1993.

Im Buchhandel erhältliche Reiseberichte von Ida Pfeiffer:

Eine Frau fährt um die Welt. Die Reise 1846 nach Südamerika, China, Ostindien, Persien und Kleinasien, Promedia Verlag, „Edition Frauenfahrten", Wien 1992.

Nordlandfahrt. Eine Reise nach Skandinavien und Island im Jahre 1845, Promedia Verlag, „Edition Frauenfahrten", Wien 1991.

Verschwörung im Regenwald. Ida Pfeiffers Reise nach Madagaskar im Jahre 1857, Schönbach Verlag, Basel/Hannover 1991.

Literatur zu Ida Pfeiffer:

Birkett, Dea: Spinsters Abroad. Victorian Lady Explorers, Oxford 1989.

Habinger, Gabriele: Aufbruch ins Ungewisse. Ida Pfeiffer (1797 – 1858) – Auf den Spuren einer Wiener Pionierin der Ethnologie. In: Kossek/Langer/Seiser (Hg.): Verkehren der Geschlechter. Reflexionen und Analysen von Ethnologinnen, Wien 1989, 248 – 261.

Jehle, Hiltgund: Ida Pfeiffer. Weltreisende im 19. Jahrhundert, Münster/New York 1989.

Kullik, Rosemarie: Frauen „gehen fremd". Eine Wissenschaftsgeschichte der Wegbereiterinnen der deutschen Ethnologie, Bonn 1990, 17 – 20.

Mouchard, Christel: Es drängte sie, die Welt zu sehen. Unentwegte Reisende des 19. Jahrhunderts, Hannover 1990, 221 – 300.

Zienteck, Heidemarie: Ida Pfeiffer: 1797 – 1858. In Eile um die Welt. In: Lydia Potts (Hg.): Aufbruch und Abenteuer. Frauen-Reisen um die Welt ab 1785, Berlin 1988, 31 – 47.

Inhalt

I.

Am 24. Mai abends begab ich mich an Bord des Schiffes
Allanadale von 300 Tonnen Gehalt, Kapitän *Brodie*.

Zu meinem Erstaunen fand ich niemanden an Bord als den
Kapitän, der mir sagte, daß er der ganzen Mannschaft, bis auf
den Matrosenjungen herab, die Erlaubnis gegeben habe, diese
Nacht am Lande zuzubringen, und daß er selbst ebenfalls das
Schiff verlasse. Ich hätte dasselbe tun können; allein da ich
einige Meilen entfernt von London wohnte, so fürchtete ich,
mich am folgenden Morgen verspäten zu können. Ich schloß
mich in die Kajüte ein und war für diese Nacht alleinige Herrin
des Schiffes.

Am nächsten Morgen nahm uns ein Dampfer ins Schlepp-
tau und bugsierte uns nach Gravesend (20 Meilen) an die Mündung der Themse, deren Strömung jedoch noch 58 Meilen weiter bis North-Foreland berechnet wird. Zu Gravesend mußten
wir diesen und den folgenden Tag liegen bleiben, weil zwei
Matrosen, die der Kapitän angeworben hatte und die hier an
Bord kommen sollten, nicht erschienen. Der Kapitän mußte
zurück nach London und andere Leute anwerben. Erst am 27.
gingen wir unter Segel. Die Fahrt durch den Kanal war ungünstig; wir hatten wenig Wind und mußten während der drei
ersten Tage beinahe beständig vor Anker liegen. Am 30. senkte
sich ein so dichter Nebel auf die See hernieder, daß wir kaum
eine Umsicht von einigen hundert Fuß[1] hatten. Ringsum hörten
wir mit Sprachrohren und Schiffsglocken Signale geben, um
die Nähe oder Ferne der Schiffe anzuzeigen und ein Zusam-
menstoßen zu vermeiden. Traurig klangen diese Töne durch
die Nacht des Nebels und durchaus nicht geeignet, uns für die

lange, gefährliche Reise* ein frohes Vorgefühl einzuflößen. Erst
den 2. April abends gelangten wir in den Atlantischen Ozean.

Am 11. August, morgens sechs Uhr, nach einer Fahrt von 75
Tagen, fielen endlich die Anker auf der Reede der Kapstadt.
Obwohl ich seit dem 13. Juni kein Land gesehen hatte, so war
doch der Eindruck, den der Anblick dieser Stadt auf mich machte,
nicht sehr groß. Ich hatte London noch zu frisch im Gedächtnis
und infolgedessen erschien mir die Kapstadt wie ein Dorf. Was
ihre Lage betrifft, so erinnerte sie mich viel an jene von Valparai-
so. Wie letzteres ist sie von einer baumlosen, mit spärlichem Grün
bedeckten Gebirgskette umgeben, in welcher der Tafel-, Löwen-
und Teufelsberg die Hauptpunkte bilden. Vom Bord des Schiffes
aus entdeckte ich ein einziges Bäumchen und nur wenig grüne
Fluren, und dies war zur Winterszeit, wo Berg und Tal im schönen Kleide prangen. Wie mag es erst im Sommer sein, wenn die
glühenden, senkrecht niederfallenden Sonnenstrahlen alles ver-
sengen und verbrennen!

Kapitän *Brodie* verließ nach dem Frühstück sogleich das
Schiff. Er war nicht so freundlich, mich nur mit ans Land zu
nehmen, er versagte mir jede Hilfe bei dem ersten Eintritt in die
Stadt, eine Gefälligkeit, die mir bisher noch kein Kapitän abge-
schlagen hatte, nicht einmal der ungebildete chinesische Boots-
führer, der mich von Hongkong nach Kanton brachte. Dieser
führte mich bis in die englische Faktorei[2] (drei Meilen weit) und
suchte mit mir das Haus auf, in welches ich gewiesen war. Hier
mußte ich allein ans Land gehen, mußte allein meinen Weg suchen und mich durchfragen, bis ich zum Hamburger Konsul,
Herrn *Thalwitzer*, gelangte. Glücklicherweise fand ich an diesem
sowie an seiner Frau so liebenswürdige, zuvorkommende, gefällige Leute, daß ich alsbald alle Mühen vergaß und mich in ihrem
Hause, das ich nicht mehr verlassen durfte, so heimisch fühlte,
wie im lieben Vaterlande.

---

* Für Segelschiffe rechnet man 8.000 Seemeilen, da man der Winde halber einen
ungeheuren Bogen nach Westen beschreiben muß und Brasiliens Küste ziemlich
nahe kommt, für Dampfschiffe 5.000 Meilen. – Wenn ich, wo immer, zu Wasser
reise, rechne ich nach Seemeilen, deren vier auf eine deutsche Meile gehen.
[1 Seemeile ≈ 1,85 km, 1 deutsche Meile ≈ 7,42 km. Anm. d. Hgin.]

Von der Kapstadt ist nicht viel zu sagen. Die Straßen ziehen sich alle nach dem Strand und sind sehr breit und luftig, aber wenig mehr mit Bäumen besetzt. Zur Zeit der holländischen Herrschaft soll jede Straße mit einer schönen Allee versehen gewesen sein. Die Häuser, sonst ganz im europäischen Stil gebaut, haben nur statt der Dächer Terrassen. Das Fort ist mit vielen Kanonen versehen, die Kaserne ziemlich groß, die Börse auf dem Paradeplatz ein längliches, unansehnliches Gebäude nur mit einem Erdgeschoß. Die Privathäuser sind alle einstöckig, haben gewöhnlich vier bis sechs Fenster in der Front und enthalten schöne, hohe Zimmer. Der botanische Garten besitzt bei weitem nicht so vielartige Blumen, Pflanzen und Bäume, als man unter solch einem Himmelsstriche erwarten dürfte.

Abbildung 1: Farbige der Kapkolonie.

Die Zahl der Einwohner wird auf 32.000 geschätzt, davon ein Drittel Weiße, ein Drittel Farbige und ein Drittel Schwarze. Die Verzweigung und Durchkreuzung der Europäer mit den Eingeborenen ist so vielfach, daß man sozusagen alle Farben sieht. Echte, reine Hottentotten oder Kaffern[3] gehören in der Kapstadt zu den seltenen Erscheinungen. Schwarze aus *Mozambique*, die wir Neger nennen, gibt es dagegen viele von reiner Abkunft. Unter den Farbigen gibt es mitunter hübsche Leute mit schönen Augen und geistreichen Zügen. Alle diese Völker sind europäisch gekleidet; nur haben die ungetauften Malaien farbige Tücher um den Kopf geschlungen, und einige Schwarze und Farbige tragen runde, hohe, spitz zulaufende Bambushüte.

Ich brachte in der Kapstadt vier Wochen zu, habe aber des Merkwürdigen nur wenig gesehen. Anfänglich durchstreifte ich die Umgebung, um Insekten zu suchen; es wurde mir jedoch diese Unterhaltung durch einen höchst unangenehmen Zufall verleidet. Eines Morgens nämlich, gerade als ich eine kleine Schlange gefangen hatte, kamen zwei Negerinnen auf mich zu, hielten mich an, überschütteten mich mit Schimpfworten, spien vor mir aus und nannten mich eine Zauberin, die man umbringen sollte. Dieser Auftritt würde für mich wahrscheinlich nicht gut geendet haben, hätte ich nicht zum Glück in der Ferne einen Mann erblickt, den ich zu Hilfe rief und dessen Erscheinen die beiden Weiber in die Flucht jagte.

Ich erzählte Herrn Thalwitzer diese Begebenheit, die er sogleich bei Gericht anzeigte. Die Weiber wurden alsbald ausgefunden, und es ergab sich bei der Untersuchung, daß sie die Absicht gehabt hatten, mich in ein nahes Gebüsch zu ziehen und meiner Kleidung zu berauben. Ein zehnjähriges Kind, das zufällig in demselben Busche war und sich aus Angst vor den Weibern unter dem Laub verkroch, hatte alles gehört und gesehen, daß eine der Megären mit einem Messer bewaffnet war, welches bei der Flucht zu Boden fiel. Das Kind suchte und fand das Messer und brachte es seinen Eltern, die es dem Gericht übergaben. Bei dem Verhör diente es als Unterstützung des Beweises, und die beiden Weiber wurden für vier Wochen auf Reiswasser gesetzt – eine gewöhnliche Strafe, die darin besteht, daß man dem Verurteilten gar keine andere Nahrung gibt. Mir kam diese Züchtigung zu hart vor, und ich bat um einige Linderung, allein vergebens. Man sagte mir, daß die Personen bereits sehr berüchtigt seien und mehr Zeit in als außer dem Gefängnisse zubrächten.

Ich stellte infolge dieser Begebenheit meine Spaziergänge zwar nicht ganz ein, beschränkte sie aber auf nähere Orte. Einen schönen Ausflug danke ich dem Herrn Botaniker *Zeiher*. Wir gingen nach *Greenpointe*, nach der *Cambs-Bay* und rund um den Löwenberg und hatten hübsche Überblicke auf das Meer, die Gebirge und die freundliche Gegend.

Meine ursprüngliche Absicht war gewesen, in der Kapstadt selbst nur kurze Zeit zu verweilen, wohl aber einen Ausflug ins Innere zu machen, und, wenn möglich, bis an die Binnenseen vorzudringen. Man versicherte mich allgemein, daß ich als Frau von den Eingeborenen nicht viel zu befürchten hätte und daß selbst die holländischen Weinbauern und Landbesitzer – sonst nicht gerade durch ihre Gefälligkeit berühmt – mich als Deutsche meines Weges würden ziehen lassen. Ihre Unfreundlichkeit erstreckt sich bloß auf die Engländer, welchen sie das Eindringen in ihr Land so viel als möglich zu erschweren suchen. Auch der Krieg zwischen den Engländern und den Kaffern hätte mir keine Hindernisse in den Weg gelegt, da ich nicht nötig hatte, den Kriegsschauplatz zu berühren;[4] allein als ich mich nach den Kosten dieser Reise erkundigte, fand ich sie meiner Kasse weit überlegen, und der schöne Plan mußte aufgegeben werden. – Ich glaube, daß man in keinem Lande der Welt so kostspielig und zu gleicher Zeit so langsam reist als hier am Kap.

Man muß sich einen langen, mit Linnen oder Matten gedeckten Wagen kaufen, nebst fünf bis sechs Paar Ochsen. Der Wagen wird gleich einem Hause eingerichtet, denn er dient als Wohnung und Nachtquartier. Zugleich mietet man einen Fuhrmann, Ochsenjungen und Diener und ist genötigt, Lebensmittel, ja nicht selten auch Wasser mitzuführen. Mit den Ochsen hat man viele Unannehmlichkeiten. Man kommt durch Gegenden, in welchen es Schwärme von kleinen Fliegen gibt, deren Stich den Ochsen lebensgefährlich ist; in anderen fehlt es an Wasser, und die Tiere fallen vor Durst oder werden krank und untauglich vom Genuß des verdorbenen Wassers, so daß man beständig entweder neue Ochsen kaufen oder die kranken umtauschen muß. Dies wird stets kostspieliger, je weiter man sich von der Stadt entfernt, da die Ochsen im Innern des Landes seltener sind. Am Ende werden die Wege unfahrbar, und man muß Wagen und Ochsen zurücklassen und Pferde kaufen.

Da ich infolge der aufgezählten Schwierigkeiten gezwungen war, diese Reise zu unterlassen, warf ich meine Blicke auf Australien. Doch dahin fehlt es von der Kapstadt aus an Gelegenheit. – Eine Bremer Brigg, „Louise Friederike", Kapitän *Nienhaber*, lag im

Hafen zur Reise nach *Singapore*[5]. Ich überlegte nicht lange. Einmal in Singapore findet man Schiffe nach allen Himmelsgegenden. Durch die Verwendung Herrn *Haases*, eines englischen Beamten, kostete mich die Überfahrt beinahe nichts; der Kapitän rechnete mir nur die Kost, und zwar so geringe, daß ich für die ganze Reise von 8.000 Seemeilen bloß drei Livres Sterling[6] zu bezahlen hatte.

Am 25. September gingen wir unter Segel. Zünftige Winde brachten uns in 40 Tagen an die Einfahrt der *Sunda-Straße*; diese rasche Fahrt erleichterte einigermaßen die Einförmigkeit der See, denn wir begegneten weder Schiffen, noch bekamen wir Land zu Gesicht. In der Sunda-Straße war es schon anders. Schiffe und Dampfer segelten an uns vorüber, und Gebirge und Land stiegen aus dem Meer.

Die Entfernung von dem Eingang der Sunda-Straße bis Singapore beträgt acht Grad, mit deren Durchschiffung wir vierzehn Tage zu tun hatten. Windstille und Gegenwinde brachen die Kraft der Segel, die Richtung des Steuerruders; wir gingen wohl ein halb Dutzend Mal über den Äquator hin und her, und manche Nacht lagen wir sogar vor Anker. Die Hitze war unerträglich. Sie stieg im Schatten häufig auf 27 Grad Reaumur[7]. Dessenungeachtet verging uns die Zeit ziemlich schnell, denn der Kapitän war ein gebildeter Mann, der nebenbei recht hübsch die Flöte blies. Auf der einförmigen See ist dies kein Fehler. Außerdem machten uns die Eingeborenen mitunter Besuche, vertauschten Geflügel und Früchte gegen bunte Tücher, Spiegel und Gold und sorgten auf solche Weise für unsere Tafel; dazu kam die Abwechslung der vorüberziehenden Landschaften; – wir durften es uns also nicht als Verdienst anrechnen, die vierzehn Tage mit Geduld ertragen zu haben. Doch gab es auch einige unangenehme Zufälle. Eines Morgens fiel ein Matrose beim Umstellen der Segel über Bord und denselben Tag der Obersteuermann beim Lotsen*. Glücklicherweise hatten wir wenig Wind. Beide wurden gerettet. Eine Nacht ging gleichfalls nicht ohne Abenteuer vorüber. Wir lagen vor Anker, und da sich in diesen Meeren von Zeit zu Zeit Piraten blicken lassen, empfahl der Kapitän den Matrosen strenge

---

* Lotsen heißt, mittels des Senkbleies die Tiefe der See messen.

Aufmerksamkeit. Kaum waren wir zur Ruhe, so erscholl der Ruf: „Zwei Boote in Sicht vom Lande her." Alles sprang vom Lager auf; Gewehre, Kugelbüchsen, Pistolen, Säbel wurden auf das Deck gebracht, unter die Mannschaft verteilt, die beiden sechspfündigen Kanonen geladen, und so gerüstet erwartete man den Feind. Die gefürchteten Boote nahten sich jedoch nicht unserem Schiffe, und wir begaben uns wieder zur Ruhe. Später erfuhren wir, daß die Piraten die europäischen Schiffe nicht angreifen.

Am 16. November erreichten wir Singapore nach einer Fahrt von 54 Tagen.

Die Familie *Behn* nahm mich so liebevoll auf wie vor vier Jahren, als ich das erstemal nach diesem Platze kam.[8]

In *Singapore* selbst fand ich nichts verändert. Doch ungefähr zwanzig Meilen von dieser Insel war während der Zeit ein herrlicher Leuchtturm entstanden auf einem Felsen mitten im Meer, wo die Brandung so stark ist, daß der Wächter stets auf sechs Monate mit Wasser und Lebensmitteln versorgt wird. Den Turm erbaute man in 18 Monaten aus Granitsteinen, die von der Insel *Urbin*, unweit von Singapore, kommen. Ebenfalls neu für mich war ein kleines Häuschen, das erst ganz kürzlich von einigen Familien gebaut worden war, damit sie von Zeit zu Zeit frische Luft schöpfen könnten. Da das Häuschen bei meiner Ankunft gerade leer stand und Herr Behn wußte, daß er mir keine größere Freude machen könne, als mich auf einige Tage mitten in einen Dschungel zu versetzen, wo ich nach Herzenslust der Natur und dem Insektenfang leben konnte, so wies er mir dieses Häuschen als Wohnort an. Er stellte auch ein Boot und fünf Männer zu meiner Verfügung, damit ich die nahe gelegenen kleinen Eilande besuchen könne. Die fünf Männer (Malaien) kamen jeden Morgen. Wollte ich nicht fahren, so durchstreiften sie mit mir den Dschungel, halfen Insekten fangen, deren es hier im Überfluß gab, und dienten mir zugleich als Schutzwehr gegen die zahllosen Tiger, die stets von Malakka über den schmalen Meeresarm geschwommen kommen. Diese Tiere haben in den letzten Jahren sehr zugenommen; sie scheuen sich nicht, am hellen Tage in die Pflanzungen einzubrechen und Arbeiter herauszuholen. Im Jahre 1851 wurden 400 Personen von ihnen auf der kleinen Insel Singapore aufgezehrt.

Abbildung 2: Singapore.

Trotz der schaudervollen Begebenheiten, die man mir erzählt hatte, fand ich einen eigenen Reiz, von morgens bis abends in diesen schönen Waldungen umherzustreifen. Meine fünf braunen Begleiter waren mit Gewehren, Lanzen und langen Messern bewaffnet, stießen von Zeit zu Zeit ein lautes Geschrei aus und schlugen an Äste und Bäume, um die bösen Gäste zu schrecken und zu verscheuchen. Dies alles erweckte nicht die geringste Furcht in mir. Ich war zu sehr beschäftigt mit den reizenden Gegenständen, die sich auf jedem Schritt meinem Blick darboten. Hier sprangen lustige Affen von Ast zu Ast, dort flogen buntgefiederte Vögel auf, hier waren es wieder Blumen, die auf den Stämmen der Bäume zu wurzeln schienen, sich um die Äste rankten und ihre Blüten durch die Zweige und Blätter drängten, dort setzten mich die Bäume selbst durch ihren Umfang, durch ihre Höhe und Fremdartigkeit in Erstaunen. Nie werde ich der glücklichen, schönen Tage vergessen, die ich in diesem Dschungel verlebte, und von weiter Ferne sende ich dem Veranlasser jenes schönen Aufenthaltes, Herrn Behn, meinen innigen Dank.

Spuren der Tiger sahen wir täglich; überall fanden wir Abdrücke ihrer Krallen im Sand oder in der weichen Erde. Eines Mittags kam ein solcher Gast ganz nahe an das Häuschen und holte sich einen Hund, den er in gemütlicher Ruhe, kaum einige hundert Schritte entfernt, verzehrte. In einer Nacht wurde ich durch einen Lärm in der Galerie neben meinem Schlafgemach aufgeschreckt. Ich dachte wohl, daß es keine vierfüßigen Besucher seien; aber ich fürchtete ebensosehr zweifüßige, um so mehr, als unweit des Häuschens 20 bis 30 Verbrecher wohnten, die das Gouvernement hierher versetzt hatte, um Holz zu fällen. Man wußte, daß meine Wache in einer entfernten Hütte schlief, daß ich allein in dem Häuschen wohne und daß die Türen gar nicht geschlossen werden konnten. Ich hatte zwar stets ein großes Messer bei mir; das würde mir aber wahrscheinlich nicht geholfen haben. Dessenungeachtet rief ich beherzt: „Wer da?" – Ich erhielt zur Antwort, daß ein Tiger bemerkt worden sei, der um die Hütte kreise und daß man Jagd auf ihn mache. Das war leicht möglich; doch hörte ich keinen Schuß fallen und die Stille der Nacht ward nicht weiter getrübt. Am anderen Morgen spielte ein

Äffchen beinahe vor der Türe; einer meiner Beschützer legte sein Gewehr an – der Schuß versagte aber, und zwar wiederholte Male. Welch ein Glück, daß wir der Waffen nicht in Wirklichkeit benötigten!

Ich änderte in Singapore abermals meinen Reiseplan: anstatt nach *Adelaide* (Australien) ging ich nach der Westküste Borneos, nach *Sarawak*, dem unabhängigen Besitztum eines Engländers namens *Brooke*.

Kapitän *Layall* vom Trident, 320 Tonnen, war so gefällig, mich für einen mäßigen Preis dahin mitzunehmen.

Man rechnet von Singapore nach der Stadt *Sarawak*[9] 450 Seemeilen. Wir benötigten zwölf Tage bis an das Kap *Datu* an der Mündung des Flusses *Sarawak*, der hier über eine Meile breit ist. Einen halben Tag mußten wir auf der Reede liegen bleiben, um mit der Flut in den Strom zu kommen, auf welchem man noch 25 Meilen aufwärts zu segeln hat.

Bevor ich Sarawak beschreibe, will ich meine Leser in wenigen Worten mit der Geschichte Herrn *Brooke's* bekannt machen, welchen der Sultan von Borneo zum Rajah (Fürsten) ernannt und mit dem Gebiet von Sarawak belehnt hat. – Ich schöpfe diese kurzen Mitteilungen aus „*Keppel's Expedition to Borneo*"[10].

James Brooke stammt aus der Familie des Sir Robert *Vyner*, Baronet, welcher unter *Karl* dem II. Lord-Mayor von London war. *James Brooke*, im Jahre 1803 geboren, ging als Kadett nach Indien, zeichnete sich sehr aus und erhielt in einem Gefecht mit den Burnesen einen Schuß durch den Leib, infolgedessen er nach England zurückkehrte, um sich herzustellen. Er nahm späterhin wieder Dienst; seine geschwächte Gesundheit erlaubte ihm aber nicht, demselben lange vorzustehen, und er ging im Jahre 1830 von Calcutta nach China, um Luft zu verändern und sich zu zerstreuen. Auf dieser Reise war es, daß er den *Indischen Archipel*[11] kennenlernte, der ihm ausnehmend gefiel. Er las die vorzüglichsten Werke, die über diesen Teil der Welt existierten, und gelangte alsbald zur Überzeugung, daß die östlichen Inseln und besonders Borneo ein reiches Feld für Forschungen und Unternehmungen darböten. Seine Hauptzwecke waren: den Sklavenhandel aufzuheben, den Seeräubereien zu steuern und die Eingeborenen zu Menschen zu bilden. Er kehrte nach England zurück, hatte aber mit vielen Hindernissen und Unannehmlichkeiten zu kämpfen, bevor es ihm möglich wurde, seinen Plan in Ausführung zu bringen. Im Jahre 1838 verließ er endlich England auf einem kleinen, aber wohl ausgerüsteten Kriegsschoner und mit Leuten, die er während der letzten Jahre für sein Unternehmen vorbereitet hatte. „Und wenn je ein Mann", sagt Keppel, „für solch ein Unternehmen geeignet war, so war es James Brooke. Ein ausgezeichneter Verstand, schnelle Fassungsgabe, Großmut, Entschiedenheit, mit einem Worte alle guten Eigenschaften des Kopfes und Herzens zierten ihn, und er verband damit ein überaus freies und liebenswürdiges Benehmen."

Als J. Brooke in Sarawak ankam, fand er den Rajah, *Muda Hassim*, in großen Zwistigkeiten mit seinem Volke. J. Brooke stand ihm bei und brachte nach zwei Jahren vollkommene Ruhe und Ordnung im ganzen Land zustande. Er richtete hierauf seine Aufmerksamkeit auf die Piraten und reinigte die Küste gänzlich von ihnen. Muda Hassim trat ihm aus Dankbarkeit den Distrikt Sarawak ab und ernannte ihn zum Rajah. Er nahm das Land im Jahre 1841 in Besitz und wurde sowohl von dem Sultan von *Bronni*[12] (Borneo) als auch von den Engländern als Fürst und Eigentümer anerkannt.

Die Folgen seiner kräfigen und gerechten Regierung zeigten sich in seinem Lande bald. Die Bevölkerung der Stadt stieg in zehn Jahren (1841 bis 1851) von 1.500 Seelen auf 10.000, und so wie in der Stadt nahm auch die Bevölkerung auf dem Lande durch zahlreiche Einwanderer aus den umliegenden Staaten zu. Selbst die freien und wilden Dayaker[13] im Innern des Landes kennen seinen Namen und ehren und achten in ihm den Befreier ihrer Landsleute, die unter dem Joch der Malaien gleich Sklaven lebten und die er letzteren in allem gleichgestellt hat. Jeder findet Sicherheit, Frieden und Verdienst. Der Kaufmann kann ruhig seinem Handel leben, der Bauer erhält unentgeltlich so viel Land, als er besorgen kann, und überdies noch einen Vorschuß von Reis zur Saat und zum Leben bis zur Ernte; der Arbeiter findet Beschäftigung in den Gold-, Diamanten- und den Antimonium-Minen. Die Steuern sind äußerst gering: der Kaufmann zahlt eine

Kleinigkeit für seinen Laden, der Bauer einen Pikul (125 Pfund leichtes Gewicht)[14] Reis per Jahr und der Arbeiter gar nichts. Die Haupteinkünfte des Rajah sind die Antimonium-Minen und der Opiumpacht, welch letzterer nicht nur hier, sondern in ganz Indien ungemein hoch ist und das bedeutendste Einkommen der Regierungen ausmacht. Ich werde im Verlauf meiner Beschreibung ausführlich von diesem Monopol sprechen.

Auf Sarawak, wie überall, wird das Opium von den Chinesen viel, von den Malaien wenig geraucht. Ich bedauerte sehr, Herrn J. Brooke nicht kennengelernt zu haben, da er sich gerade in London befand. Seine Stelle vertrat sein Neffe, Kapitän *John Brooke-Brooke*, den er an Sohnes Statt angenommen hat und der somit der künftige Erbe seines Titels und Landes ist.

Kaum hatte Kapitän Brooke erfahren, daß ich an Bord des

Abbildung 3: Ein Prauh.

Trident sei, als er sein eigenes, bequemes Prauh* unter Befehl des Schiffskapitäns *Grimble* sandte, um mir die für Segelschiffe oft

---

* Prauh ist ein malaiisches Boot von 20 bis 80 Fuß Länge und 6 bis 8 Fuß Breite, welches nicht tief geht. Die Piraten bedienen sich dieser Fahrzeuge vorzugsweise, weil sie damit in jeden Fluß lenken und sich so der Verfolgung leicht entziehen können.

langweilige Fahrt stromaufwärts zu verkürzen. Der Trident hatte auch wirklich drei Tage dazu nötig, während ich selbst sie in vier Stunden machte.

Die Flußufer sind äußerst niedrig, so daß das Wasser sie an vielen Orten überschwemmt und fortgesetzte Reihen von Morästen bildet. Die ersten 10 bis 12 Meilen vom Fluß an gegen das Innere sind auf beiden Seiten mit Nipa- und Mangrovepalmen bedeckt, dann fängt junger Dschungel an. Die Nipapalme[15] ist den Eingeborenen von unendlichem Wert. Sie hat keinen Stamm, die Blätter, 12 bis 15 Fuß lang, schießen gleich aus den Wurzeln empor. Alle Teile dieser Palme sind nützlich: Von den Rippen der Blätter werden die Wände der Hütten gemacht; die Blätter selbst dienen als Bedachung oder werden zu Asche gebrannt, aus der man Salz gewinnt. Matten und Körbe werden aus den Blättern geflochten und der ihnen entzogene Saft wird zu Sirup gekocht.

In der Nähe der Stadt erhöhen sich die Ufer, und die Gegend wird teilweise hügelig. Weiter im Innern zeigen sich Gebirgszüge, deren höchste Berge *Matang, Santabong* 3.000 Fuß messen. Als eine Eigentümlichkeit des Landes erschienen mir mehrere steil aufsteigende, einige tausend Fuß hohe Berge mit spitzen Kuppeln, die ohne Verbindung mit andern Bergen oder Hügeln frei in der Mitte von Ebenen standen.

Was die Bevökerung anbelangt, so ist sie an der Meeresküste und an den Ufern des Flusses sehr spärlich. Ich sah an der Mündung nur ein einziges Haus, welches ungefähr hundert Fuß lang ist, auf 20 Fuß hohen Pfählen ruht und von Dayakern bewohnt wird; dann hört jede Ansiedlung auf bis ungefähr acht Meilen vor der Stadt. In früheren Zeiten war das Land bis auf 20 bis 30 Meilen von der Küste unbewohnt. Die Furcht vor den Piraten war so groß, daß niemand es wagte, seine Hütte in ihrem Bereich zu bauen. Seit der Ankunft Rajah Brooke's hat, wie gesagt, an der West- und Nordwestküste Borneos die Piraterie gänzlich aufgehört.

An dem Landungsplatze empfing mich Kapitän Brooke persönlich und geleitete mich in das Haus seines Onkels. Als ich ihm meinen Empfehlungsbrief überreichte, war er so artig, mich zu versichern, daß mein Name schon hierher gedrungen sei und ich keines Empfehlungsbriefes bedürfe.

Die Stadt Sarawak hat weder Straßen noch Plätze; sie besteht aus einer Menge größerer und kleinerer Hütten, die ohne Symmetrie und Ordnung in Haufen zusammengedrängt liegen. Die Hütten sind aus der Nipapalme gebaut und stehen auf acht bis zehn Fuß hohen Pfählen, welche Bauart den Malaien eigen ist und von den Chinesen selten nachgeahmt wird. Die Aufgänge sind Leitern, deren Sprossen aber so weit voneinander stehen, daß ihr Ersteigen für einen ungeübten Kletterer gefährlich wird. Noch gefährlicher sind die Vorplätze, deren Boden einem grob geflochtenen Netz gleicht, das aus dünnen, runden und glatten Bambusstämmchen besteht, von welchen man leicht abgleitet und dann mit dem Fuß in den Zwischenräumen hängenbleibt. Im Innern der Hütten ist dieses Bambusgitter wenigstens enger und mit Matten überlegt. – Von Hauseinrichtung ist wenig zu sehen: einige Körbe, hölzerne Kisten, Strohmatten, Polster, irdenes Kochgeschirr, ein *Gong*, ein *Parang** und einige *Klambus*. Letztere bilden eine Art Schlafgemach für die verheirateten Leute und die erwachsenen Mädchen. Sie bestehen aus einer Himmeldecke mit Vorhängen von Kammertuch[16], die bis zur Erde reichen. Die Klambus sind ungefähr fünf Fuß hoch und breit und sechs Fuß lang, können leicht an jeder Stelle aufgemacht werden und schützen auch gegen die Moskitos.

Der Raum unter dem Hause ist von Hühnern, Hunden und anderen Tieren, bei den Chinesen auch von Schweinen bevölkert. Er gleicht einer wahren Mistpfütze, denn aller Unrat wird durch den gegitterten Boden hinabgeworfen.

Die Einwohner Sarawaks sind Malaien und Chinesen; die wenigen Dayaker, die man sieht, bilden keine Familien; sie stehen entweder in Diensten oder kommen in Geschäften. Die Chinesen bewohnen einen Teil der Stadt, die Malaien einen anderen; jeder dieser Teile wird *Kampon*[17] genannt.

---

* Der Gong ist ein musikalisches Instrument, aus einer Messingplatte bestehend, auf welche mit einem Klöppel geschlagen wird. – Parang: ein anderthalb Fuß langes Messer.

Die Chinesen weichen in nichts von ihren vaterländischen Sitten, Gebräuchen und Trachten ab. Die einzige Neuerung, zu der sie gezwungen sind, ist, daß sie ihre Frauen bei den Malaien oder Dayakern suchen müssen. Die chinesische Regierung erlaubt nämlich dem weiblichen Geschlecht nicht auszuwandern; eine Frau oder ein Mädchen, die China verlassen, sind ihres Vermögens verlustig und dürfen nie wiederkehren. Die Chinesen auf Borneo wählen ihre Frauen gewöhnlich aus dem dayakischen Volke; die Dayakerinnen sind viel arbeitsamer als die Malaiinnen und haben den großen Vorteil, eigentlich keine Religion zu besitzen und daher leicht die ihrer Männer anzunehmen, oder wenigstens kein Ärgernis daran zu finden.

Man kann die Chinesen als das Glück und das Unglück des Landes betrachten, in dem sie sich niederlassen. Einerseits sind sie arbeitsam und ausdauernd in allem was sie unternehmen, andererseits aber im höchsten Grade gewinnsüchtig, falsch und listig. In ihren Händen liegt der ganze Handel, der größte Teil der Gewerbe, die Bearbeitung der Minen; sie entziehen den trägen Malaien, den ehrlichen Dayakern jeden Gewinn und übervorteilen und betrügen sie auf alle Art.

Die Malaien sind Mohammedaner, weichen aber in manchen Gebräuchen von den Mohammedanern im Orient ab. So genießen zum Beispiel ihre Weiber sehr viel Freiheit; sie gehen ungehindert aus und haben das Gesicht nicht verschleiert; sie sind im Gegenteil nur zu leicht gekleidet, denn die meisten tragen bloß den Sarong, ein Stück Zeug[18], welches über oder unter der Brust befestigt wird und bis über die Schenkel reicht. Andere vervollständigen ihren Anzug mit einem kurzen Jäckchen (*Kabay*) oder einem längeren Oberkleid (*Padju*). Die Weiber der Vornehmen gehen zwar wenig aus; doch ist dies ihrer Trägheit und nicht einem Verbot zuzuschreiben, denn im Hause empfangen sie jede Art Besuche.

Die Tracht der Männer weicht von jener der Weiber wenig ab; sie tragen wie diese den Sarong, den Kabay, ja manche auch den Padju. Viele haben unter dem Sarong kurze Beinkleider an. Auf den ersten Blick würde man oft die Geschlechter nicht unterscheiden, hätten die Männer nicht Tücher um den Kopf geschlagen, während die Weiber in ihrem bloßen Haarschmuck gehen.

Die Ehen werden hier ohne große Zeremonien geschlossen und sehr leicht gelöst. Jedes der Eheleute hat das Recht, sich zu trennen. Man findet unter jungen Männern oder Frauen viele, die mehr als ein halb Dutzendmal ihre Ehehälften verändert haben.

Die malaiische Rasse zeichnet sich nicht durch Schönheit aus. Besser ist noch der Körper bedacht als das Gesicht. Letzteres ist durch den breiten, stark hervortretenden Oberkiefer, durch den großen Mund, die schwarzen, abgefeilten Zähne und die schlappe, ausgedehnte Unterlippe im höchsten Grade entstellt. Die Zähne werden mit Antimonium, Gambir[19] und noch anderen Ingredienzen glänzend schwarz gefärbt, welche sonderbare Mode bei den Malaien als Schönheit gilt. Viele feilen sie auch halb ab oder spitzen sie pyramidenförmig zu. Die Ausdehnung der Unterlippe rührt von dem Siri[20] her, welches sie kauen und häufig zwischen den unteren Zähnen und der Lippe halten. Ihr Körper ist durchschnittlich von mittlerer Größe, die Männer sind etwas schlanker als die Weiber. Ihre Hautfarbe ist licht rötlichbraun bis dunkelbraun; Haare und Augen schwarz, Nase flach mit breiten Nasenflügeln, Hände und Füße klein, aber zu mager und knochig.

Sie beginnen schon mit acht oder zehn Jahren Siri zu kauen. Das Siri besteht aus einem Betelblatt, in welches ein Stückchen Arecanuß, aus Seemuscheln gebrannter Kalk und etwas Gambir gewickelt wird. Bevor sie dieses Päckchen in den Mund schieben, reiben sie auf ekelhafte Weise die Zähne und Lippen mit Tabak ein und nehmen ihn gleichfalls in den Mund. Durch das Sirikauen wird der Speichel wie der ganze Mund blutrot gefärbt. Diese schöne Gewohnheit ist so beliebt, daß alte Leute, welchen die Zähne zum Kauen fehlen, stets ein kleines Rohr mit sich führen, in welchem sie das Siri zerstoßen.

Die Umgebung von Sarawak ist lieblich und wird durch die wenigen europäischen Häuser verschönert, die nebst einer artigen Kirche, einem Missionshaus, einem kleinen Fort und einer Gerichtshalle auf den umliegenden Hügeln stehen. Alle diese Gebäude sind von Holz, Rajah Brooke's Residenz nicht ausgenommen. Bei dem Missionshaus befindet sich eine Schule für die Eingeborenen; 24 Kinder, meist Waisen, waren gänzlich in Kost und Verpflegung aufgenommen. Das unbedeutende Fort besitzt ein paar Kanonen und gar keine Besatzung. Rajah Brooke ist nicht nur von seinen Untertanen, sondern auch von den benachbarten Völkern so geachtet und geliebt, daß er der Waffen nicht bedarf.

Ich besuchte die Häuser einiger der vornehmsten Malaien, meist ehemalige Piratenhäuptlinge, die sich seitdem in friedliche Bürger, ja zum Teil in brauchbare Beamte des Rajahs umgewandelt haben.

Die Wohnung eines reichen Malaien besteht, wie die des armen, aus einem einzigen, nur größeren Gemach, oft von 50 Fuß Länge und Breite, welches außer den Klambus auch noch einige kleine Abteilungen enthält, die durch niedere Blätterwände gebildet werden. Man sieht hier mitunter Teppiche und hübsche Matten; den Hauptreichtum aber machen die Gongs, die Waffen und die *Balangas* aus. Letztere sind irdene, vasenartige Gefäße von zwei bis vier Fuß Höhe, mit Arabesken verziert und anscheinend ohne allen Wert. Ich hätte sie gar nicht beachtet oder für große Wassergefäße gehalten. Aber man machte mich auf sie aufmerksam, und ich erstaunte sehr, als man mir sagte, daß diese Gefäße von hundert bis einige tausend Rupien* wert seien (wahrscheinlich eine etwas übertriebene Angabe). Der Besitzer einer solchen Vase soll, im Falle er Geld nötig hat, mit Leichtigkeit von jedermann einen Teil oder den ganzen Wert darauf vorgestreckt bekommen. Man kennt weder ihren Ursprung noch ihr Vaterland noch ihren Nutzen oder Gebrauch. Man vermutet, daß sie von China kommen. Die Chinesen ahmen in neuerer Zeit diese Vasen täuschend nach; doch wissen die Kenner auf den ersten Blick die echten von den falschen zu unterscheiden.

Da ich auch gerne mit den Dayakern Bekanntschaft gemacht hätte, war Kapitän Brooke so gefällig, mir einen Ausflug nach einer ihrer Behausungen vorzuschlagen; nur, meinte er, müsse ich das Bergklettern gut gewohnt sein. Die Dayaker lieben nämlich die Ebene nicht, sondern bauen ihre Hütten auf die Spitzen der Berge, je höher und unzugänglicher desto lieber. In früheren

---

* Eine Rupie ist ungefähr zwei Schillinge englisch (1 fl. österreichisches Geld) wert. [fl. – Abkürzung für Gulden, abgeleitet von *Florin* oder *Floren*, dem Vorbild des Goldgulden. Anm. d. Hgin.]

Zeiten taten sie das der Sicherheit wegen, jetzt unter der ruhigen Regierung Rajah Brooke's tun sie es aus alter Gewohnheit.

Unser Ausflug galt dem Berg *Serambo*, von 1.500 Fuß Höhe, auf welchem ungefähr 80 Familien unter einem Häuptling leben.

Am 20. Dezember um elf Uhr nachts traten wir unsere kleine Reise auf dem Fluß Sarawak an. Die Nacht war finster und regnerisch; doch uns hatte weder Regen noch Finsternis etwas an. Das Prauh war gut gedeckt, hell erleuchtet und durch Vorhänge in Gemächer geteilt, in deren einem ich ein weiches Lager unter einem Moskitonetz fand. Die Flut half unserer Fahrt, und als ich des Morgens erwachte, landeten wir gerade in *Siniawan*, einem chinesischen Kampon, aus zwei Reihen Hütten bestehend, die eine kleine Straße bilden. Ich sah hier, daß der Chinese den Schmutz nicht minder liebt als der Malaie; der Unterschied zwischen beiden ist, daß der Malaie, der sein Haus auf Pfähle stetzt, über dem Schmutze lebt, während der Chinese ihn vor seiner Türe hat.

Kapitän Brooke hatte Küche, Diener und Lebensmittel vorausgesandt, und bald saßen wir um ein leckeres Mahl. Außer Herrn Brooke und mir waren noch zwei Europäer von der Gesellschaft.

Nach dem Frühstück ging es an die Fußpartie. Ein munterer Trupp Dayaker, welchen unsere Ankunft schon tags zuvor bekanntgemacht worden war, umringte uns; jeder wollte etwas zu tragen haben, um ein wenig Tabak zu verdienen. Wir hatten über zwanzig im Gefolge, von welchen manche bloß eine kleine Kochpfanne trugen; nichtsdestoweniger ließ Kapitän Brooke reiche Spenden von Tabak und Kupfermünzen unter sie verteilen.

Der Weg führte bis an den Fuß des Berges durch ausgebreitete, gut kultivierte Reispflanzungen. Der Berg selbst stieg steil und schroff aus der Ebene empor.

Ich hatte schon viel von den schlechten Wegen auf Borneo gehört, dennoch war meine Verwunderung groß, als ich den wahrhaft lebensgefährlichen Pfad sah, der auf die Spitze des Berges führte. Über Pfützen, Sumpfstellen, Bäche oder Abgründe lagen zwei Bambusstämmchen oder ein dünnes, rundes Bäumchen – an schroffen Felskegeln, die man erklimmen mußte, lehnten ebenfalls nur einzelne, schmale Baumstämmchen, hie und da ein wenig eingekerbt, um dem Fuß einen Halt zu geben. An den gefährlichsten Stellen war wohl eine Art Geländer angebracht, aber von so zarter Beschaffenheit, daß man unvermeidlich gefallen wäre, hätte man sich im Ernst darauf gestützt. Ich mußte meine Augen beständig auf den Pfad gerichtet haben und konnte den mich umgebenden Naturschönheiten nicht die geringste Aufmerksamkeit schenken. Nur auf den Haltpunkten, die von Zeit zu Zeit gemacht wurden, fand ich Muße, die schönen Schlingpflanzen und Orchideen zu betrachten. Die Palmen sind auf Borneo umfangreicher als irgendwo, besonders die Sagopalmen[21]. Blumen und Vögel fand ich aber in geringerer Anzahl als auf Singapore. Es war wohl, wie man mir sagte, nicht die Blütezeit; doch hielt ich mich sechs Monate auf Borneo auf und sah diese Blütezeit nicht kommen.

Auf einer Höhe von 1.200 Fuß fanden wir den ersten Wohnplatz der Dayaker, eine große Hütte von 50 Fuß Länge und Breite, deren ganze Einrichtung aus einer Menge von Schlafstellen bestand, die ringsum an den Wänden angebracht waren. Es ist nämlich unter einigen der dayakischen Stämme Sitte, daß die Jünglinge einige hundert Schritte von dem elterlichen Dorf entfernt in einer gemeinschaftlichen Hütte unter der Aufsicht des Häuptlings schlafen. Diese Hütte dient zugleich zum Trommel- und Festplatz und zur Aufbewahrung der Kriegstrophäen, die in den abgeschnittenen Köpfen der Feinde bestehen. Mit wahrem Grausen sah ich hier 36 Schädel aneinandergereiht und gleich einer Girlande aufgehängt. Die Augenhöhlen waren mit weißen, länglichen Muscheln ausgefüllt. Unter Rajah Brooke's Regierung hat zwar das Kopfabschneiden in dem Bezirk von Sarawak sein Ende gefunden; aber die Eingeborenen verehren noch immer diese Schädel – Denkmale einer blutigen Vergangenheit, die ihren Augen wahrscheinlich ruhmvoll erscheint.

Wir setzten unsere Wanderung fort zu dem nahen Wohnplatz der Familien. Hier standen zwei große Hütten auf Pfähle gebaut, jede über 150 Fuß lang, einander gegenüber. Als Aufgänge dienten schmale, eingekerbte Baumstämme, die nachts gewöhnlich weggenommen werden. Jede Hütte hatte einen geräumigen, gedeckten Vorplatz, von welchem Türen zu den Kammern der Familien führten. Die meisten Familien haben eine, manche zwei

Kämmerchen; diese enthalten Schlaf- und Feuerstellen und einiges Kochgeschirr. Das eigentliche Leben ist auf dem Vorplatze; hier wird gearbeitet, hier tummeln sich die Kinder umher, hier ruhen die alten Leute. Alles scheint eine Familie auszumachen. Die Weiber flechten Matten und Körbe; die Männer schnitzen zierliche Büchschen für Tabak, Kalk und Gambir, sowie auch sehr schöne Hefte zu ihren Parangs. Auf den Vorplätzen gibt es ebenfalls Feuerstellen, die aber weniger zum Kochen als zur Beleuchtung dienen. Über diesen Feuerstellen wurden vor noch wenig Jahren die frischen Menschenköpfe aufgehängt und so lange gelassen, bis sie vollkommen eingetrocknet und geräuchert waren, worauf man sie unter großen Zeremonien nach dem Ehrenplatz, der Hütte des Häuptlings trug.

Die Dayaker wohnen gleich den Malaien über einer Pfütze in der sich Schweine*, Hunde und Hühner umhertreiben. Wenn man diesen Unrat sieht, begreift man kaum, daß die Leute nicht alle stets fieberkrank sind. Außer Hautausschlägen und Geschwüren bemerkte ich jedoch keine Krankheiten unter ihnen. An letztgenannten Übeln leidet das männliche Geschlecht ungleich häufiger als das weibliche.

Die Dayaker sind ebensowenig mit Schönheit begabt wie die Malaien. Sie haben das Nasenbein flach, die Nasenflügel sehr breit, den Mund groß, die Lippen blaß und aufgedunsen und die Zahnkiefer hervorstehend. Die Zähne feilen sie gleich den Malaien ab und färben sie schwarz. Der Ausdruck ihrer Gesichter ist im allgemeinen gelassen und gutmütig, mitunter etwas dumm, was zum Teil von der Gewohnheit herrühren mag, den Mund beständig offen zu haben. Ihre Hautfarbe ist lichtbraun, Haare und Augen sind schwarz. Die Männer tragen das Haar kurz, die Weiber lang, straff, hinabhängend und ungeflochten. Der Gang und die Haltung der Weiber ist sehr unzierlich; sie setzen die Füße weit auseinander und strecken den Unterleib sehr hervor. Diese Unzierlichkeit der Haltung ist zum Teil auch dem malaiischen weiblichen Geschlecht eigen.

---

* Da die Dayaker nicht mohammedanischen Glaubens sind, können sie Schweine halten.

Die Bekleidung der Dayaker ist die allereinfachste. Die ganze Garderobe der Männer besteht in einem handbreiten Streifen von Bast, den sie um die Mitte des Leibes geschlagen haben. Gewöhnlich gehen sie auch ohne Kopfbedeckung, selten, daß einer ein Stück Bast um den Kopf bindet. Sie haben ein großes Wohlgefallen an Glasperlen und Messingringen und behängen sich damit Hals und Arme. Die Männer schmücken sich weit mehr als die Weiber, ja die Glasperlen scheinen ihr Vorrecht zu sein. Ich bemerkte deren höchst selten an den Weibern. Die Dayaker tragen stets an einer Seite ein langes, breites Messer, wie bei den Malaien „Parang" genannt, an der anderen ein zierliches Körbchen, welches die Bestandteile des Siri enthält.

Die Weiber kleiden sich mit einem knapp anliegenden Röckchen von Zeug (*Bidang*), welches von den Lenden bis an die Schenkel reicht; um den Leib tragen sie einen Gürtel (*Raway*) von vielen Messingreifen oder schwarz geputzten Bambusringen, der bei manchen zwei, bei anderen sechs bis acht Zoll[22] breit ist, je nach der Wohlhabenheit der Besitzerin. Die Mädchen legen ihn an, wenn sie aus den Kinderjahren treten, was hier schon gewöhnlich im zehnten Jahr der Fall ist. Dieser oft fünfzehn Pfund schwere, eng anliegende Gürtel wird nur für die Zeit angelegt, als das Weib nahe daran ist, Mutter zu werden. Geschmeide sah ich bei den Weibern dieses Stammes wenig. Einige trugen am linken Arm vom Handgelenk bis zum Ellbogen viele Messingringe. Die Ohrläppchen hatten sie so stark durchlöchert, daß man ein zolldickes Stück Holz hätte durchziehen können. Sie tätowieren sich nicht, färben aber zuweilen Füße, Nägel und Fingerspitzen rotbraun.

Wir brachten bei diesem Völkchen den Rest des Tages und die Nacht zu. Abends bewirtete Kapitän Brooke die Leute mit Branntwein, den sie sehr lieben, und forderte sie auf, uns dagegen mit Tänzen zu unterhalten. Sie schienen nicht sehr geneigt, unserem Wunsche zu willfahren, und es kostete Mühe, sie dazu zu bewegen. Ihr Tanz ist ruhig und gelassen und gibt, gleich jenen Hindostans, weniger den Füßen als den Händen und Armen zu tun. Er wird entweder von einem Mann allein oder von einem Mann und einem Weib aufgeführt. Das Weib macht dieselben Bewegungen wie der Mann, schlägt aber dabei die Augen so tief

Abbildung 4: Dayakische Frauen.

zu Boden, daß man glauben möchte, sie seien geschlossen. Ein Mann oder ein Paar tanzt nie lange und wird dann von andern abgelöst. Die Musik bestand aus zwei Trommeln und einem Gong. Die übrigen Dayaker saßen still, ja beinahe bewegungslos da. Ernst und Ruhe scheint in ihrem Charakter zu liegen. Nirgends ward ich weniger von Neugierde belästigt als hier.

Den folgenden Morgen ging es an die Rückreise. War das Aufsteigen schon schwierig, so war es das Hinuntersteigen noch mehr, namentlich da ein stark anhaltender Regen in der Nacht die Pfade glatt und schlüpfrig gemacht hatte. Es blieb mir nichts anderes übrig, als die Schuhe auszuziehen und mit bloßen Füßen über Stock und Stein, durch Disteln und Dornen meine Wanderung bis in das Tal zu machen.

Zu Siniawan wurde wieder gefrühstückt, dann fuhren wir fünf Meilen den Fluß Sarawak stromaufwärts, gingen weiter drei Meilen in einem engen Tale zu Fuß und befanden uns mitten im Antimonium-Erze.

Das Erz liegt hier so reich auf der Oberfläche der Erde, daß man gar keine Minen zu graben braucht. Es wird ganz einfach mit Brecheisen und Hämmern in Stücke geschlagen, in Körbe geladen und durch Menschen bis an den Fluß getragen. Ein Chinese trägt mittels einer Stange, an deren jedem Ende ein Korb hängt, zwei Pikul und läuft mit dieser Last noch dazu ziemlich rasch fort. Das Erz soll 90 Prozent liefern.

Von diesen Minen, oder besser gesagt diesem Lager, begaben wir uns nach einem Sommerhaus Rajah Brooke's, mit welchem eine kleine Meierei verbunden ist. Herr Brooke hält hier einige Dutzend Kühe und läßt täglich Butter machen, die nebst der Milch an seine Küche geliefert wird.

Kühe und Pferde findet man auf Borneo nur bei den Europäern; erstere arten sehr bald aus, geben wenig und schlechte Milch, die Kälber sterben häufig; die Pferde werden nicht so alt wie in ihrem Vaterlande und pflanzen sich gar nicht fort. Dagegen sah ich beim Rajah Brooke einen herrlichen Nasenaffen, zwei große Orang-Utans und einen Honigbären, Tiere, die bloß auf Borneo vorkommen.

Am 24. Dezember kamen wir wieder nach Sarawak zurück.

II.

Da ich in Sarawak nichts mehr zu besehen hatte, wünschte ich
meine Reise fortzusetzen. Mein Plan war, zur See nach dem Fluß
Sacaran zu fahren, diesen landeinwärts zu verfolgen bis an das
Gebirge Sekamil, welches die ost-westliche Wasserscheide
macht, das Gebirge selbst zu übersteigen, auf den westlichen
Gewässern mich wieder einzuschiffen und auf diese Art in einem
großen Bogen nach *Pontianak* zu gelangen, einer holländischen
Besitzung, die an der nordwestlichen Küste Borneos liegt. Kapitän Brooke suchte mir dieses Unternehmen mit aller Macht auszureden; er versicherte mir, daß das Innere des Landes voll wilder, größtenteils unabhängiger Dayakerstämme sei und daß er
selbst als Mann diese Reise nicht wagen würde. Doch alle Gegenvorstellungen[23] waren umsonst – ich beharrte bei meinem Entschluß.

Herr Brooke war so gefällig, sein Kanonenboot „Jolie" unter
Befehl des Kapitäns *Grimble* in Bereitschaft setzen zu lassen, um
mich zur See bis an die Mündung des Flusses Sacaran[24] (80
Meilen) zu bringen; ein Prauh sollte mich von dort stromaufwärts
nach dem Fort Sacaran führen.

Die Bereitung des Bootes, mehr aber das schlechte Wetter,
hielten mich noch zehn Tage in Sarawak fest.

Den Silvesterabend brachten wir sehr angenehm zu. Kapitän
Brooke hatte alle Europäer zu einem Festessen geladen, bei welchem es natürlich nicht an Toasten fehlte. Der erste galt der
Königin, der zweite dem Rajah Brooke, der dritte mir, und den
vierten brachte ich den versammelten Herren aus. Froh und heiter traf uns das neue Jahr (1852) vereint. Am 1. Januar klärte sich
das Wetter auf, und die Sonne schien freundlich auf uns nieder.
Kapitän Brooke ließ alle die Kleinen von dem Missionshause

kommen und bewirtete sie mit einem guten Mahl. Die Kinder
sprangen und tummelten sich im Garten umher, während die
Eingeborenen sich mit Wettfahrten auf dem Strom erlustigten
und Kapitän Brooke die Sieger mit Geschenken beglückte.

Den 5. Januar (1852) trat ich in Begleitung eines Missionars,
der sich in Sacaran festsetzen sollte, meine Weiterreise an. Wir
kamen glücklich zur See, fanden sie aber so stürmisch und aufgeregt, daß jeder Versuch vorzudringen vergeblich war. Eine Sturz-
welle zertrümmerte das Bugspriet[25], eine zweite wusch die Kom-
büse (Küche) samt dem bereiteten Mahl über Bord. Wir mußten
zurück, und am 6. Januar lagen wir wieder in Sarawak vor Anker.

Kapitän Brooke meinte, ich sollte diese Hindernisse als War-
nung ansehen und der Reise entsagen. Ich erwiderte ihm, daß ich,
obwohl Frau und alt, mich vor Vorurteilen und Aberglauben zu
bewahren gewußt habe.

Sturm und Regen wechselten Tag für Tag; seit lange konnte
man sich eines so unausgesetzt schlechten Wetters nicht erinnern. Die Malaien schrieben es einer Mondfinsternis zu, die
am 8. Januar statthatte.

An das Kanonenboot war unter solchen Umständen nicht zu
denken. Wollte ich fort, so mußte ich es in einem Prauh wagen,
mit dem man nahe an der Küste fahren und in jeden Fluß einlen-
ken kann. Ich entschloß mich dazu und schiffte mich am

17. Januar unter heftigem Regen zum zweiten Male ein, und
zwar diesmal allein mit einem malaiischen Führer, den mir Kapitän Brooke mitgab. Der Missionar fürchtete sich vor der See-
krankheit! – Kapitän Grimble wollte mich durchaus begleiten;
allein ich gab es nicht zu.

Auch diesmal fanden wir die See sehr böser Laune: Sie sandte
Wogen auf Wogen über uns, so daß wir bald halb im Wasser
saßen und uns nach einigen Stunden beschwerlichen Kampfes in
ein nahes Flüßchen zurückziehen mußten. Den folgenden Tag
ging es wenig besser, und erst den dritten gelangten wir in die
Mündung des Flusses Sacaran. Hier begünstigten uns Wind und
Flut, und wir legten die 69 Meilen nach dem Fort in neun Stunden
zurück.

Kommandant *Lee* empfing mich sehr zuvorkommend in dem hölzernen Fort, welches Rajah Brooke erst vor kurzem hier an der Grenze seines Landes bauen ließ. Das Fort ist von niedrigen Erdwällen umgeben und hat eine Besatzung von 30 eingeborenen Soldaten. Herr Lee und ein Beamter sind die einzigen Europäer.

Der Fluß Sacaran ist etwas bedeutender als der Sarawak, teilt sich jedoch schon 30 Meilen von der Mündung in zwei Arme, an dessen kleinerem, *Luppar* genannt, das Fort liegt.

Die Ufer sind abwechselnd mit Nipapalmen, Laubwäldern, Dschungelgras und Reispflanzungen bedeckt. Auch hier, wie bei dem Sarawak, tritt das Wasser an vielen Stellen tief in das Land, eine Eigentümlichkeit der meisten Flüsse auf Borneo; ihre Ufer sind so niedrig, daß alles meilenweit unter Wasser steht und sich Sümpfe und Moräste bilden.

Herr Lee war von meiner Ankunft unterrichtet und hatte diese Nachricht den Eingeborenen mitgeteilt, die von allen Seiten herbeiströmten, um mich zu sehen, da eine weiße Frau noch nie hierher gedrungen war. Vom Morgen bis Abend mußte ich so gefällig sein, mich betrachten zu lassen. Die Besucher, Malaien und Dayaker, benahmen sich aber sehr bescheiden; ihre Neugierde war nicht belästigend; sie reichten mir die Hand, setzten sich nieder und begafften mich stillschweigend. Einige der Dayakerinnen hatten kurze Oberleibchen an, die sie jedoch bei dem Eintritt in das Zimmer ganz ungeniert ablegten.

Den folgenden Tag erwiderte ich einige Besuche. Ich fand bei den Malaien alles so wie zu Sarawak und hielt mich daher nicht lange bei ihnen auf. Ich zog es vor, einen unabhängigen Dayakerstamm* in der Nähe von Sacaran zu besuchen. Hier fand ich eine große Hütte von wenigstens 200 Fuß Länge. In der Veranda war so vielerlei Kram ausgelegt, daß ich diese Dayaker für Kaufleute gehalten hätte, wenn es solche unter ihnen gäbe. Da lagen Stoffe von Zeug oder Bast, herrliche Matten, schön geflochtene Körbe von allen Größen und Formen und von ausnehmend geschickter Arbeit; dort standen einige jener kostbaren Vasen, deren Wert ich

---

* Die Dayaker werden von den Engländern „*Head hunters*, Kopfjäger", von den Holländern „*Koppenskneller*" genannt.

noch immer nicht begreifen konnte – hier hingen Parangs, Trommeln, Gongs; alle ihre Reichtümer waren zur Schau gestellt, der großen Vorräte an bereitetem Bambus und Nipa sowie der aufgestapelten Säcke von Reis und anderen Lebensmitteln nicht zu vergessen.

Auch sah ich bei diesen Dayakern ungleich mehr Schmuck als bei jenen auf dem Berge Serambo. Manche der Männer waren überladen damit. Sie hatten den Hals bis an die Brust mit Glasperlen, Zähnen des Honigbären und Muscheln behängt, die Arme bis an die Ellbogen, die Füße bis an die Hälfte der Waden mit Messingreifen umgeben. An einem der Oberarme trugen sie häufig ein aus einer weißen Muschel geschnittenes Armband, welches unter ihnen für sehr wertvoll gilt. Allein das allerwertvollste für sie ist ein Hals- und Armband von Menschenzähnen. Die Ohren waren durchstochen und mit Messingringen geschmückt. Ich zählte an einem derselben 15 Ringe, von welchen jeder an Umfang zunahm; der größte hing bis an die Schulter hinab und hatte gewiß drei Zoll im Durchmesser. An diesen letzten war noch ein Blatt, eine Blume, ein Messingkettchen oder sonst irgendein Gegenstand befestigt. Auf dem Kopf trugen manche ein Käppchen von rotem Stoff, mit Perlen, Muscheln und Messingblättchen verziert und mit einer hohen Feder des schönen Argusvogels[26]. Andere hatten ein Stück Bastzeug kranzartig um den Kopf geschlungen, dessen Enden breit ausgefranst waren und aufgestülpten Federn glichen. Ein so geschmückter Mann sah etwas komisch aus, oben voll Putz, unten nackt.

Die Weiber trugen ungleich weniger Schmuck: Sie hatten keine Ohrgehänge, keine Bärenzähne und nur selten Glasperlen. Dagegen war ihr Raway, hier *Sabit* genannt, acht bis neun Zoll breit und war mit einer Unzahl Messing- oder Bleiringe besetzt. Ich hob eines dieser Prachtstücke auf und glaube nicht zu übertreiben, wenn ich sein Gewicht auf zwanzig Pfund schätze.

Herr Lee ersuchte den Häuptling, den Schwerttanz aufführen zu lassen. Zwei Parangs wurden zu diesem Zwecke kreuzweise auf den Boden gelegt. Die Tänzer waren zwei festlich geschmückte Jünglinge. Sie hatten rote, schmale Tücher, mit Goldbörtchen besetzt, um den Kopf geschlagen und ein langes Stück buntes

Zeug, gleich einem Shawl[27] über die Achsel geworfen. Der Tanz war äußerst zierlich und anständig. Hier hatten nicht nur die Hände und Arme, sondern auch die Füße zu tun. Die beiden Tänzer machten hübsche Stellungen und vollführten kunstvolle Bewegungen. Erst tanzten sie einige Minuten um die Schwerter, dann schienen sie sie erheben zu wollen, sprangen aber jedesmal, wie von Entsetzen erfaßt, zurück, bis sie dieselben endlich wirklich erhoben und in der geübtesten Weise kreuzten, gleich den bestgeschulten Fechtern. – Unstreitig war dies der schönste Tanz, den ich bisher von Wilden hatte aufführen gesehen. Die Musik bestand aus zwei Trommeln und einem Gong.

Denselben Tag besuchte ich noch einen zweiten Stamm, weiter aufwärts an dem Strome. Ich fand alles ebenso wie bei dem ersteren; nur sah ich hier zwei erst kürzlich abgeschnittene Menschenköpfe. Es hatte zwar bei dem anderen Stamm an diesen gewöhnlichen Trophäen auch nicht gefehlt; sie waren aber schon alt und in vollkommene Totenschädel verwandelt; diese, im Gegenteil erst vor wenigen Tagen erobert, sahen fürchterlich aus. Der Rauch hatte sie kohlschwarz gefärbt, das Fleisch war halb eingetrocknet, die Haut unversehrt. Lippen und Ohren waren ganz zusammengeschrumpft; erstere standen weit voneinander, so daß sich das Gebiß in seiner ganzen Häßlichkeit zeigte. Von den noch reich mit Haaren bedeckten Köpfen hatte einer die Augen offen, die, ebenfalls halb eingetrocknet, weit in die Höhlen zurückgetreten waren. Die Dayaker nahmen die Köpfe aus dem Geflecht, in welchem sie hingen, um sie mir genau zu zeigen – ein fürchterlicher Anblick, den ich nicht leicht vergessen werde.

Sie hauen die Köpfe so knapp am Rumpf ab, daß man nur auf eine äußerst geübte Hand schließen kann. Das Gehirn wird am Hinterteil des Kopfes herausgenommen.

Als sie die Köpfe in die Hand nahmen, spien sie ihnen ins Gesicht, die Knaben gaben ihnen Püffe und spien auf die Erde. Die sonst ruhigen und friedlichen Gesichter nahmen bei dieser Gelegenheit einen starken Ausdruck von Wildheit an.

Ich schauderte – konnte aber doch nicht umhin zu bedenken, daß wir Europäer nicht besser, ja im Gegenteil schlechter sind als diese verachteten Wilden. Ist nicht jedes Blatt unserer Geschichte voll Schandtaten, Morden und Verrätereien jeder Art? – Was läßt sich vergleichen mit den Religionskriegen in Deutschland und Frankreich, mit der Eroberung Amerikas, mit dem Faustrecht, mit der Inquisition? Und selbst in neueren Zeiten, nachdem wir vielleicht feiner und gebildeter in der äußeren Form, sind wir deshalb weniger grausam? – Nicht eine kleine, elende Hütte, gleich den rohen, unwissenden Dayakern, sondern geräumige Hallen, die größten Paläste, könnten manche berühmte Männer Europas mit den Köpfen schmücken, die ihren herrschsüchtigen und ehrgeizigen Plänen zum Opfer gefallen sind! Hat Napoleon in seinen Eroberungszügen nicht Millionen geschlachtet? Werden die meisten Kriege aus anderen Ursachen als aus Habsucht und Raubgier eines einzelnen unternommen? Wahrlich, ich wundere mich, wie wir Europäer es wagen können, Zeter und Wehe über arme Wilde zu schreien, die zwar ihre Feinde umbringen gleich uns, die aber die Entschuldigung für sich haben, daß sie weder Religion noch Bildung besitzen, welche ihnen Sanftmut, Milde und Abscheu vor Blutvergießen predigen.

In vielen Reisebeschreibungen liest man, daß die Dayaker ihrer Auserwählten die Liebe dadurch beweisen, daß sie ihr einen Menschenkopf zu Füßen legen. Der Reisende Herr *Temmingk*[28] sagt jedoch, dies sei nicht wahr. Derselben Meinung möchte ich auch beistimmen. Wo sollten alle diese Köpfe hergenommen werden, wenn jeder Jüngling seiner Braut ein derartiges Geschenk machte? Die traurige Sitte des Köpfens scheint vielmehr aus Aberglauben entstanden zu sein. Erkrankt zum Beispiel ein Rajah oder unternimmt er eine Reise zu einem anderen Stamm, so geloben er und sein Stamm einen Kopf im Falle der Genesung oder der glücklichen Wiederkehr. Stirbt er, so werden auch ein oder zwei Köpfe geopfert. Bei Friedensschlüssen wird ebenfalls von manchen Stämmen von jeder Seite ein Mann geliefert, um geköpft zu werden; bei den meisten jedoch werden Schweine statt der Menschen geopfert.

Ist ein Kopf gelobt, so muß er um jeden Preis herbeigeschafft werden. Gewöhnlich legen sich dann einige Dayaker in einen Hinterhalt. Sie verbergen sich in dem drei bis sechs Fuß hohen Dschungelgras oder zwischen Bäumen oder abgehauenen Zweigen, unter dürrem Laub und harren tagelang ihres Opfers. Nähert sich ein menschliches Wesen, Mann, Weib oder selbst ein Kind, dem Versteck, so schießen sie erst einen vergifteten Pfeil ab, dann springen sie gleich Tigern auf ihre Beute los. Mit einem einzigen Hieb trennen sie den Kopf vom Rumpf. Der Körper wird sorgfältig verborgen, der Kopf aber in ein Körbchen gelegt, welches besonders zu diesem Zwecke bestimmt und mit Menschenhaaren verziert ist.

Derlei Morde sind natürlich stets Veranlassungen zu Kriegen. Der Stamm, aus welchem ein Mitglied getötet wurde, zieht zu Felde und ruht nicht eher, als bis er zum Ersatz einen, auch zwei Köpfe hat. Diese werden dann im Triumph, unter Tanz und Gesang nach Hause gebracht und feierlich aufgehängt. Die darauf folgenden Festlichkeiten dauern einen ganzen Monat.

Die Dayaker lieben die Köpfe so sehr, daß, wenn sie mit den Malaien vereint einen Piratenzug oder eine Fehde unternehmen, sie sich bloß die Köpfe ausbedingen und alle übrige Beute den habgierigen Malaien überlassen.

Sie verschieben ihre Züge stets bis nach der Reisernte, die für sie zu wichtig ist, um unterbrochen zu werden, und nehmen Weiber und Kinder mit sich.

Ich bedauerte sehr, nicht acht Tage früher gekommen zu sein. Ich hätte der Feier eines Friedensschlusses beiwohnen können, der, dank dem eifrigen Bestreben Rajah Brooke's, zwischen zwei unabhängigen Dayakerstämmen geschlossen worden war. Herr Lee erzählte mir, daß die beiden feindlichen Häuptlinge (Rajahs) von 20 oder 30 ihrer Leute begleitet vor sein Haus kamen. Jeder brachte ein Schwein mit. Nach langen Reden zwischen den Häuptlingen und dem Volke wurden die Schweine geköpft, aber nicht durch Dayaker, sondern durch Malaien. Fällt der Kopf auf einen Streich, so bedeutet es Glück. Die Schweine wurden nicht verzehrt, sondern in den Fluß geworfen. Sie schließen ihr Bündnis nicht auf Jahre (diese Rechnung ist ihnen unbekannt), sondern auf Reisernten.

Herr Lee hatte ebenfalls versucht, mir mein Vorhaben, in das Innere des Landes zu dringen, auszureden. Den Nachrichten zufolge, die er erst kürzlich von jenen Gegenden erhalten hatte, war ein Häuptling getötet worden und alles in Krieg verwickelt. Mein Entschluß, so weit vorzudringen, als man mich ließe, stand jedoch fest.

Ich schiffte mich am 22. Januar auf dem *Luppar* ein, mit der Absicht, stromaufwärts bis an das Gebirge *Sekamil* zu gehen. Ich nahm, außer dem malaiischen Diener, den mir Kapitän Brooke mitgegeben hatte, und acht malaiischen Bootsleuten noch den Koch Herrn Lee's als Steuermann mit, der mir durch die Güte des Herrn Lee zur Verfügung gestellt und von großem Nutzen wurde, weil er einige Worte Englisch sprach.

Die Reise begann sogleich in dem Gebiete der freien Dayaker, und zwar der Stämme, die als sehr wild bekannt sind.

Zeitig des Nachmittags landeten wir an einem ihrer Wohnplätze, um daselbst die Nacht zuzubringen. Mein Hauptbestreben war, stets mich ihnen vertrauensvoll und herzlich zu nahen. Ich schüttelte Männern und Weibern die Hände, setzte mich unter sie, sah ihren Arbeiten zu, nahm die Kinder auf den Schoß usw. Dann begab ich mich in den Wald, um nach Insekten zu suchen. Daß mir ein ganzer Zug der Eingeborenen, besonders der Kinder, folgte, versteht sich von selbst. Sie wollten sehen, wohin ich ginge, wozu mir das Schmetterlingsnetz und die Schachtel dienten, die ich zur Aufbewahrung der Insekten stets mit mir trug. Sie betrachteten mein Tun und Lassen gerade so wie ich das ihrige. Anfangs lachten sie mich wohl aus, wenn sie sahen, mit welcher Emsigkeit ich nach jedem Schmetterling, nach jeder Fliege haschte;* doch kaum hatte ich ihnen begreiflich gemacht, daß ich Arzneien daraus bereite, als aus den Lachern gewöhnlich ebensoviele Sucher wurden. Es war notwendig, ihnen etwas derartiges, für ihr Fassungsvermögen Passendes zu sagen. Ich habe ihnen vieles von meinen Sammlungen zu verdanken.

Mit der Abenddämmerung heimkehrend, fand ich ein Plätzchen, mit reinlichen Matten belegt, für mich bereit. Die Leute

---

* Daß mich die Wilden auslachten, fand ich natürlich; geschah mir doch späterhin diese Ehre in europäischen Kolonien, ja selbst in den Vereinigten Staaten Amerikas von Leuten, die zivilisiert genannt werden. Manchmal trieb man es so arg, daß ich sie frug, ob sie je ein Museum gesehen, und wenn sie eines gesehen hätten, ob sie meinten, daß alle die Tiere selbst dahin geflogen und gekrochen seien?

setzten sich zwar in meine Nähe, berührten aber nicht das Geringste; ihre Achtung vor meinem Eigentum war so groß, daß, wenn ich meinen Platz verließ, sie ebenfalls hinweggingen. Ich konnte ruhig alles offen umherliegen lassen. Auch wenn ich aß, setzten sie sich weiter von mir weg, um mich nicht zu stören. Man gab mir gewöhnlich Reis und Hühner-Kuri.* Leider war letzteres stets mit ranzigem Kokosöl zubereitet; da ich jedoch vom frühen Morgen bis späten Abend nichts über die Lippen brachte, tat der Hunger sein Bestes; kam es manchmal gar zu arg, so hielt ich die Nase zu und suchte mein Mahl so schnell als möglich zu verschlucken.

Lange des Abends blieben die Dayaker wach. Erst nach elf Uhr erlosch ein Feuer nach dem anderen, und dicke Finsternis umgab mich. Dennoch war mir in einer solchen Nacht nicht bange zumute, obwohl ich mich, von jeder Hilfe abgeschnitten, ganz allein unter so begeisterten Kopfliebhabern befand. Ich wußte, daß Rajah Brooke's Name bis hierher gedrungen sei und daß ich unter dem Schutz der Achtung, die man ihm zollt, sicher ruhen konnte.

23. Januar. Während des Tages fiel nichts vor; wir fuhren an mehreren Dayakerplätzen ungestört vorüber. Nachmittags kehrten wir wieder bei einem Stamm ein. Hier sah es aber nicht sehr gemütlich aus, denn die Leute waren erst vor zwei Tagen von einem Kampfe heimgekehrt und hatten einen Kopf mitgebracht, der nebst anderen, schon beinah ganz ausgetrockneten, über der Feuerstelle hing, an der mein Lager bereitet wurde. Es ist dies nämlich der Ehrenplatz, der dem Gast geboten wird – eine höchst widerliche Auszeichnung, die man doch nicht ausschlagen darf. Die dürren Schädel, die in dem starken Zugwinde gegeneinander klapperten, der unbeschreibliche, erstickende Gestank, der von dem frischen Kopfe ausging und den mir der Luftzug zeitweise ins Gesicht trieb, der Anblick der Leute, die noch sehr aufgeregt schienen und beständig um mein Lager kreisten, als schon alle

---

* Kuri ist eine Brühe von scharfen Ingredienzen, besonders von rotem Pfeffer. Diese Brühe ist sowohl auf dem Festland Indiens als auch im ganzen Indischen Archipel sehr beliebt. [Kuri – gemeint ist Curry, eine Gewürzmischung, die unter anderem Chilies oder Paprika enthält. Anm. d. Hgin.]

Feuer erloschen waren, brachte mich um Schlaf und Ruhe. Ich gestehe aufrichtig, meine Angst war so groß, daß ich in eine Art Fieber verfiel. Länger konnte ich nicht liegenbleiben und wagte doch nicht aufzustehen. Ich setzte mich aufrecht und meinte, jeden Augenblick das Messer schon an meinem Nacken zu fühlen. Erst gegen Morgen sank ich ermüdet und erschöpft auf mein Lager zurück.

24. Januar. Das Reisen auf Borneo geht unendlich langsam vonstatten. Es ist unmöglich, die Bootsleute in den schönen frühen Morgenstunden zum Aufbruch zu bringen. Sie müssen erst ihren erbärmlichen Reis kochen, und dazu benötigten sie so viel Zeit, wie bei uns ein Koch mit dem größten Mittagsmahle. Während der Fahrt halten sie ebenfalls jeden Augenblick mit dem Rudern inne, der eine, um sein Siri zu bereiten, der andere, um Strohzigarren zu wickeln oder zu rauchen, so daß im Durchschnitt kaum die Hälfte der Leute arbeitet. Noch nie ward meine Geduld so auf die Probe gesetzt, wie auf dieser Reise.

Der Malaie, den mir Kapitän Brooke mitgegeben hatte und von dem er versichert zu sein glaubte, daß er mir gute Dienste leisten würde,* war der Unausstehlichste von allen. Er sollte mich bedienen und zu gleicher Zeit die Leute zur Arbeit, zum frühen Aufbruche anhalten. Von alledem tat er nicht das geringste; seinetwegen konnten die Leute um Mittag aufbrechen. Er blieb ruhig liegen oder rauchte und plauderte, und statt mich zu bedienen, ließ er sich bedienen. Befahl ich ihm etwas, so gab er mir keine Antwort oder kehrte mir den Rücken zu, so daß ich alle Dienste, deren ich benötigte, von den Bootsleuten fordern mußte.

Die Fahrt wurde nun mit jedem Ruderschlag reizender. Die Ufer erhöhten sich, üppige Reispflanzungen verdrängten die Moräste, und weiter im Hintergrunde erschienen freundliche Hügelketten. Unter den Bäumen gab es wahre Prachtexemplare, manche mit Stämmen von 120 bis 140 Fuß Höhe, andere mit tief herabhängenden Ästen, die sich weit über die Wasserfläche streckten und kühle Laubdächer bildeten. Auf hohen, schlanken

---

* Ganz anders benimmt sich ein malaiischer Diener gegen einen Herrn als gegen eine Frau, die er von sich abhängig glaubt.

Bäumen mit sehr wenig Ästen findet man häufig große Bienenstöcke. Um sie des Honigs zu berauben, verfertigen die Eingeborenen eine Art Leiter aus Bambus, die je zu zwei und zwei Fuß an dem Stamm befestigt ist, von welchem sie ungefähr sechs Zoll absteht, und die oft bis zu einer Höhe von 80 Fuß führt.

Auch heute, wie gestern, kehrte ich bei Dayakern ein. Kaum hatte ich mich auf mein Lager begeben, so hörte ich ein schnelles, taktmäßiges Klatschen. Ich erhob mich und ging neugierig der Stelle zu, von welcher diese Musik kam. Da lag ein Mann ausgestreckt und unbeweglich auf der Erde, auf dessen Körper ein halbes Dutzend Jünglinge mit flachen Händen abwechselnd losschlug. Ich hielt den Mann für tot und staunte über diese sonderbare Zeremonie, die mit seinem Körper vorgenommen wurde. Allein nach einer Weile sprang der vermeinte Tote unter schallendem Gelächter der Jünglinge auf und – das Spiel war zu Ende. Soviel ich verstand, hält man dergleichen Übungen für sehr nützlich für den Körper, da sie ihm Biegsamkeit und Kraft verleihen sollen.

25. Januar. Immer schönere Ansichten bieten sich dem Blick dar. Die Berge vervielfältigen sich und werden höher und höher; manche der Spitzen, die ich heute sah, mochten über 3.000 Fuß hoch sein. Mich erinnerte die Reise auf Borneo zum Teil an jene im Innern Brasiliens. Hier wie dort undurchdringlicher Urwald mit erdrückender Vegetation, hier wie dort wenig gelichtetes Land, wenig bewohnte Plätze. Der einzige Unterschied ist, daß Borneo von zahllosen Flüssen und Flüßchen durchschnitten wird, während Brasilien nur wenige, dagegen aber desto mächtigere Ströme besitzt. Was könnte aus beiden Ländern geschaffen werden,* wären sie mit friedlichen, arbeitsamen Menschen bevölkert! Leider ist dies nicht der Fall; Eingeborene sind nur wenige, und diese denken mehr an Krieg und Zerstörung als an Kultur und Arbeit, und die weißen Ansiedler schließt teilweise das Klima aus.

---

* Borneo ist nach Madagaskar die größte Insel der Erde. Ihr Flächeninhalt beträgt 9.373 Quadratmeilen; Bevölkerung 950.000 Dayaker, 200.000 Malaien, 54.000 Chinesen. Hauptausfuhrartikel: Rotang, Reis, Kokosnüsse, Sago, Farbhölzer.

Eine Sonderbarkeit Borneos ist die dunkelbraune Farbe seiner Gewässer. Einige Reisende behaupten, sie rühre von den vielen Blättern her, die, da die Ufer dicht mit Waldungen besetzt sind, in die Flüsse fallen und verfaulen. Dieser Meinung möchte ich beinahe widersprechen, denn auf der Insel *Ceram*, welche ich später bereiste und die an Wäldern, an Flüssen ebenso reich ist wie Borneo, fand ich das Wasser überall kristallhell.

Alexander von Humboldt[29] bemerkte diese dunkle Farbe auch an Flüssen in Amerika und er fügt bei, daß in derlei Gewässern weder Krokodile noch Fische leben. Auf Borneo ist dies nicht der Fall. Hier fehlt es nirgends an Kaimans (zum Geschlecht der Krokodile gehörig) und Fischen.

Abends saß ich wieder unter einem Schwarm Dayaker und unterhielt mich mit ihnen mittels eines malaiischen Dolmetschers und des Koches, so gut es ging. Ich frug sie, ob sie an einen großen Geist glaubten und ob sie Götzen und Priester hätten. Soviel ich aber verstehen konnte, glauben sie an nichts und haben weder Götzen noch Priester. Ersteres mag vielleicht nicht der Fall sein, ich kann sie schlecht verstanden haben; was aber letzteres anbelangt, so habe ich deren wirklich nie bei ihnen gesehen. Dagegen fehlt es nicht an Rajahs; jedem Häuptling, wenn sein Stamm auch nur aus einigen Dutzend Familien besteht, wird dieser hochtrabende Titel beigelegt. Dies erinnerte mich an Ungarn und Polen, wo sich alles, was nicht leibeigen war, „Edelmann" nannte.

Wir waren in der besten Unterhaltung, als ein Junge eine wilde Taube brachte, die er im Wald gefangen hatte. Ein Mann nahm sie ihm ab, drehte dem armen Tierchen den Hals um, zog ihm einige der langen Flügelfedern aus und warf es ins Feuer. Kaum waren die übrigen Federn halb verbrannt, als er sie vom Feuer nahm, den Kopf und die äußersten Flügelenden abriß und einem neben ihm stehenden, begierig darauf harrenden Kinde gab. Er legte die Taube hierauf zum zweiten Mal in das Feuer, aber nur auf einige Augenblicke, nahm sie wieder weg und zerriß sie in sechs Stücke, die er an ebensoviele Kinder verteilte. Er selbst kostete nicht einmal davon. Ich hatte schon bei vielen Gelegenheiten bemerkt, daß die Dayaker sehr zärtliche Eltern sind.

Abbildung 5: Ein dayakischer Rajah.

Denselben Abend brach ein fürchterliches Ungewitter los, von echt tropischen Regengüssen (bei uns Wolkenbruch genannt) und heulendem Sturm begleitet. Ein Windstoß löschte alle Feuer aus. Wir sprangen auf und flüchteten in das Innere des Hauses, jeden Augenblick gewärtig, daß ein zweiter das Blätterdach über unseren Häuptern davontragen würde. Aber wie alles zu Heftige selten lange anhält, so war es auch mit diesem Sturme: in einer halben Stunde war er vorüber. Die Leute hatten angefangen, aus Leibeskräften zu singen und den Gong zu schlagen, wie ich glaubte, um den Sturm zu übertäuben und zu vertreiben, und sie fuhren damit bis zum frühen Morgen fort. Ihre Gesänge glichen einem tollen Geheule. Ich unterschied zwei Melodien, die beide von einem Vorsänger vorgeschrien wurden und an deren Ende die übrigen jedesmal einfielen. Vier Jünglinge führten auch einen Tanz auf. Sie tappten mit langsamen, gleichmäßigen Schritten um die Feuerstelle, über welcher die Totenschädel hingen. Jeder der Jünglinge hatte einen tüchtigen Knittel[30] in der Hand, mit dem er bei jedem Schritt heftig auf den Boden stieß. Zeitweise spuckten sie nach den Schädeln. Wie ich später erfuhr, galten diese Musik und dieser Gesang nicht dem Sturme; es war ein Fest, welches einem Kriegszug voranging.

Bei allen Stämmen, die ich auf dieser Reise gesehen hatte, wohnte der Häuptling in keiner abgesonderten Hütte, sondern gemeinschaftlich mit den Familien. Die Jünglinge schliefen und wohnten in den Veranden (Vorplätzen).

26. Januar. Meine Reise unter den wilden Dayakern ging so ohne alle Gefahr und Schwierigkeiten vor sich, obwohl ich manchmal Ursache hatte, das Schlimmste zu fürchten, daß ich schon anfing, mich einer gänzlichen Sorglosigkeit hinzugeben. Heute sollte ich eines anderen belehrt werden.

Ich saß ruhig in meinem Prauh, als uns ein kleines Kanu entgegenkam, in welchem vier Dayaker saßen, die mit größtmöglicher Eile stromabwärts ruderten. Sie hielten bei uns nicht an, sondern schrien uns bloß im Vorüberfahren zu, so schnell als möglich umzukehren, da der nächste Stamm, mehr aufwärts am Fluß, gerade zum Krieg ausziehe. Sie selbst seien nur entkommen, weil man sie nicht gesehen habe.

Diese Nachricht machte mich höchst bestürzt. So nahe dem Gebirge – diesen Abend sollten wir an dessen Fuß gelangen – und nun umkehren! Ich hielt Rat mit dem Koch, dem einzigen Mann, mit dem ich einige Worte sprechen konnte, und suchte ihn für die Weiterfahrt zu stimmen. Glücklicherweise war er ein beherzter Mensch; er meinte, daß, obwohl die Dayaker auf ihren Kriegszügen gewöhnlich alles niedermachen, was ihnen in die Hände fällt, sie doch vielleicht Rajah Brooke's Flagge achten würden. Ich gab im recht, ließ sogleich die Flagge aufziehen und die Reise wurde, gegen den Willen der anderen Bootsleute, fortgesetzt.

Wir fuhren nicht lange, so vernahmen wir schon den Kriegsgesang mit Begleitung des Gongs und der Trommel. Noch bargen uns die hochbewaldeten Ufer; aber wenig Ruderschläge weiter, bei einer Krümmung des Flusses, zeigte sich uns ein Bild, das wohl den beherztesten Mann mit Furcht erfüllt hätte. Auf einer kleinen Erhöhung am Ufer standen die Wilden, gewiß hundert an der Zahl, mit hohen, schmalen Schilden, und mit Parangs in den Händen. Bei unserem Anblick stieg ihr Geschrei aufs Höchste, und ihre Gebärden wurden fürchterlich.

Das Herz erbebte mir im Leibe; doch zur Rückkehr war es zu spät. Entschlossenheit allein konnte uns retten. Dem Hügel gegenüber, mitten im Fluß, lag eine Sandbank. Auf diese sprang mein wackerer Koch und begann eine Unterhaltung mit dem Rajah, von welcher ich leider kein Wort verstand, da sie in dayakischer Sprache vor sich ging. Um so größer war meine Bestürzung, als plötzlich die Wilden die kleine Anhöhe herabsprangen, sich teils in Kanus, teils ins Wasser stürzten, rudernd und schwimmend auf mein Prauh zukamen und es von allen Seiten umringten und erstiegen. Nun, dachte ich, sei der letzte Augenblick meines Lebens gekommen. Doch bald vernahm ich die Stimme des Koches, der sich durch die Leute drängte und mir zuschrie, daß man uns willkommen hieße. Zu gleicher Zeit wurde auf der Anhöhe ein weißes Fähnlein als Friedenszeichen aufgesteckt.

Wer je dem Tode wirklich nahe war, der allein kann sich eine Vorstellung machen von der Angst, die ich ausgestanden, sowie von der Freude, die mich nun erfüllte, als ich mich gerettet sah!

Alle diese heftigen Gemütsbewegungen mußte ich unterdrücken und stets die größte Kaltblütigkeit zeigen, da dies noch das einzige Mittel ist, den Wilden Achtung einzuflößen. Der Koch hatte recht, Rajah Brooke's Flagge war der Talisman, der uns schützte. Nicht nur, daß uns die Leute nichts zuleid taten; im Gegenteil benahmen sie sich sehr freundlich und luden mich ein, mit ihnen ans Land zu gehen, was ich auch tat, um ihnen zu zeigen, daß ich ihre Einladung ehrte und schätzte. Diese Achtung und Verehrung, welche die Dayaker für Rajah Brooke bewiesen, rührte mich sehr. Man sieht daraus, wie dankbar die wilden Völker sind, wenn man es wirklich gut und aufrichtig mit ihnen meint. Hätte ich doch in diesem Augenblick die Feinde dieses edlen Mannes um mich gehabt! Wie tief würde sie nicht diese Szene beschämt haben!*

Als ich an das Land stieg, fand ich die Weiber und Kinder hinter der Anhöhe unter Zelten gelagert. Sie empfingen mich so freundlich wie ihre Männer; ich mußte mich sogleich zu ihnen setzen. Auf dem Boden lagen viele Eßwaren ausgebreitet, besonders eine Menge kleiner flacher Kuchen von allerlei Farben, weiß, gelb, braun und schwarz. Sie sahen so schmackhaft aus, daß ich mit wahrer Lust hineinbiß. Aber wie bereute ich meine Naschhaftigkeit! Die weißen Kuchen bestanden aus Reis-, die gelben aus Maismehl. Das Mehl war grob gestoßen und mit weiter nichts als mit einer reichlichen Portion ranzigen Fettes angemacht, das aus der Frucht *Kawan* gewonnen wird. Die braunen und schwarzen Kuchen erhielten ihre Farbe von der mehr oder minderen Beimischung eines schwarzen Sirups, der aus Zuckerrohr oder von dem Saft verschiedener Palmen bereitet wird. Um die guten Leute, die mir mit Gewalt von allem geben wollten, nicht zu beleidigen, schluckte ich mit Ekel einige Bissen hinab.

---

* Rajah Brooke war nämlich kurze Zeit vor meiner Ankunft auf Borneo nach England berufen worden, um sich gegen die Anklagen seiner Feinde zu rechtfertigen, die darin bestanden, daß er in seinen Kriegszügen gegen die Piraten Menschenleben geopfert, Hütten und Prauhs verbrannt habe. Als ob man einen ähnlichen Krieg mit Worten führen könnte! – Wie viele Menschenleben opfern nicht die europäischen Staaten, wie viele Städte und Dörfer verbrennen sie in ihren Kriegen, die bei weitem keinen so edlen Zweck haben, ja, die vielmehr selbst nichts weiter als großartige Piraterien sind. In der Folge hörte ich, daß Rajah Brooke sich mit glänzendem Erfolg rechtfertigte.

Unter den Männern, welche mich umgaben, hatten viele das Körbchen an der Seite hängen, welches zum Empfang des eroberten Kopfes bestimmt ist. Es war höchst zierlich geflochten, mit

Abbildung 6: Korb eines dayakischen Kopfjägers.

Muscheln geschmückt und mit Menschenhaaren behängt. Die letztere Zierde darf jedoch nur der Dayaker tragen, der bereits einen Kopf erbeutet hat.

Nach eingenommenem Mahl drangen sie in mich, ihren Wohnplatz zu besuchen, der tiefer im Walde lag. Ich brach sogleich mit ihnen auf, und zwar ohne einen einzigen meiner Leute mitzunehmen, wohl wissend, daß man bei wilden Völkern um so geachteter und sicherer ist, je mehr Zutrauen man ihnen zeigt.

Ihre Hütten fand ich wie die der übrigen Stämme. Sie baten mich, den Rest des Tages und die Nacht bei ihnen zuzubringen; allein ich zog es vor, noch diesen Tag bis an den Fuß des Gebirges zu fahren, und nach kurzer Rast nahm ich herzlichen Abschied von meinen neuen Freunden. Männer und Weiber begleiteten mich bis an mein Prauh, drückten mir die Hände und luden mich ein, wiederzukommen. Sie gaben mir Früchte, Kuchen, Eier nebst einem Bambusrohr voll gekochten Reises mit auf den Weg.

Des Abends erreichte ich *Beng-Kalang-Sing-Toegang,* einen Ort mit einigen Dutzend Hütten, am Fuße des Gebirges Sekamil gelegen, Sitz eines malaiischen Rajahs, dem ich durch einen Brief von Kapitän Brooke angelegentlichst[31] empfohlen war.

Hier verabschiedete ich mein Prauh; die Wasserfahrt, deren Länge von Sacaran bis an das Gebirge ungefähr 150 Meilen betragen mochte, hatte vorläufig ein Ende; es handelte sich nun darum, das Gebirge selbst zu übersteigen. Glücklicherweise erbot sich der Rajah, mich persönlich zu begleiten, und somit stand dieser gefährlichen Reise nichts mehr im Wege. Der nächste Tag verging mit Vorbereitungen. Der Rajah suchte die Mannschaft aus, die er mitnehmen wollte, ließ die Waffen instand setzen, die Lebensmittel bereiten usw. Ich benützte diese Zeit, das Leben und Treiben der Leute zu beobachten.

Zu der Gattin des Fürsten hatte ich unbedingten Zutritt, nicht nur weil ich eine Frau war, sondern auch weil, wie ich schon früher erwähnt habe, bei den Malaien die Frauen bei weitem nicht so streng abgeschlossen sind wie bei den Türken. Die Frau war noch sehr jung, gehörte aber nicht zu den schönsten ihres Geschlechtes; im Gegenteil war ihrem Gesicht ein Stempel ganz besonderer Trägheit und Teilnahmslosigkeit aufgedrückt. Nicht einmal ihr Kind, das um sie spielte, konnte ihr ein Lächeln oder eine freundliche Miene abgewinnen. Das fürstliche Ehepaar zeichnete sich in der Kleidung von seinen Untertanen und Sklaven nicht im geringsten aus; das Kind ging, gleich den andern Kindern, ganz nackt. Besser beschaffen war die Einrichtung des Schlafgemaches, das, durch hohe Bambuswände von der Küche und den übrigen Räumen abgesondert, zugleich als Empfangssaal diente. Hier gab es schön gestickte Kissen, eingelegte Holzkästen, reinliche Klambus und drei jener rätselhaften, kostbaren Vasen.

Die Malaien halten Sklaven. Sie verdammen hiezu die Kriegsgefangenen sowie auch die Schuldner, die nicht bezahlen können. Letztere müssen so lange als Sklaven dienen, bis sie von ihren Verwandten oder Freunden ausgelöst werden, was natürlich selten geschieht, da das Volk durchschnittlich sehr arm ist. Die Sklaven werden aber sehr gut behandelt; sie gehören zur Familie, und ich würde nie ein Sklavenverhältnis bemerkt haben, hätte man es mir nicht gesagt.

28. Januar. Nun ging es an die Fußreise. Ich hatte dazu eine sehr zweckmäßige, einfache Kleidung. Ich trug ein kurzes Beinkleid, das mir bis über die Knie reichte, einen Rock und eine Cabaya[32]. Der Rock ging mir zwar bis an die Knöchel, ich schürzte ihn aber während des Marsches auf und ließ ihn erst hinab, wenn die Tagereise vollendet war. Auf dem Kopf hatte ich einen herrlichen Bambushut von der Insel Bali, undurchdringlich für Regen und Sonnenschein. Um gegen den Sonnenstich gänzlich gesichert zu sein, legte ich noch unmittelbar auf den Kopf ein Stück von einem Bananenblatte. Was die Fußbekleidung anbelangte, so mußte ich den Strümpfen und teilweise auch den Schuhen entsagen, da der Weg häufig durch Sümpfe und Wasser führte. Wer ähnliche Reisen unternimmt, muß abgehärtet sein wie der Eingeborene. Ich war es, weil ich es sein wollte. Ich schlief gar viele Nächte auf der bloßen Erde in Wäldern und hatte gar manche Tage zu meiner Nahrung nichts als in Wasser gekochten Reis.

Unser Zug bestand außer dem Rajah, mir und meinem Diener noch aus zwölf Mann Gefolge, teils Dayaker, teils Malaien, von welchen die Hälfte mit Gewehren bewaffnet war.

Ich machte mich nicht nur auf schlechte Wege, sondern auch auf das Ersteigen eines hohen Gebirgspasses gefaßt. Letzteres war jedoch nicht der Fall. Wir wanden uns stets durch schmale Täler, in wenig aufsteigender Richtung; ich glaube kaum, daß wir uns mehr als 500 Fuß erhoben. Die Wege dagegen waren gräßlich – eine ununterbrochene Kette von Bächen, Sümpfen und stehenden Gewässern, in die wir oft tief über die Knie einsanken. Von

Abbildung 7: Ida Pfeiffer im Reisekostüm.

den Höhen hatten wir überraschende Ansichten. Dreifache Gebirgsketten türmten sich hintereinander auf; große Täler lagen dazwischen, von schönen Flüssen durchschnitten, aber alles in dem tiefen Schlummer dichter, undurchdringlicher Waldungen begraben. Selten kamen wir an kleine Lichtungen, von Dayakern bewohnt und mit Reis, Mais, Zuckerrohr und *Ubi* (eine Gattung süßer Kartoffel) bepflanzt. Wenn wir uns einer solchen Stelle näherten, wurde haltgemacht und ein Teil der Mannschaft vorausgesandt, um den Platz zu untersuchen und um die Erlaubnis des Durchzuges anzufragen. Zweimal führte uns der Weg mitten durch die Dayakerhäuser; wir mußten die Leiter auf der einen Seite hinauf-, auf der andern hinabklettern. Die Dayaker lichten oft vorsätzlich nicht die Waldungen um ihre Wohnplätze, um dem Feind den Zugang zu erschweren; sie lassen nur schmale, enge Pfade offen, die leicht verrammelt werden. Man könnte ein solches Haus mit einem Blockhaus vergleichen.

Nach einem scharfen Marsch von acht Stunden hielten wir in einem dieser Blockhäuser an, wo man uns ohne Schwierigkeit erlaubte, die Nacht zuzubringen.

29. Januar. Höhen hatten wir nicht mehr zu übersteigen; dagegen aber waren die Wege, die durch dichte Wälder führten, voll Wurzeln und gefallener riesiger Baumstämme, so daß es immerwährend zu klettern gab. Rechnet man dazu die Pfützen, Moräste und Gewässer, durch die es durchging oder die auf dünnen Bambusstämmchen überschritten werden mußten, so kann man sich einen Begriff von dieser Reise machen. Bei schönem Wetter anstrengend genug, ist sie bei schlechtem, wie wir es trafen, eine der beschwerlichsten.

Sooft ein verdächtiges Geräusch im Walde vernommen wurde, hielten wir an; wir mußten auf dem Platz wie angewurzelt stehenbleiben und die größte Stille beobachten, während die Mannschaft vorausschlich, gleich Schlangen über die Baumstämme und Wurzeln sich windend.

Nach einem abermaligen Marsch von acht Stunden erreichten wir *Beng-Kallang-Boenot*, das Ende der Fußreise. Ich glaube kaum, daß wir in diesen 16 Stunden mehr als 35 Meilen gemacht haben.

Zu *Beng-Kallang-Boenot* residierte ebenfalls ein kleiner malaiischer Fürst, bei welchem wir die Nacht zubrachten.

Daß ich allen diesen Leuten, Dayakern wie Malaien, eine vollkommen fremde Erscheinung war, versteht sich von selbst. Die wenigsten hatten je einen weißen Mann, alle gewiß aber nie eine weiße Frau gesehen. Ihre Verwunderung war um so größer, da nach ihren Begriffen eine Frau allein sich kaum einige Schritte vom Hause entfernen kann.

30. Januar. Zu Beng-Kallang-Boenot schiffte ich mich auf dem Fluß *Batang Lupar* in einem ganz kleinen Boot mit bloß einem Fährmann ein. Der Fluß schlängelte sich durch Waldungen, war schmal und von vorstehenden Bäumen oft so eingeengt, daß wir kaum durchkommen konnten. Die Sonne drang nirgends durch das dichte Blätterdach; die größte Stille, von Zeit zu Zeit durch das Aufspringen eines Affen oder das Auffliegen eines Vogels allein unterbrochen, umgab uns. Stiller und finsterer konnte es auf dem Acheron selbst nicht sein. Die Farbe dieses Flusses war beinahe tintenschwarz.

Nach einigen Stunden überholten wir ein kleines Kanu, das mit zwei Männern, einem Weibe, einem Kinde und vielen Hühnern und anderem Kram beladen war. Wir hielten an, und nach einer kurzen Unterredung sah ich zu meinem Erstaunen, daß die ganze Besatzung auf mein Boot übersiedelte. Das ihrige verbargen sie in dichtem Gebüsch. Ich stritt vergebens dagegen. Meinem Schlingel von Diener schien die Sache anzustehen, und deshalb hörte er nicht auf meine Worte. Mein Platz war durch diesen Zuwachs natürlich sehr beschränkt; was mich aber noch mehr belästigte, war das Feuer, das die Leute machten, um ihren elenden Reis zu kochen, und dessen Hitze und Rauch mir ins Gesicht schlugen.

Der finstere Batang Lupar verlor sich nach ungefähr 30 Meilen in den See *Boenot*, der an vier Meilen im Durchmesser haben mochte. Dieser See bot mir eine Merkwürdigkeit dar, wie ich noch keine ähnliche gesehen hatte. Er war nämlich dicht mit Baumstämmen angefüllt, die jedoch nicht entwurzelt umherlagen, sondern fest im Grunde standen; nur waren sie gänzlich erstorben und hatten weder Äste noch Kronen; sie glichen von

Menschenhand eingesetzten Palisaden. Eine breite Wasserstraße, ein natürlicher Kanal von höchstens einer halben Meile Länge, führte in einen zweiten See, *Taoman* genannt, der noch einmal so groß war als der Boenot-See und im Gegensatz zu diesem einen vollkommen reinen, schönen Wasserspiegel hatte.

Die Umgebung beider Seen war herrlich: weite bewaldete Täler, östlich und westlich von malerischen Gebirgszügen mit hohen Spitzen und Kuppen begrenzt. Die höchsten der Spitzen mochten wohl an 5.000 Fuß messen.

Diese und die folgende Nacht brachte ich höchst unbequem auf dem Boote zu. Die zugewachsene Gesellschaft ließ mir so wenig Raum, daß ich halb gekrümmt liegen mußte. Ich wäre gerne bei Dayakern eingekehrt; jedoch der Fährmann wollte nicht, indem er vorgab, daß es zu gefährlich sei.

31. Januar. Heute begegneten wir größeren und kleineren Prauhs mit Dayakern und Malaien. Nachmittags überholte uns ein sehr großes. Man schrie uns höchst gebieterisch zu, heranzusteuern. Wir mußten wohl gehorchen, denn Ungehorsam war mit unserer Schwäche nicht vereinbar. Statt gefürchteter Piraten empfing mich aber ein sehr höflicher malaiischer Rajah, der auf einer Reise begriffen war. Nach einigen Fragen, „woher ich komme", „wohin ich gehe" usw., beschenkte er mich mit einer großen Schale frischen Kokosöles und einigen süßen Kuchen.

1. Februar. Gegen Mittag erreichten wir *Sintang*, ein Städtchen von wenigstens 1.500 Einwohnern und Sitz eines Sultans. Hier hatten die Gefahren ein Ende, denn die Dayakerstämme, die ich bis Pontianak noch zu passieren hatte, standen unter malaiischen Fürsten, an welche ich von dem Sultan von Sintang empfohlen zu werden hoffte. Ich hatte zu diesem Zwecke für letzteren einen Brief von dem Rajah von Beng-Kallang-Boenot mitgebracht.

Ich muß gestehen, daß ich gerne noch länger unter den freien Dayakern gereist wäre. Ich fand sie überaus ehrlich, gutmütig und bescheiden, ja ich setze sie in diesen Punkten über alle Völker, die ich bisher kennengelernt habe. Ich konnte alles offen liegenlassen und mich stundenlang entfernen; nie fehlte das geringste. Sie baten mich wohl zuweilen um manches, das sie sahen, gaben sich aber gleich zufrieden, wenn ich ihnen erklärte, daß ich es selbst benötigte. Nie waren sie zudringlich oder belästigend. Man wird mir vielleicht entgegnen, daß das Köpfen und Aufbewahren der Totenschädel gerade nicht von Gutmütigkeit zeuge; man muß aber berücksichtigen, daß dieser traurige Gebrauch mehr eine Folge rohen und unwissenden Aberglaubens ist. Ich bleibe bei meiner Behauptung stehen und führe als weitere Beweise ihre häusliche, wahrhaft patriarchalische Lebensweise, ihre Sittlichkeit, die Liebe, die sie für ihre Kinder haben, die Achtung, die diese den Eltern bezeigen, an.

Die freien Dayaker sind ungleich wohlhabender als jene, die unter malaiischem Joche stehen. Sie bauen Reis und Mais, etwas Tabak, hie und da auch Zuckerrohr und Ubi. Sie gewinnen viel Fett aus der Frucht Kawan, sammeln in den Wäldern Damarharz[33], das sie als Leuchte brennen, und haben viel Sago, Rotang[34] und Kokosnüsse. Mit einigen dieser Artikel treiben sie Tauschhandel gegen Messing, Glasperlen, Salz, rotes Tuch usw., in ihren Augen die wertvollsten Gegenstände, die sie dem Golde weit vorziehen. Auch an Geflügel und Schweinen sind sie reich, genießen dergleichen aber nur bei Festen und Hochzeiten.

Manche Reisende behaupten, daß die freien Dayaker schöne Leute sind. Ich kann höchstens sagen, daß ich sie etwas minder häßlich fand als die Malaien. Sie sind durchschnittlich von mittlerer Größe, haben sehr magere Beine und Arme und wenig oder keinen Bart; sie raufen die Barthaare aus. Sie haben an Schönheit vor den Malaien nichts anderes voraus, als daß die Backenknochen etwas minder breit und vorstehend sind und daß das Nasenbein ein wenig mehr erhaben ist. Es ist möglich, daß, wenn man jahrelang unter solchen Völkern lebt, man das am Ende schön findet, was dem neuen Ankömmling häßlich erscheint.

Die Dayaker können Weiber nehmen, so viel sie wollen; sie begnügen sich aber beinahe durchgehend mit einer Frau. Sie behandeln ihre Weiber gut und überhäufen sie nicht mit Arbeit; den schwereren Teil verrichten die Männer. Ehescheidungen, Zänkereien sind höchst selten und ihre Sitten ungleich reiner und besser als jene der Malaien. Jünglinge und Mädchen werden ziemlich streng abgesondert gehalten. Die Mädchen schlafen in den Kammern, die Jünglinge auf der Veranda oder in der Hütte des Häuptlings. Sie vermischen sich mit keinen anderen Völkern; die Mädchen, die sich mit Chinesen verheiraten, werden als nicht mehr zum Stamm gehörig betrachtet.

Die Dayaker haben keine Schrift und, wie es scheint, auch keine Religion. Über letzten Punkt sind jedoch die Meinungen verschieden. Der Reisende Temmingk sagt, daß sie eine Religion hätten, die dem Fetischismus gleiche: Der Gott *Djath* regiere die Oberwelt, der Gott *Sangjang* die Unterwelt. Diese Götter stellen sie sich unter menschlicher Gestalt, aber unsichtbar vor und rufen sie an, indem sie Reis auf die Erde streuen oder andere Opfer bringen. In ihren Wohnungen fände man aus Holz geschnittene Gottheiten.

Andere Reisende schreiben ihnen eine Art Pantheismus zu. Da gäbe es Gottheiten unter und ober der Erde und eine Menge guter und böser Geister, unter welchen *Budjang-Brani* der böseste. Alle Krankheiten seien von bösen Geistern verursacht, die sie durch Geschrei und Schlagen des Gongs zu vertreiben suchen.

Wieder andere behaupten, daß sie weiter nichts besäßen als einige verwirrte Begriffe von einem Gotte und von der Unsterblichkeit.

Ich kann diese verschiedenen Meinungen weder bestätigen noch verneinen; gewiß ist aber, daß ich bei den Stämmen, mit welchen ich in Berührung kam, weder Tempel noch Götzenbilder noch Priester oder Opfer wahrnahm. Bei Hochzeiten, Geburten und Sterbefällen werden zwar von manchen Stämmen viele Zeremonien beobachtet, die aber in keiner Verbindung mit Religion zu stehen scheinen. Bei solchen Gelegenheiten köpft und verspeist man meistens Hühner, auch Schweine; bei Friedensschlüssen tötet man, wie bereits bemerkt, Schweine, die man aber nicht verzehrt. Die Vestorbenen werden bei einigen Stämmen verbrannt und die Asche in hohlen Bäumen bewahrt; andere begraben ihre Toten auf beinah unzugänglichen Plätzen, am liebsten auf Bergspitzen; wieder andere binden sie an Baumstämme, mit den Füßen nach oben.

Doch zurück zu meiner Reise.

Die Lage des Städtchens Sintang ist reizend; die Hütten liegen teils an dem schönen Fluß Kapuas, teils halb verborgen zwischen

Kokospalmen und Pisangbäumen[35]. Im Hintergrund viel bebautes Land und in weiter Ferne hohe Berge, von welchen der höchste wohl an 8.000 bis 9.000 Fuß haben mochte.

Ich konnte nicht gleich an das Land gehen; die Sitte erheischt, so lange in dem Boot zu verweilen, bis man von dem Sultan eine Wohnung angewiesen erhält. Ich sandte daher meinen Diener, der sich in vollen Staat warf, mit dem von dem Rajah von Beng-Kallang-Boenot erhaltenen Empfehlungsbrief ab. Er kam jedoch mit dem Brief zurück, begleitet von einem Minister des Sultans, der mir die Nachricht brachte, daß der Sultan abwesend sei und erst des Abends oder des folgenden Morgens zurückerwartet werde.

Der Minister führte mich in eine der Hütten, in welcher mir ein Teil des Gemaches eingeräumt wurde; er hatte zu gleicher Zeit schöne Teppiche, Matten, Polster und einen Klambu mitgebracht.

Spätabends kam er wieder, um mir zu sagen, daß der Sultan zurückgekehrt sei und mich am folgenden Morgen im Divan erwarte. Ich hatte glücklicherweise schon so viel von der malaiischen Sprache inne, um die Leute verstehen zu können.

Am folgenden Morgen holte man mich in einem schönen, großen Boot mit 20 Ruderern ab. Mein Diener wickelte den Brief in zwei seidene Tücher und folgte mir. Vor der hölzernen Residenz des Sultans, die nahe am Fluß lag, empfing mich Musik und Kanonendonner*. Der Weg vom Ufer bis an den Divan (ungefähr einige hundert Schritte) war mit Matten belegt. Auf halbem Wege kam mir der Sultan entgegen, um mich gebührendermaßen zu empfangen. Man sah dem guten Manne die Verlegenheit an; er wußte nicht, wie er sich einer Europäerin gegenüber benehmen sollte. Mit wahrhaft komischer Grazie reichte er mir die Fingerspitzen (nach mohammedanischen Begriffen schon eine sehr große Kühnheit), auf welche ich die meinigen legte, und so schwebten oder tanzten wir nach dem Divan, der von der Vorhalle bloß durch ein zwei Fuß hohes, hölzernes Geländer geschieden war.

---

*	Die Malaien sind mit Kanonen und anderen europäischen Artikeln bekannt; ein Stamm bringt sie zum anderen.

Hier standen, von buntem Kammertuche halb überdeckt, ein plumper Tisch, ein Stuhl und in Ermangelung eines zweiten Stuhles eine Kiste. Der Sultan und ich nahmen an dem Tisch Platz, während die Minister und Großen des Reiches längs den Wänden auf dem Boden saßen. Außerhalb drängte sich das Volk, dem das Erscheinen einer europäischen Frau natürlich ein ganz neues, merkwürdiges Schauspiel bot.

Mein Empfehlungsbrief ward auf einer silbernen Tasse gebracht; der Überbringer rutschte auf den Knien, mit niedergeschlagenen Augen zu dem Sultan, langte nach dessen Hand, küßte sie mit großer Andacht und hielt die Tasse hin. Der Sultan befahl dem ersten Minister, den Brief zu nehmen, zu öffnen und zu lesen.

Ein Brief an einen Sultan oder sonst eine vornehme Person muß nach mohammedanischer Sitte aus einem ganzen Bogen bestehen, von welchem nur die erste Seite beschrieben sein darf; reicht diese nicht aus, so muß ein zweiter, dritter Bogen genommen werden.

Sobald die Vorlesung des Briefes beendet war, wurden Erfrischungen gereicht. Man hatte zu diesem Zwecke für den Sultan einen Teller, für mich aber ein vollständiges Gedeck gebracht. Die Erfrischungen bestanden aus Tee ohne Zucker und Milch, aus Näschereien und Früchten auf mehr als 20 schön geschliffenen Glasschüsselchen. Die gesamte Gesellschaft nahm teil an diesem Mahle.

Nach aufgehobener Tafel führte mich der Sultan ins Frauengemach. Auch hier war man so aufmerksam gewesen, einen erhöhten Sitz für mich zu bereiten. Der Sultan stellte mir seine Frau und seine Töchter vor – häßliche Geschöpfe von echt malaiischem Typus. Obwohl viele Männer und junge Leute zugegen waren, trugen sie weiter nichts als einfache Sarongs, die bis zur halben Brust reichten.

Der Sultan von Sintang, wie es scheint in seinem Land ein vollkommener Despot, hat seinen Untertanen verboten, mehr als eine Frau zu nehmen. Dieses Recht gebührt, seiner Meinung nach, nur den Fürsten. Ob er selbst mehrere hat, weiß ich nicht, mir stellte er nur eine vor.

Bei dem Abschied fanden dieselben Feierlichkeiten statt, wie bei der Ankunft.

Ich erstaunte sehr über diesen festlichen Empfang, um so mehr, da er einerseits zum Teil nach europäischer Art vor sich ging und ich andererseits wußte, daß der Sultan von Sintang noch keinen Europäer gesehen hatte. Mein Diener löste mir das Rätsel. Als er nämlich tags zuvor den Brief zum Sultan brachte, war dieser nicht abwesend, wie man mir sagte; er wußte nur nicht, auf welche Weise eine europäische Frau zu empfangen sei, und wollte sich erst darüber mit meinem Diener beraten. Mein Diener beschrieb ihm die Feierlichkeiten, die zu Sarawak stattfinden, wenn Rajah Brooke von einer Reise zurückkommt, und dieser Beschreibung hatte ich es zu verdanken, daß ich gleich einer regierenden Fürstin empfangen wurde. Der Stuhl, der Tisch wurden in Eile zusammengezimmert, und das Besteck war mein eigenes, das mein Diener mitgebracht hatte.

Der Sultan versprach mir beim Abschied, ein *Sampan** zu meiner Verfügung zu stellen, das mich bis Pontianak führen sollte. Ich bat ihn, selbes morgen mit aufgehender Sonne zu senden.

3. Februar. Gleich nach Sonnenaufgang meldete man mir den Besuch des Sultans. Nach seinen Begriffen war es nämlich nicht schicklich, meine Aufwartung denselben Tag zu erwidern; da ich aber heute so zeitig abreisen wollte, war er gezwungen, diese frühe Stunde zu wählen.

Er kam in Begleitung seines Vaters, den ich noch nicht gesehen hatte, und einiger seiner männlichen Verwandten; die fürstlichen Frauen erwidern keine Besuche.

Der Vater des Sultans trug ein goldbrokatenes Käppchen und Leibchen, die ersten kostbaren Kleidungsstücke, die ich an einem Fürsten Borneos sah. Außer den gewöhnlichen Schönheiten seiner Rasse war dieser Mann noch mit einem tüchtigen Kropf bedacht, der zweite, der mir auf dieser Insel vorkam. Den ersten, in kleinerem Format, hatte die Gemahlin des Rajah von Beng-Kallang-Boenot.

Diese vornehme Gesellschaft war in ihrem Benehmen nicht halb so bescheiden als die dayakischen Kopfjäger. Alles wurde aufgerissen und durchwühlt; über meine kleine Reisetasche, die un-

---

*   Ein kürzeres, aber breiteres Fahrzeug als das Prauh.

glücklicherweise noch offenstand, fielen sie gleich wilden Tieren her. Ich hatte nicht genug Augen, um alles zu bewachen und vor Schaden zu schützen (besonders die Insekten und Reptilien). Der fürstliche Vater nahm am Ende gleich die ganze Tasche in Beschlag; auf Kamm, Zahnbürste und Seife deutend, frug er mich, zu was dieser diene, und infolge meiner Erklärung schien ihm deren Nutzen so einleuchtend, daß er sie ganz unumwunden behalten wollte. Ich nahm sie ihm jedoch, ehe er fortging, ebenso unumwunden wieder ab und gab ihm dafür einige Bildchen und andere Kleinigkeiten.

Die Unkenntnis, die diese Leute von allem, was ich besaß, hatten, bewies mir, daß sie mit Europäern noch wenig oder gar nicht in Berührung gekommen sein mußten. Der Gebrauch der einfachsten Gegenstände war ihnen unbekannt, alles mußte ich ihnen zeigen und erklären, und alles wollten sie, wie gesagt, sich zueignen. Ich war herzlich froh, als diese hohe Gesellschaft sich hinwegbegab.

Der Sultan trieb die Höflichkeit so weit, mich eine Strecke von zwei Meilen zu begleiten.

Die Reise von Sintang nach Pontianak machte ich sehr rasch, in drei und einem halben Tag, und ohne weitere Abenteuer. Ich hatte die Vorsicht gehabt, die Eingeborenen zu fragen, in wieviel Tagen man diese Reise machen könne (unterläßt man solche Vorsichtsmaßregeln, so ist man den Leuten ganz preisgegeben), und da sie mir sagten, in sechs, am schnellsten in vier Tagen, so ersuchte ich den Sultan, seinen Leuten zu befehlen, mich in vier Tagen nach Pontianak zu bringen. Meinem Diener kam dies nicht sehr gelegen: er wäre gerne langsam und bequem gereist; aber ich kehrte mich nicht mehr an ihn und übernahm selbst den Befehl über die Bootsleute.

Die Ufer des Flusses waren mehr oder minder bewohnt; wir kamen an vielen kleinen Ortschaften vorüber, unter anderen auch an *Sungau*, nach Sintang dem größten Städtchen. Ich besuchte den Rajah im Vorüberfahren, verweilte aber höchstens eine Stunde.

Eine Meile vor Pontianak vereinigt sich der Kapuas mit dem *Landak*; beide Ströme verlieren ihre Namen und stürzen sich als „*Pontianak*" in die 25 Meilen entfernte See.

Am 6. Februar kam ich glücklich zu *Pontianak* an.

III.

Pontianak war die erste holländische Besitzung in Indien, die ich betrat. Ich gestehe aufrichtig, daß ich mich ihr mit etwas beängstigtem Gefühle nahte. Die Holländer werden von vielen Reisenden als so kalt, unzugänglich und für nichts als ihr eigenes Interesse Sinn habend geschildert! Und eine teilnahmslose Aufnahme wäre mir um so empfindlicher gewesen, als mich die Zuvorkommenheit und Artigkeit der Engländer nicht nur auf dieser, sondern auch auf meiner ersten „Reise um die Welt" sehr verwöhnt hatte.

Ich sandte den Brief, den mir Kapitän Brooke an das holländische Gouvernement mitgegeben hatte, in die Kanzlei und blieb voll banger Erwartung in dem Sampan sitzen.

Mein Diener überbrachte mir die unangenehme Botschaft, daß der Resident[36], Herr *Willer*, in Batavia[37] sei. Sein Stellvertreter, Sekretär *von Hardenberg*, kam jedoch sofort, um mich zu empfangen, und tat dies in einer so herzlichen Weise, daß ich mich jeder Angst enthoben fühlte. Er stellte ein leerstehendes Häuschen,* das vor wenigen Jahren amerikanischen Missionaren zur Wohnung diente, zu meiner Verfügung und setzte bei, daß für alle meine Bedürfnisse gesorgt werden würde. Abends stellte er mich der Gattin des Residenten vor, in der ich eine sehr liebenswürdige, gebildete Frau kennenlernte. Sie bot mir in ihrem Hause eine Wohnung an, die ich mit Freuden gegen das einsame Häuschen vertauschte.

Ich hatte die Reise nach Pontianak hauptsächlich in der Absicht unternommen, die berühmten Diamantenminen in *Landak* zu besuchen. Als ich am folgenden Tag diesen Wunsch aus-

---

* An Orten, wo nur einige Europäer leben, wie zum Beispiel auf Borneo, gibt es keine Gasthäuser.

71

sprach, erfuhr ich zu meinem Leidwesen, daß gerade am Morgen des Tages, an dem ich ankam, ein katholischer Priester, Herr *Sanders*, in einem bequemen Regierungsboot dahin abgegangen sei. Ihn einzuholen war nun zu spät; man sagte mir jedoch, daß die Reise zu Lande vier Tage kürzer sei als zu Wasser und ich daher, wollte ich mich zur ersteren entschließen, vor Herrn Sanders in Landak anlangen könnte. Auf jeden Fall würde ich ihn da noch treffen und wenigstens die Rückkehr in seiner Gesellschaft und in dem bequemen Boot bewerkstelligen können. Ich entschloß mich dazu ohne Bedenken, obwohl die Entfernung über 200 Meilen betrug, von welchen ich ungefähr die Hälfte zu Fuß zu machen hatte.

Herr von Hardenberg wollte mir einen Diener mitgeben: Er behauptete, daß es unmöglich sei, in dem Land fortzukommen, ohne der malaiischen und dayakischen Sprache mächtig zu sein, indem man täglich Führer und Träger wechseln müsse. Ich hatte aber seit dem Diener, den mir Kapitän Brooke mitgegeben, einen solchen Abscheu vor dergleichen Leuten, daß ich erklärte, allein gehen zu wollen; nur bat ich, mich mit guten Briefen an die verschiedenen Chefs und Rajahs zu versehen, durch deren Länder ich kommen würde.

Erst am 10. Februar ward es Herrn von Hardenberg möglich, mir ein kleines Boot zu verschaffen, das mich nach *Kubiang* (60 Meilen) bringen sollte. Herr von Hardenberg geleitete mich bis ans Boot, und als ich einstieg, rief er aus: „Wenn ich Sie nicht selbst eine so beschwerliche Reise ohne alle Begleitung antreten sähe, so würde ich es für unmöglich halten und nicht glauben."

Ich fuhr den schönen Strom Landak 30 Meilen aufwärts bis *Kubu-trap*, wo ich die Nacht in einem chinesischen Hause zubrachte. Hier mündet das Flüßchen *Mandor* in den Landak.

Frau *Willer* hatte mir einen ganzen Korb voll Eßwaren mitgegeben, die ich aber alle abends an die Bootsleute verteilte, wohl wissend, daß jene bis zum kommenden Morgen von tausenden Ameisen zerstört gewesen wären. Man kann Eßwaren nur in wohlverschlossenen Blechbüchsen vor diesen Insekten bewahren.

11. Februar. Schon um drei Uhr morgens ging es an die Fahrt auf dem *Mandor*. Dieses schmale Flüßchen ist von Waldungen so eingeengt, daß wir unter einem steten Laubdach dahinglitten. Mit der aufgehenden Sonne erwachte auch das Leben in den Wäldern. Ich hörte zwar keinen Vogelgesang, dagegen von allen Seiten das Gekreische der Affen, des riesigen Orang-Utan, des langarmigen Kalampian, des schwarzen Siaman, des Bintangan (Nasenaffen) und anderer. Letztgenannte vier Gattungen sind bloß auf Borneo einheimisch.

Um 10 Uhr erreichten wir *Kubiang* (30 Meilen), das Ende der Wasserfahrt; ich bereitete mich sogleich zur Fußpartie nach *Mandor* (8 Meilen) vor, wohin mich zwei der Bootsleute begleiteten.

Die ersten sieben Meilen führte der Weg durch finstere Waldungen über Stock und Stein, dann öffnete sich eine freundliche Lichtung, mit Pflanzungen bedeckt. Der Boden bestand hier aus Sand, auf Borneo eine seltene Erscheinung. Gut unterhaltene Pfade, Bretter oder breite Stämme, über die Bäche und Pfützen gelegt, gaben mir kund, daß ich auf chinesischem Grund und Boden wandle, denn weder der Malaie noch der Dayaker hat den geringsten Sinn für Bequemlichkeit oder Annehmlichkeit.

In Mandor kehrte ich bei dem chinesischen Oberhaupt (Kapthay) ein, an welchen mein erster Empfehlungsbrief lautete.

In den chinesischen Orten oder Kampons, die unter holländischem Protektorat stehen, wird gewöhnlich ein Chinese als Chef gewählt, der je nach der Größe des Ortes den Titel Kapthay (Kapitän) oder Major erhält. Diese Würde bringt keinen Gehalt mit sich und wird bloß auf ein Jahr erteilt; doch kann die alte Wahl jährlich bestätigt werden. Manche Kapthays genießen das Ansehen eines Präsidenten oder Fürsten; sie wohnen in einem Fort, können über die Chinesen Strafen verhängen, ja sogar Todesurteile vollziehen. Solange sie sich ruhig verhalten und dem holländischen Gouvernement den Opiumpacht richtig zahlen, greift dieses in ihre innere Regierung nicht ein.

Das Kapthayat von Mandor war eines der bedeutenderen, und der Kapthay residierte in einem Fort, an dessen Eingang zwei sechspfündige Kanonen aufgepflanzt waren. Seine Wohnung bestand aus vielen offenen Vorplätzen und Hallen und aus ein paar kleinen, niedrigen Schlafkämmerchen, in welchen sich die Frauen aufhielten. Die größte unter den Vorhallen diente zur gleichen Zeit als Wohnplatz, Speisesaal und Gottestempel. Da gab es allerlei Götter, schön gezierte Altäre, angesteckte Räucherkerzchen; Reis, Früchte und Tee waren den Göttern als Opfer hingestellt.

Gegen Abend führte mich der Kapthay in das Städtchen, welches an das Fort grenzt und aus zwei Reihen kleiner Häuser besteht, die eine Straße bilden. Es zählt ungefähr 700 Einwohner.

Nach dem Spaziergang zeigte er mir seine Schweineställe*, die groß und luftig, und was mich bei einem Chinesen noch mehr in Erstaunen setzte, sehr rein gehalten waren. Die Tiere werden täglich zweimal mit Wasser übergossen und erhalten zur Nahrung Reis mit Kiang-beng, Kladi- und Guelang-Blättern vermischt. Die Blätter werden fein geschnitten, zu einer Art Sulze verkocht und zu je drei Teilen mit einem Teil gekochten Reises vermischt. Die Tiere waren merkwürdig groß und fett, manche konnten sich kaum zum Trog schleppen.

Außer den Schweineställen bewunderte ich auch die Küche, die äußerst rein gehalten war, und die herrliche Kost, die Herren und Dienern vorgesetzt wurde. Reis bildete natürlich den Hauptbestandteil; er muß statt des Brotes dienen; aber außerdem gab es gekochte Hühner oder Schweinefleisch nebst Gemüsen und anderen kleinen Gerichten. Dieser chinesische Chef lebte ungleich besser und reinlicher als der größte malaiische Rajah. – Seine Frau (er hatte nur eine) besaß reiche Kleider, viel Goldgeschmeide und auch hübsche Diamanten. Ihr Kindchen von acht Monaten war in Seide gekleidet und trug neben einigem Goldgeschmeide ein seidenes goldgesticktes Mützchen auf dem Kopfe.

Der Kapthay frug mich zu wiederholten Malen, ob ich darauf bestünde, die Reise nach Landak zu Fuß zu machen. Er erzählte mir, daß vor wenigen Tagen Herr *Sanders* hier angekommen sei und denselben Plan gehabt, ihn aber aufgegeben habe, als man ihm sagte, daß man große Umwege machen müsse, um einige unruhige Dayakerstämme zu umgehen, und daß die Wege über alle Maßen schlecht seien. Ich ließ mich nicht abschrecken und bat

---

* Der Kapthay trieb bedeutenden Handel mit Schweinen und Schweinefleisch.

ihn nur, mir einen guten Führer zu geben und die Reise einzutei-
len, daß ich so rasch als möglich nach Landak käme.

Die Nacht brachte ich in einem kleinen Kämmerchen in einem
reinlichen, guten Bette zu.

12. Februar. Nach einem trefflichen Frühstück von gekochten
Hühnern, Reis, Eiern und Früchten begab ich mich auf den Weg,
von einem chinesischen Führer und einem dayakischen Träger
(Kuli genannt) begleitet. Die beiden Leute gingen so schnell, als wären wir auf einer Flucht begriffen. An fünf Stunden liefen wir unausgesetzt, dann hielten wir bei einem chinesischen Haus, stärkten
uns durch ein einfaches Mahl und setzten den Sturmschritt bis gegen Abend fort. Ich glaube gewiß, daß wir an 20 Meilen gelaufen
sind. Glücklicherweise ging es über chinesischen Grund und Boden, auf größtenteils gebahnten Wegen, so daß ich zwar ein wenig
ermüdet, aber sonst wohlbehalten in *Sompa* anlangte. Hier übergab
mich der Chinese neben einem Brief des Kapthay dem malaiischen
Rajah, der nun für meine Weiterreise zu sorgen hatte.

Mit großem Vergnügen verlor ich den chinesischen Führer,
denn seine Neugierde war in höchstem Grade belästigend. Ehe
ich es bemerkte, hatte er meinen Reisesack geöffnet und alles
aufgerissen und untersucht. Späterhin entdeckte ich, daß er einiges Geld nebst anderen Kleinigkeiten gestohlen hatte – der erste
Diebstahl, der mich auf meinen vielen Reisen traf.

13. Februar. Die heutige Tagereise war zwar kurz (ich schätze
sie kaum auf 14 Meilen); dagegen waren die Wege um so schreck-
licher. Ich weiß wahrhaftig nicht, was unangenehmer ist: über
gefallene Baumstämme und hohe Wurzeln in den Wäldern zu
klettern oder Pfützen und Moräste zu durchwaten oder durch
das Alang-Alang[38] zu gehen. Dieses Dschungelgras ist fünf bis
sechs Fuß hoch, sehr dicht und von sehr schmalen, tiefen Pfaden
gleich Rinnen durchschnitten, auf welchen man gleitet und leicht
jeden Augenblick fällt. Unmittelbar nach einem Regen (und so
nahe dem Äquator gibt es wenig Tage ohne Regen), wenn die
Sonne wieder in volle Kraft tritt, ist es zwischen diesem Grase
dunstig und zum Ersticken heiß.

Wir waren heute und gestern häufig von hohen Gebirgen
umschlossen; die Pfade aber wanden sich stets von einem Tal ins

andere, so daß wir höchstens 200 bis 300 Fuß hohe Hügel zu übersteigen hatten. Manche dieser Stellen boten die reizendsten Ansichten. Auch hier, wie bei Sekamil, türmten sich in pittoresken Formen zwei- und dreifache Gebirgsketten auf, mit großen Tälern dazwischen und mit undurchdringlichen Wäldern bedeckt. Je mehr ich von diesem schönen Lande sah, desto mehr entzückte es mich, und desto mehr wünschte ich ihm, daß Bevölkerung, Kultur und eine milde Regierung bald Eingang fänden.

Diesen Nachmittag nahm ich wider Willen ein kaltes Bad: Ich fiel von einer fünf Fuß hohen borneischen Brücke (einem Bambusstamm) in einen Sumpf, in den ich bis über die Schultern sank. Meine beiden Begleiter hatten Mühe, mich herauszuziehen. Glücklicherweise war in der Nähe ein klarer Bach, in welchem ich mich mit Wasser so lange übergießen ließ, bis der Schlamm von den Kleidern abgespült war. Von Wasser triefend mußte ich noch ein paar Stunden fortlaufen bis zum Nachquartier, wo ich erst Kleider wechseln konnte. Ich befürchtete, daß mir der Sturz und das Bad schaden würden, da ich ganz erhitzt war, als mir dies Unglück begegnete; doch, Gott sei Dank, ich blieb gesund.

Ich übernachtete in *Bo-baher*, einem chinesischen Städtchen von ungefähr 400 Einwohnern. Auch hier bewunderte ich bei meinem Wirt die große reinliche Küche und die schönen Schweineställe. Die Chinesen ziehen das Schweinefleisch jedem anderen Fleisch vor und verwenden daher alle Sorgfalt auf diese Tiere. Der ärmste Chinese genießt sicher ein- oder zweimal die Woche Schweinefleisch. Überhaupt lebt man bei den Chinesen ungleich besser als bei den Malaien und Dayakern. Man bekommt gewöhnlich ein eigenes Schlafkämmerchen, eine gute reinliche Nahrung, und wer den Tee liebt, überall eine Tasse dieses Getränkes. Der Chinese trinkt nie Wasser; in jeder Hütte steht ein großer Topf mit Tee, aus welchem jedermann nach Gefallen seinen Durst stillt. Freilich ist dieser Tee gewöhnlich sehr schlecht, von bitterem Geschmack und für den Europäer nur bei den Reichen genießbar.

14. Februar. Höchst anstrengender Marsch von mehr als neun Stunden durch dichte Waldungen und hohes Dschungelgras (20 Meilen). Der Weg führte meistens durch Gegenden, die von Dayakern bewohnt waren; meine Begleiter hatten Furcht und

liefen so eilig, daß ich ihnen kaum folgen konnte. In steter Aufmerksamkeit auf jeden Laut, wußten sie bei einem Geräusch in den Wäldern genau zu unterscheiden, ob es von einem Tier oder von Menschen herrühre. War letzteres der Fall, so hielten sie erschrocken an; dasselbe taten jene, die wahrscheinlich auch uns gehört hatten – und lautlose Stille folgte. Meine beiden Leute begannen dann zu rufen und zu schreien, daß sie eine weiße Frau mit einem Schutzbrief des Rajah von Sompa nach *Darid* zu geleiten hätten. Manchmal bekamen wir keine Antwort, einige Male standen aber plötzlich, wie aus der Erde gezaubert, ein paar Dayaker vor uns. Sie waren bis in unsere Nähe gekommen, ohne das geringste Geräusch zu machen, und tauchten aus dem Walde erst auf, als sie sahen, daß von unserer kleinen Gesellschaft nichts zu befürchten war. Nachdem sie mich begafft und einige Worte mit meinen Leuten gewechselt hatten, ließen sie uns ruhig des Weges ziehen. Einen Dayaker fanden wir im hohen Dschungelgras verborgen; vielleicht lag er da auf Beute lauernd!

Im Laufe dieses Tages kamen wir auch an einem *Pantah* vorüber. Es sind dies kleine, viereckige Plätze von großen, hölzernen Figuren umstellt, welche die Arme ausstrecken, als wenn sie einen Reigen tanzten. Die Panthas werden von den Dayakern errichtet, die nach den Kriegszügen mit den eroberten Köpfen hierher kommen und hier die ersten Feierlichkeiten abhalten. Die Dayaker, aber auch die Malaien, halten diese Plätze sehr in Ehren; sie glauben, daß derjenige, der das geringste an einer der Figuren beschädige, vom bösen Geiste befallen werde und sterben müsse. Man könnte hieraus den Schluß ziehen, daß die Dayaker wirklich an böse Geister glauben.

Kurz vor dem Örtchen Darid kamen wir an den Fluß *Menjuki*, der, wie die meisten Flüsse Borneos, einen so ruhigen ungestörten Lauf hat, daß man sein Dasein nicht eher ahnt, als bis man ihn sieht. Da dieser Fluß vermöge seiner Verbindung mit dem *Suar*, in welchen er mündet, bis Landak führt, sollte zu Darid die Fußreise ein Ende haben. Ich fand aber die Leute alle mit der Reisernte beschäftigt und den Rajah nicht geneigt, ein Boot für mich zu bemannen. In drei Tagen, meinte er, sei die stärkste Arbeit vorüber, dann wolle er mich weiterbefördern. Dies lag natürlich nicht in meinem Plan, da ich auf diese Art Herrn Sanders verfehlt hätte. Ich forderte daher einen Führer und Kuli oder auch nur einen Kuli, der den Weg wisse, um die Reise zu Fuß fortzusetzen. Lange wollten die Leute auf meine Bitten nicht hören; ich quälte sie aber so unausgesetzt, daß sie am Ende nachgaben. Ich feierte auf dieser Reise wahre Triumphe – allein, kaum einiger Worte der dayakischen Sprache mächtig, setzte ich meinen Willen überall durch.

15. Februar. Abermals den ganzen Tag gelaufen (20 Meilen), und zwar auf vielen Umwegen. Nicht nur die Malaien, sondern auch die Dayaker hatten nämlich viele Wege verhauen und ungangbar gemacht, um sich gegen die Überfälle ihrer Nachbarn zu schützen, mit welchen sie in Unfrieden lebten.

Wir kamen an mehreren Dayakerplätzen vorüber, hielten aber nur einige Minuten an, um uns durch einen Trunk Kokoswasser zu erfrischen.

Wenige Meilen von *Jata*, dem heutigen Ziel der Reise, galt es, eine wahrhaft schauerliche, lebensgefährliche Brücke zu übersteigen. Einige aneinandergebundene Bambusse schwebten in einer Höhe von 30 Fuß über dem mehr als 100 Fuß breiten *Suar*. Die Eingeborenen benützen zu derlei Übergängen gewöhnlich Stellen, an welchen sich kräftige Baumäste weit über das Wasser neigen oder wo einzelne Stämme im Wasser selbst stehen, die sie als Pfeiler verwenden können, um die Bambusse darauf zu stützen. Eine so hohe und lange Brücke ist zwar mit einem Geländer versehen; aber wehe dem, der es als Stütze gebrauchen wollte: er würde unfehlbar damit in die Tiefe stürzen. Es besteht aus ganz dünnen Bambusstäbchen, die von zehn zu zehn Fuß angebracht und durch ebenso dünne Querstäbchen verbunden sind, und dient nur dazu, das Gleichgewicht zu erhalten. Bebend ging ich über diese Brücke, das Rohr tanzte unter meinen Füßen, das Geländer zitterte unter meinen Händen, und der schwindelnde Blick fiel auf den Strom, der tief unter mir in geschäftiger Eile dahinrollte. Doch glücklich erreichte ich das jenseitige Ufer.

Gestern und heute hatte ich wirklich viel zu leiden, ein Drittel des Weges ging durch Alang-Alang, die andern zwei Teile durch Waldungen, über hohe Hügel auf- und abwärts und durch viele

Sumpfstellen. Ich war gezwungen, gleich den Eingeborenen mit bloßen Füßen zu laufen; Schuhe würden in den Sümpfen steckengeblieben sein, und hohe Stiefel wären zu schwer gewesen. Eine weitere Unbequemlichkeit war, daß ich jeden Tag wenigstens einmal von dem tropischen Regen durchnäßt wurde und meine Kleider von der glühenden Sonne am Körper trocknen lassen mußte. Den einzigen Ersatz boten mir die immer gleich schönen Ansichten der gebirgigen Gegend.

16. Februar. In *Jata* fand ich dieselben Schwierigkeiten wie in Darid, keine Leute zur Führung eines Prauhs, alles mit der Reisernte beschäftigt. Ich konnte mich den Leuten nicht hinlänglich verständlich machen, da sie bloß Dayakisch sprachen, und mußte daher mein bißchen Zeichenkunst zu Hilfe nehmen! Ich zeichnete ein Prauh mit acht Ruderern, daneben ein kleines Kanu mit bloß einem Mann und mir selbst am Steuer, deutete auf ersteres und gab ihnen durch Zeichen zu verstehen, daß ich ein solches Fahrzeug nicht benötige, sondern nur das kleine Kanu mit einem Mann. Sie begriffen mich sogleich, lachten über diese Art, mich verständlich zu machen, nickten mir Beifall zu und versprachen, meinen Wunsch zu erfüllen.

Ich hatte späterhin häufig Gelegenheit zu bemerken, wie wunderbar richtig und schnell die Wilden die Zeichen verstehen. Ich selbst wurde so an die Zeichensprache gewöhnt, daß ich, als ich wieder unter die Weißen kam, sehr achtgeben mußte, meine Worte nicht mit den Händen und Augen näher zu erörtern.

In keinem Land fand ich bisher die Leute so gleichgültig und träge wie auf Borneo, weniger die Dayaker als die Malaien. Ich konnte sie nur mit dem asiatisch-russischen Postvolk vergleichen. Dort mußte ich auf jeder Station mehrere Stunden warten, bis der Karren geschmiert, die Pferde gefüttert und alles geordnet war. Hier ist es das *Makan* (Essen), welches die Leute so lange aufhält. Dieses Wort spielt die größte Rolle. Fragt man nach was immer für einer Person, und sie will nicht erscheinen, so heißt es „Makan", und damit ist man abgefertigt. Man sollte wunder glauben, was die Leute alles essen, und dabei haben sie nichts als Reis, neben ein paar getrockneten Fischen oder sonst einer Kleinigkeit. Der geduldigste Mensch muß unter diesem Volk seine Geduld verlieren oder aufhören, den Wert der Zeit zu schätzen.

Erst um zehn Uhr kam ich heute mit viel Mühe fort, und um vier Uhr schon machten wir wieder zu *Suwal* Halt. Der *Suar* hat nämlich drei kleine Fälle, von welchen hier der erste und höchste ist. Die Prauhs werden ausgeladen, seitwärts des Falles über Felsen gezogen und jenseits wieder beladen. Gewöhnlich richten es die Leute so ein, daß sie die Nacht an diesem Fall zubringen, die Prauhs abends entladen, morgens über die Felsen ziehen und wieder beladen. Wir hätten gut weiter gekonnt: Unser Boot war sehr leicht, mein Gepäck betrug kaum zehn Pfund; weil es aber gebräuchlich war, die Nacht hier zuzubringen, mußten wir es auch tun. Wir schliefen gut auf einem Felsblock unter Gottes freiem Himmel.

17. Februar. Morgens half ich das Boot über die Fälle ziehen, und gegen Mittag trafen wir in Landak ein, und zwar zur höchsten Zeit, denn Herr Sanders wollte am folgenden Morgen die Rückreise nach Pontianak antreten. Herr Sanders war nicht wenig erstaunt, als er mich ohne alle Begleitung ankommen sah. Noch höher stieg seine Verwunderung, als er hörte, welche Kreuz- und Querzüge ich zu Fuß gemacht hatte, um die Plätze zu umgehen, die der unruhigen Dayakerstämme wegen vermieden werden mußten. Er war so gefällig, seine Abreise meinetwegen um einen Tag zu verschieben; wie es sich später zeigte, hatte er keine Ursache, diesen Aufschub zu bereuen.

Landak, gleich allen malaiischen Städten aus unregelmäßigen Gruppen von Bambushütten bestehend, liegt an dem Fluß Landak, zählt ungefähr 1.000 Einwohner und ist der Sitz eines *Panam-Bahams**.

Abends waren wir bei dem Panam-Baham eingeladen. Er empfing uns im Divan, umgeben von vier Ministern, vielen Dienern und Volk. Der Prinz, die Minister, Herr Sanders und ich nahmen auf Stühlen an einem Tisch Platz; die Minister zogen aber bald einer nach dem anderen die Füße hinauf und schlugen die Beine übereinander. Der Tisch ward auf europä-

---

* *Panam-Baham* ist mehr als Rajah und weniger als Sultan.

ische Art gedeckt, mit Tafeltuch, Eßbestecken und Gläsern, und mit sehr schmackhaften Gerichten besetzt, darunter gebratene, gedämpfte und eingemachte Hühner, Enten, Lammfleisch, Fische, Reis usw. Statt des Weines wurde lauwarmer Scherbet[39] gereicht, der aber nicht so gut schmeckte wie jener, den ich in Persien und im Orient trank. In Ermangelung feiner Früchte wird der Scherbet hier aus Kräutern gemacht, mit Zucker versüßt und hatte den Geschmack einer Arznei. Wir speisten alle mit Messer und Gabel; doch handhaben einige aus der Gesellschaft diese Instrumente so ungeschickt, daß ich mich kaum eines Lächelns enthalten konnte.

Die Kleidung des Fürsten und der Minister war einfach. Einer der Minister trug eine feine Tuchjacke mit goldgestickten Aufschlägen; sie mußte aber schon viele Dienste geleistet haben, denn sie ließ die Ellbogen durchschimmern. Der Reichtum dieser Leute besteht in Diamanten, die sie aber höchst sorgfältig verbergen, und ganz besonders vor uns habgierigen Europäern (so viel ich glaube mit gutem Recht). Sie trugen nur einige Ringe mit schönen Steinen. Wir schmeichelten uns, wir würden die Schätze des Prinzen sehen; allein daraus ward nichts. Man behauptet, daß er der Besitzer des größten bisher in der Welt gefundenen Diamanten sei; dieser soll den Kohinoor, den großen Diamanten der Königin von England, bei weitem übertreffen. Der Diamant wird aber niemandem gezeigt, ja man soll nicht einmal wissen, wo er verborgen ist, so sehr fürchtet der Fürst, desselben beraubt oder wohl gar seinetwegen ermordet zu werden. Ein beneidenswerter Schatz!!

Die Unterhaltung bei Tisch spann sich um meine Reisen, vorzüglich um die letzte auf Borneo. Am meisten wunderte es den Fürsten, daß ich so glücklich durch die unabhängigen Dayaker gekommen sei; er meinte, ich müsse eines besonderen göttlichen Schutzes genießen und eine mehr als gewöhnliche Person sein.* Auch über meine Fußreisen erstaunte er sehr und

---

* Diesen Glauben hatte man an den meisten Orten, sowohl unter Mohammedanern als unter wilden Völkern; man hielt mich für eine Art heiliger Person, und gewiß war dies ein großer Schutz für mich. Manche meinten auch, ich suche den Geist eines mir verwandten Verstorbenen.

gestand mir aufrichtig, daß er, obwohl so jung (21 Jahre), kaum zwei Stunden würde gehen können. Ich frug ihn, ob er denn gar nicht begierig sei, etwas außer Landak zu sehen. Er erwiderte mir ganz naiv, daß ihm die Ruhe lieber sei als alle Merkwürdigkeiten der Welt.

Dem Interesse, welches der Fürst und seine Minister an meiner Reise nahmen, hatten wir das Versprechen zu danken, am folgenden Morgen in eine der größten Diamantengruben geführt zu werden. Diese Gunst wird selten oder nie einem Europäer zuteil. Wenn man um Erlaubnis ansucht, erhält man stets zur Antwort: „Es wird gegenwärtig nicht gesucht; der Platz liefert nichts usw." Auch Herr Sanders wäre abgereist, ohne die Minen gesehen zu haben.

Um zehn Uhr abends entließ uns der Fürst. Sein erster Minister begleitete uns, führte uns aber nicht nach unserer, sondern nach seiner Wohnung. Als wir eintraten, langten gerade auch die Stühle und der Tisch an, die er von dem Fürsten entlehnt hatte. Ich war von der Reise natürlich ermüdet und wollte nur kurze Zeit verweilen; aber man ließ uns nicht fort, und zu meinem Schrecken ward der Tisch zum zweiten Mal mit demselben Service gedeckt, welches einige Stunden früher in dem Divan des Prinzen seine Pracht entfaltet hatte. Wie es schien, wollte uns der Minister den Nachtisch servieren, den sein Herrscher vielleicht vergessen hatte, denn statt der warmen Gerichte wurden Früchte, Backwerk und Scherbet gereicht. Erst um Mitternacht kamen wir nach Hause.

18. Februar. Morgens fuhren wir in Gesellschaft des ersten Ministers zu Wasser nach den Minen von *Mongo*.

Die Diamanten kommen hier in sehr niedrigen Sand- und Erdhügeln vor, welche viele Kieselsteine enthalten. Am Fuße der Hügel sind Gruben von zwei Fuß Breite und zweieinhalb Fuß Tiefe gezogen, in welchen sich das vom Regen abgeschwemmte Gestein und Erdreich sammelt. Dieses wird in Körben nach einem nahegelegenen Wasserbehälter von 20 Fuß Länge und 15 Fuß Breite gebracht, in welchem die Wäscher stehen, die mit großen, sehr flachen hölzernen Schüsseln versehen sind. Ein Teil des abgeschwemmten Erdreichs wird auf diese Schüsseln gelegt und so lange geschüttelt und mit Wasser überspült, bis sich die Steine von der Erde absondern. Die Wäscher fahren dann leicht mit der Hand darüber, raffen die Steine zusammen, besehen sie genau, ob kein Edelstein darunter ist, und lassen sie in das Becken fallen. Sie setzen diese Arbeit so lange fort, bis am Ende bloß feiner, schwarzer Sand übrigbleibt, der dann ebenfalls in das Becken geworfen wird. Steine und Sand werden, bevor man sie aus dem Wasserbecken schafft, nochmals sehr genau durchsucht.

Nach einem Regen darf sich außer den Arbeitern niemand den Gruben nähern. Die Arbeiter sind Chinesen.

Es wurden uns zu Ehren zwei Körbe Erdreich gewaschen und darin zwei Diamanten von der Größe kleiner Stecknadelknöpfe gefunden; den einen erhielt Herr Sanders, den andern ich. Der Minister sagte mir auch, daß er Befehl habe, mir zu erlauben, selbst nach Diamanten zu suchen und die gefundenen zu behalten; ich erwiderte ihm aber, daß ich nicht gekommen sei, um Diamanten zu suchen, sondern nur, um die Minen zu sehen. Ich suchte nicht.

Viele Diamanten werden auch an anderen Orten gefunden. Jene, die über drei Karat haben, müssen an den Fürsten verkauft werden, der sie gewöhnlich gegen Ware umtauscht und bei diesem Handel seine guten Prozente zu gewinnen weiß. Die Diamanten haben selbst an den Fundorten einen sehr hohen Preis.

Den Abend waren wir wieder bei dem Panam-Baham geladen, den unsere Gesellschaft sehr zu unterhalten schien. Man machte uns Hoffnung, den Schatz des Fürsten zu sehen; allein so weit ging seine Gefälligkeit nicht.

Am 19. Februar verließen wir Landak, um auf dem Strome Landak die Rückreise nach Pontianak zu machen (200 Meilen).

IV.

Nun erst nahm ich mir Zeit, mich in Pontianak ein wenig umzusehen. Die Lage der Stadt ist nichts weniger als reizend. Sie liegt 20 Meilen von der See in einer Ebene, die, einige Reisfelder abgerechnet, mit dichten Waldungen bedeckt ist und deren Einförmigkeit bloß der Strom und das durch den Zusammenfluß des Landak und Kapuas gebildete schöne Delta unterbrechen. Die nahe Umgebung besteht aus Morästen und Sümpfen; kaum daß man einen trockenen Spaziergang von tausend Schritt findet. Nahe der Stadt ist ein hölzernes Fort errichtet, das von Erdwällen umgeben und mit einer Besatzung von 130 Mann versehen ist. Die ganze europäische Gesellschaft besteht aus dem Residenten, fünf bis sechs Beamten, einigen Offizieren und einem Arzt. Die Einwohnerzahl wird auf 6.000 angeschlagen.

An dem jenseitigen Ufer des Pontianak residiert ein Sultan, der gleich den selbständigen Königen Indiens unter den Engländern dem Namen nach unabhängig ist und frei über seine Völker herrscht, in Wirklichkeit aber von einem holländischen Residenten überwacht wird, seine Grenzen ohne dessen Bewilligung nicht überschreiten darf und mit einem Worte nicht das geringste eigenmächtig unternehmen kann. Der einzige Unterschied zwischen den Königen Hindostans und den Fürsten Borneos ist, daß letztere aus eigenem Antrieb die Hilfe der Holländer in Anspruch nehmen, während erstere wider Willen zur Teilung ihrer Herrschaft gezwungen wurden. Die Fürsten auf Borneo haben zu wenig Macht, einerseits den Streitigkeiten zwischen den Malaien, Chinesen und Dayakern, andererseits den Umtrieben und Verschwörungen in ihren eigenen Familien zu widerstehen. Sie unterwerfen sich daher gerne der holländischen Regierung, die ihnen den größten Teil der Ländereien, die Abgaben der Untertanen, die Goldwäschereien und Diamantengruben läßt und sich nur den Opiumpacht, das Salzmonopol und andere minder bedeutende Einkünfte bedingt. Manche dieser Sultane und Fürsten beziehen sogar eine jährliche Pension als Entschädigung für die abgetretenen Rechte. So zum Beispiel der Sultan von Pontianak, welchem jährlich 4.800 Rupien* ausgezahlt werden.

Auf Borneo gibt es, wie ich bereits erwähnt habe, Sklaven, die zum Teil aus den Kriegsgefangenen, zum Teil aus den Schuldnern bestehen, welche zur festgesetzten Zeit nicht zahlen können und dem Pfandrecht (von den Holländern *Pandelingschap* genannt) verfallen. Diesem barbarischen Recht zufolge muß der Schuldner seinem Gläubiger so lange unentgeltlich dienen, bis die Schuld berichtigt[40] ist. Stirbt er früher, so tritt sein Weib, sein Sohn, seine Tochter oder sein nächster Verwandter an die Stelle. Wer dem Sultan drei Jahre keine Abgaben zahlt, ist Sklave des Sultans.

Wie man mir sagte, arbeitet Resident Willer mit großem Eifer gegen diese schreiende Ungerechtigkeit und sucht ihr ein Ende zu machen.

Ein anderes Übel, in seinen Folgen ungleich größer, da es nicht einzelne Stämme oder Personen, sondern ganze Völker betrifft, ist der Gebrauch des Opiums. Gegen diesen wird jedoch nicht gearbeitet; im Gegenteil, die Regierung selbst wendet alle Mittel an, ihn zu verbreiten.

Es ist wirklich sonderbar, daß die europäischen Regierungen einerseits Kolonien gründen, Länder unterjochen, um, wie sie sagen, die Zivilisation, das Christentum zu verbreiten, und andererseits ihre neuen Untertanen in Lastern, die den Grundsätzen der christlichen Religion, den Fortschritten der Zivilisation gerade entgegenarbeiten, unterstützen.

Warum wirken sie nicht gegen den Gebrauch des Opiums, an dem sich Tausende, ja Millionen krank und sinnlos rauchen? – Warum? – Weil der Opiumbau (in Indien) der Engländer größter

---

* In den holländischen Besitzungen gibt es Papiergeld (Recepisse), Kupfer (Deut), Silber (Rupie). Ein Recepisse hat den Wert einer Rupie und enthält 120 Deut. Zwölf Recepisse machen ein Livre Sterling. – Man rechnet auch nach Kupfergulden à 100 Deut; es ist dies aber eine imaginäre Münze.

Reichtum ist – weil der Opiumpacht den anderen Regierungen die größten Einkünfte schafft.

Wie soll man den letzten Krieg nennen, den die Engländer dem chinesischen Kaiser erklärten, der seine Untertanen vor diesem Gift bewahren und die Einfuhr des Opiums verbieten wollte?[41]

Wie können wir von den unkultivierten Völkern Achtung verlangen für unsere Religion, für unsere Zivilisation, wenn sie sehen, daß diese wie jene uns an den habgierigsten, schändlichsten Handlungen nicht verhindern?

Abbildung 8: Ein malaiischer Opiumraucher.

Ich besuchte eines Abends im chinesischen Kampon die sechs öffentlichen Häuschen, in welchen Opium geraucht wird. Die Raucher saßen oder lagen auf Matten und hatten an ihrer Seite kleine Lämpchen stehen, um die Pfeife, in welcher sie das Opium rauchen, anzuzünden. Merkwürdig ist die Geschicklichkeit, mit welcher selbst schon der halb sinnlose Raucher das feinste Pünktchen Opium von dem Blatt zu lösen versteht, auf welches es gestrichen ist.

Daß man an diesen Vergiftungsorten gräßliche Bilder zu sehen bekommt, versteht sich leider von selbst. Hier rafft sich einer lallend und betäubt auf und versucht sich nach Hause zu schleppen, sinkt aber kraftlos an der Schwelle nieder – ein anderer liegt leblos auf der Matte hingestreckt; er hat nicht einmal das Bewußtsein mehr, an sein Haus zu denken; – dort sitzt einer mit blassen, eingefallenen Wangen, mit stieren Augen, mit zitterndem Körper – es fehlt ihm an Geld, er kann sich nicht bis zur Sinnlosigkeit rauchen. Bei manchen erregt das Opiumrauchen eine große Munterkeit: Sie schwatzen und lachen, bis sie erschöpft auf das Lager zurücksinken und sich, ihrer Behauptung nach, himmlischer Träume erfreuen. Das Traurigste ist, daß derjenige, welcher sich einmal diesem Gift hingegeben hat, ohne dasselbe nicht mehr leben kann. Sein Körper ist gebrochen, erschlafft, er kann nicht arbeiten, nicht denken, er ist zu allem unfähig, bis er nicht in einigen Zügen Opium neue Aufregung, neues Leben geschöpft hat.

Zu meinem Erstaunen fand ich in den Opiumhäusern sogar Weiber, die ebenso leidenschaftlich rauchten wie die Männer.

Man sagte mir, daß der Pikul Opium in Singapore 1.200 Spanische Taler[42] koste; die Regierung verpachtet aber das Recht des Verkaufs so hoch, daß sie daraus sechs- bis achthundert Prozent zieht.

Die Einkünfte der holländischen Regierung auf Borneo kommen bisher hauptsächlich aus dieser Verpachtung, und mit Freude erzählte man mir, daß sie alle Jahre mehr eintrüge. In Pontianak betrug sie im Jahre 1851 ungefähr 116.000, in Sambas 130.000 Rupien; auf Java soll sie die ungeheure Summe von zehn Millionen erreichen und allein mehr betragen, als alle übrigen Steuern und Abgaben zusammen.

Den Aufenthalt auf Pontianak benützte ich, unbekümmert um Hitze und Moräste, fleißig zu Spaziergängen und zur Insekten- und Reptilienjagd. Es machte mir bei dieser Gelegenheit kindisches Vergnügen, täglich zu Fuß den Äquator zu passieren, von welchem Pontianak kaum eine Meile entfernt liegt.

Eines Morgens hatten wir in Pontianak einen großen Schrecken. Wir saßen ganz gemütlich beim Frühstück, als wir plötzlich heftiges Geschrei und häufiges Hin- und Herlaufen vor dem Hause vernahmen. Als wir auf die Galerie traten, sahen wir Gerichtsdiener mit blanken Säbeln über die Straße laufen und hörten vom fliehenden Volke den Schreckensruf „Amok! Amok!" – Wir stürzten in die Wohnung zurück und augenblicklich wurden alle Türen und Fenster geschlossen und verwahrt.

Amok ist eine Art Raserei, die unter den Malaien, nicht nur auf Borneo, sondern im ganzen Indischen Archipel, vorkommt. Sie ergreift den Menschen plötzlich und erregt in ihnen die heftigste, unwiderstehlichste Begierde nach Menschenblut. Der davon Befallene stürzt wie ein Wahnsinniger fort und tötet alles, was ihm in den Weg kommt – sein Weib, seine Kinder nicht ausgenommen. Man ist gezwungen, einen solchen Menschen niederzuhauen oder niederzuschießen wie einen wütenden Hund. – Diese Raserei soll meistens von Eifersucht herrühren und gewöhnlich nur bei Opiumrauchern vorkommen.

Diesmal ging es mit dem leeren Schrecken ab; es zeigte sich, daß statt des Amoks drei schwere Verbrecher aus dem nah gelegenen Gefängnis entsprungen waren. Sie wurden alsbald wieder eingebracht.

Von Pontianak wünschte ich mitten durch das Land an die Südküste nach *Benjermassing*, ebenfalls einer holländischen Besitzung, zu gehen. Es wäre dies eine Reise von zwei bis drei Monaten gewesen, die ich jedoch ohne Kenntnis der dayakischen Sprache allein nicht hätte unternehmen können. Ich suchte daher einen getreuen, verläßlichen Diener oder Führer; allein es fand sich niemand, der die allerdings sehr gefährliche Reise wagen wollte. Ich mußte daher davon abstehen. Es blieb mir nichts anderes übrig, als wider Willen nach Batavia zu gehen und mich dort nach einer Gelegenheit für Australien umzusehen. Ich sage „wider Willen", weil es mir bekannt war, wie teuer der Aufenthalt in Batavia sowie das Reisen auf Java ist, und ich infolgedessen dies schöne Land so schnell als möglich hätte verlassen müssen. Dazu machten mir noch die Holländer selbst von ihren dortigen Landsleuten keine sehr günstige Schilderung und boten mir, obwohl die einen Verwandte, die anderen Jugendfreunde daselbst hatten, nicht einmal Briefe für diese an – eine Sache, die mich um so mehr befremdete, als die Engländer mir stets ohne die geringste Aufforderung von meiner Seite alle Mittel in die Hand gaben, meine Reisen so angenehm als möglich zu machen. Doch es blieb mir keine Wahl, und nachdem ich in Pontianak länger geblieben war, als ich gewollt hatte, mietete ich einen Platz auf einer ärmlichen Barke, die nach Batavia segelte.

In einigen Tagen sollte ich abfahren. Da ward mir die Freude noch zuteil, Herrn Residenten *Willer* kennenzulernen, der von Batavia zurückkam. Ich nahm an diesem Mann großes Interesse, nicht nur weil er ein sehr vollständiges Werk über die Battaker auf Sumatra und die Alforen auf Ceram geschrieben hat,[43] sondern auch weil er sich die Abschaffung des Pfandrechtes so sehr angelegen sein ließ.

Auch an mir bewies Herr Willer sogleich sein treffliches Gemüt: Er kannte den Kapitän der arabischen Barke als einen schlechten Menschen und gab es nicht zu,[44] daß ich mit ihm ginge. In der liebenswürdigsten Weise bot er mir den ferneren Aufenthalt in seinem Hause an und versprach, für meine Weiterreise zu sorgen. Zufälligerweise kam bald darauf ein holländisches Schiff an, auf welchem er mir die Überfahrt nach Batavia verschaffte. Ich hatte dabei Gelegenheit, noch etwas mehr von Borneo zu sehen, da das Schiff vorerst in *Sambas* anlegen sollte.

Am 6. April morgens verließ ich Pontianak auf einem Regierungsboot und um Mittag war ich an Bord des „*Christian Huigens*" von 300 Tonnen, Kapitän *Ihlower*.

Auf dem Schiffe hatte ein reges Leben statt. Die Fracht bestand in einem Transport Truppen aus 120 Soldaten, 46 Weibern und einem Dutzend Kinder. Unter den Soldaten gab es nur 30

Europäer; die übrigen sowie alle Weiber waren von Java. Leider muß ich sagen, daß das Benehmen der Europäer bei weitem nicht so gesittet war wie jenes der Eingeborenen. Unter die halb nackten, wilden Dayaker hätte ich ein Mädchen ohne Bedenken mitgenommen; hier dankte ich Gott, kein Töchterchen bei mir zu haben – ich hätte die Arme für die Zeit der ganzen Fahrt in die Kajüte sperren müssen. Muß ich doch überall den Christen, mag er Katholik, Protestant oder was immer sein, schlechter und ungesitteter finden als den armen verachteten Heiden und Mohammedaner! – Die Offiziere selbst gestanden mir, daß sie die eingeborenen Soldaten den europäischen vorzögen. Jene seien viel stiller und verträglicher, verrichteten den Dienst genau und betränken sich nicht. Wenigstens zwei Drittel der holländischen Truppen im Indischen Archipel bestehen aus Eingeborenen, unter welchen sich besonders die *Maduresen** durch ihre Tapferkeit auszeichnen.

Am 8. April lagen wir auf der Reede vor der Mündung des Flusses *Sambas* (80 Meilen). Wir hatten auf dieser kurzen Reise das Land nie aus dem Gesichte verloren: Entweder sahen wir Borneo selbst oder Inseln und Eilande, an denen es ringsumher nicht fehlte. Alles war gebirgig und mit dichter Waldung bedeckt.

An der Mündung des Sambas liegt auf einem 150 Fuß hohen Hügel ein kleines Fort, *Sorg* genannt, zum Andenken an den Obersten *Sorg*, der hier an seinen Wunden starb, die er in dem Gefecht mit den Chinesen von Mandore erhalten hatte. Der Kommandant, Kapitän *van Houten*, nahm mich für die Zeit, bis ein Boot von Sambas käme, um mich abzuholen, gütigst bei sich auf – eine Gefälligkeit, die um so höher zu schätzen war, als seine ganze Wohnung aus zwei kleinen Kämmerchen bestand.

Nie sah ich ein erbärmlicheres Fort als dieses: Es enthielt nichts weiter als ein paar niedrige Laubhütten, die den zwei Offizieren, dem Arzt und den Soldaten zum Obdach dienten. Man sagte mir, daß es in größter Eile errichtet worden sei, als sich die Chinesen von Mandore empörten, die Herrschaft der Holländer nicht mehr anerkannten, und besonders den Opiumpacht

---

*   *Madura*, eine Insel, gehört zur Regentschaft von Java.

nicht mehr bezahlen wollten. Es fanden in der Ebene, die am Fuße des Hügels *Paniebungan* liegt, auf welchem das Fort steht, drei Gefechte statt, in welchen 4.000 Chinesen von 600 holländischen Soldaten geschlagen wurden. Die Chinesen gelobten hierauf neuen Gehorsam; doch wie es scheint, ist ihrer Treue nicht recht zu trauen, und man sieht neuen Unruhen entgegen. Sobald dieser Streit vollständig beendigt ist, soll ein ordentliches Fort an einem passenden Ort errichtet werden.

Ich blieb zwei Tage Herrn van Houtens Gast und fuhr dann in einem Regierungsboot, welches der Assistent-Resident Herr *van Prehn* um mich zu schicken so gütig war, nach Sambas (36 Meilen). Ich langte abends an und wurde in das Haus des *Pangerong-Rato** geführt. Herr van Prehn hatte das seinige mit Offizieren so überfüllt, daß er mich nicht aufnehmen konnte.

Der Pangerong empfing mich im Divan. Hier sah es so europäisch aus, daß ich mir schmeichelte, recht gut aufgehoben zu sein. Nach einer stundenlangen Unterhaltung äußerte ich den Wunsch, nach meinem Zimmer zu gehen. Man frug mich, was ich zu essen wünsche. Ich bat ganz bescheiden um zwei weichgesottene Eier. Auf meinem Zimmer angekommen, wartete ich die längste Zeit auf dieses große Mahl. Endlich erschien ein Diener, in einer Hand ein Bündelchen, in der andern ein Päckchen haltend; er legte beides auf den Tisch und kramte aus – das Bündelchen enthielt sechs Eier, das Päckchen ein Pfund Wachskerzen. Ich mußte über die höchst einfache Art der Bedienung um so mehr lächeln, als man mir einige Diener nebst einer Dienerin gegeben hatte, die mich auf jedem Schritt wie Schatten verfolgten, von welchen mir aber keiner weder Messer noch Teller noch Brot oder Salz brachte. Ich hatte nicht mehr den Mut, etwas zu verlangen; ich dachte, es könnte so rasch kommen wie die Eier, und ich sehnte mich schon sehr nach Ruhe. Ich langte daher nach einem Ei, um es in Eile auszuschlürfen; aber – es war kalt und ungekocht. Ohne Imbiß mußte ich nach einer ganzen Tagereise mein Lager aufsuchen.

---

* *Pangerong* ist gleich Panam-Baham mehr als Rajah und weniger als Sultan.

Meine Wohnung bestand aus einer großen Halle, zu welcher drei Stufen aufwärts führten. Ein kleiner Raum, durch Blätterwände getrennt, bildete das Schlafgemach, das weder Türe noch Fenster hatte; vor den Eingang war bloß ein kleiner Schirm gestellt. Als ich morgens aufstand, konnte ich natürlich in dem finsteren Gemach nicht bleiben und ging in die Halle. Diese aber hatte ein halb Dutzend Türen, die immerwährend offenstanden und allen Leuten zugänglich waren. An müßigem Volke fehlt es in den tropischen Ländern nirgends, am wenigsten an einem fürstlichen Hofe, und da ich noch dazu den Leuten eine merkwürdige Erscheinung war (außer Frau Willer hatten sie noch keine Europäerin gesehen), so befand sich meine Halle stets voll Menschen, und jede meiner Bewegungen wurde beobachtet; ich kam mir wahrlich wie eine stumme Schauspielerin vor.

Zum Frühstück, auf das ich mit einem wahren Heißhunger wartete, brachte man mir Tee ohne Milch* und ohne Brot. Ich fing schon an, etwas böse zu werden, mich an ein Haus gewiesen zu sehen, in welchem ich mit niemandem sprechen konnte und mir daher alles gefallen lassen mußte. Da kamen endlich zwei Herren, Kapitän *van der Kapellen* und Dr. *Enthoffer*, mich zu besuchen und im Namen der gesamten Offiziere einzuladen, eines ihrer Häuschen zu beziehen. Welche Freude mir diese unverhoffte Einladung machte, bedarf wohl keiner Erwähnung. Die Herren versprachen, mich gegen Abend abzuholen.

Indessen rückte Mittag heran, und als niemand erschien, meinen leeren Tisch zu decken, begehrte ich zu essen. Ich hatte nun schon über 24 Stunden gefastet. Trotz meines guten Appetites war es mir aber unmöglich, viel von dem Mahl zu genießen, das man mir vorsetzte. Es bestand aus Reis, in Wasser gekocht, aus dem halben Flügelchen eines Huhnes in so starker Kuri-Brühe, daß ich mir den Mund verbrannte, und aus zwei dünnen Spalten getrockneten Fleisches (*Denden* genannt), welches in ranzigem Kokosöl zu Kohlen verbrannt war.

---

* Kühe findet man nur bei den Europäern, höchst selten bei den Eingeborenen. Letztere halten mitunter Ziegen.

Um vier Uhr brachte man mir einen großen Korb voll Früchte, von welchen ich jedoch wenig aß, da sich der Europäer in diesen Ländern vor Früchten sehr in acht nehmen muß; sie bekommen ihm selten gut.

Um fünf Uhr erschienen die beiden Herren. Kapitän van der Kapellen führte mich in sein eigenes Häuschen, welches er samt seinen Dienern gänzlich zu meiner Verfügung stellte; er selbst quartierte sich für die Zeit meines Hierbleibens bei einem anderen Offizier ein. Man glaube aber nicht, daß ich, weil ich ein ganzes Häuschen besaß, deshalb über viele Gemächer zu verfügen hatte. Mein Palast, eine bescheidene Laubhütte mit zwei kleinen Kämmerchen, war neben anderen ähnlichen Palästen in der Eile aufgeschlagen worden, um die Offiziere zu beherbergen, die der chinesischen Unruhen wegen mit ihren Truppen die Besatzung von Sambas vermehrt hatten. In Friedenszeiten besteht die ganze hiesige Gesellschaft aus dem Assistent-Residenten, einigen Beamten und Offizieren, im ganzen elf Personen, die Soldaten nicht gerechnet.

Sambas zählt einige Tausend Einwohner und gleicht allen übrigen malaiischen Städtchen, mit der Ausnahme, daß die Chinesen meistens ihre Häuser auf Flößen gebaut haben, wodurch der Fluß ein sehr belebtes Ansehen erhält. Gleich Pontianak liegt Sambas in einer großen Ebene, die aber nicht so versumpft ist und in deren Hintergrund sich einige Gebirge zeigen. Vor dem Haus des Assistent-Residenten ist sogar ein großer Wiesenplatz mit Baumalleen.

Außer einem Fort besitzt Sambas auch ein Hospital mit geräumigen Sälen, sehr reinlichen, guten Betten und reichen Vorräten an Wäsche, Arzneien und Lebensmitteln, unter letzteren viele hermetisch verschlossene Blechbüchslein (Konserve), feine Gemüse, Kalbfleisch usw. enthaltend, und feine Weine, wie Bordeaux, Rheinwein. In dieses Hospital werden auch Eingeborene aufgenommen; doch machen sie selten Gebrauch davon. Sie haben einen großen Abscheu vor Hospitälern – sie sahen Leute darinnen sterben, halten sie eher für Sterbehäuser als für Heilanstalten und ziehen es daher vor, selbst an sich zu quacksalbern.

Zu meinem Erstaunen bemerkte ich, daß die Holländer auf Borneo* mit den eingeborenen Mädchen in denselben freien Verhältnissen leben wie die Franzosen auf *Otahaiti*.[45] Ich könnte hier Wort für Wort wiederholen, was ich bei Gelegenheit meiner früheren Reise über Otahaiti geschrieben habe. Mir fiel dies um so mehr auf, da ich weder auf Singapore noch auf Sarawak noch auf irgendeiner englisch-überseeischen Besitzung ähnliches bemerkt habe.

Obwohl es in Sambas nicht viel Interessantes zu sehen gab, verging mir die Zeit doch schnell und angenehm. Herr van Prehn sandte mir jeden Morgen sein Boot, und der Fürst Rato vier Malaien. Ich fuhr bis an die Waldungen und strich mit meinen Begleitern den ganzen Vormittag umher. An die tropische Hitze war ich bereits gewöhnt, ebenso an die Sümpfe und Moräste, und an Schlangenbisse oder dergleichen Unfälle dachte ich gar nicht. Wir brachten Tod und Verderben über alles, was uns vorkam; kein Insekt, kein Reptil, kein Schmetterling fand Gnade vor unseren Augen. Nachmittags hatte ich meine armen Opfer in Ordnung zu bringen, und abends erhielt ich stets Besuche. Mit Dank und Vergnügen werde ich stets der Europäer in Sambas gedenken, besonders der Herren van der Kapellen, Enthoffer und van Prehn. Sie beschrieben mir ihre Landsleute auf Batavia ungleich günstiger, als man es zu Pontianak getan hatte, und versahen mich reichlich mit Empfehlungsbriefen, so daß ich meiner Reise etwas mutiger entgegensah.

Am 26. April verließ ich Sambas, und zwar um abermals nach Pontianak zu gehen, wo das Schiff eine Ladung Kokosnüsse (50.000 Stück, das Hundert à zwei Rupien) und Rotang für Batavia einnehmen sollte.

Am 1. Mai ging ich wieder an Bord. Wir hatten vier Tage zu tun, um über die die Reede umgebenden Sandbänke zu gelangen. Am ersten Tag harpunierten die Matrosen eine Boa. Sie war vermutlich durch die Flut vom Land mitgenommen worden und mochte unser Schiff als Zufluchtsort betrachten, indem sie darauf lossteuerte und an Bord zu kommen suchte. Sie kam auch an

---

* Später bemerkte ich dasselbe im ganzen Archipel.

Bord, aber – als Leiche. Sie maß 18 Fuß in der Länge und acht Zoll im Durchmesser. Die Matrosen zogen ihr die Haut ab und wollten den Körper in die See werfen. Ich riet ihnen, letzteres zu unterlassen und die Schlange lieber zu verspeisen. Sie lachten mich weidlich aus und meinten, wenn das Schlangenfleisch so köstlich schmecke, möge ich es nur selbst verzehren, ihr Anteil stehe zu meiner Verfügung. Ich ließ ein Stück braten und fing in ihrer Gegenwart davon zu essen an.* Als sie dies sahen, trat doch einer der herzhaftesten hervor und ersuchte mich, ihn davon kosten zu lassen. Ich gab ihm ein Stückchen, und da er es, gleich mir, äußerst schmackhaft fand, folgten die anderen alsbald seinem Beispiel und kosteten so viel, daß am Ende das Zusehen an mich kam. Es wurde einmütig beschlossen, die Schlange zu verspeisen, und Matrosen und Soldaten dankten mir für den guten Rat.

Wir hatten 30 Soldaten neben einigen Weibern und Kindern an Bord. Unter den Soldaten gab es mehrere Kranke, die zur Luftveränderung nach Batavia gesandt wurden und von welchen einer, ein Javanese, während der Reise starb. Sein Körper wurde unmittelbar nach dem Verscheiden an den Mittelmast gelegt. Nach sechs Stunden nähte man ihn in eine Matte, befestigte an den Füßen zwei große Steine, legte dann den Körper auf ein Brett und ließ ihn in die See gleiten. Keiner der Landsleute und Waffengenossen des Verstorbenen war von dieser Szene ergriffen, nicht einmal sein Weib. Ihr Auge blieb trocken, ihre Gesichtszüge drückten Gleichgültigkeit aus. Nach zwei Tagen sagte man mir, daß sie schon mit einem anderen versprochen sei.

Ich hatte bemerkt, daß die Landsleute des Verstorbenen, als er in die Matte genäht wurde, einige Münzen beilegten. Auf mein Befragen, warum dies geschähe, sagte man mir, daß die Leute glauben, wenn man einer Leiche, die in die See geworfen werde, einige Münzen beilege, sie nicht auftauche.

---

* Wer meine erste Reise um die Welt gelesen hat, wird sich vielleicht erinnern, daß ich zu Singapore auf einer Tigerjagd war, auf welcher, statt eines Tigers, eine Boa getötet wurde. Wir brachten sie zu Chinesen auf eine Pfefferpflanzung. Die Leute zogen ihr die Haut ab, kochten und aßen sie. Ich kostete von diesem seltsamen Gericht und fand es wirklich höchst schmackhaft.

Am 8. Mai erst warfen wir Anker auf der Reede von Pontianak und am 22. Mai nahm ich zum letzten Mal Abschied von diesem Ort. Da ich damit zu gleicher Zeit auch gänzlich Abschied von Borneo nahm, will ich mit einigen Worten noch die verschiedenen Völker erwähnen, die ich kennengelernt habe.

Die Dayaker, die bei weitem den größten Teil der Bevölkerung ausmachen, gefielen mir, wie bereits gesagt, am besten, nicht nur unter den Völkern Borneos, sondern unter allen wilden Völkern der Erde, mit welchen ich bisher in Berührung gekommen war. Sie haben, besonders die freien Stämme, einen wirklich edlen, unverdorbenen Charakter. Sehr mißfielen mir dagegen die Malaien; ich kann nur bestätigen, was die meisten Reisenden sagen: daß die Malaien Borneos unter allen Malaien die schlechtesten sind. Sie lügen, stehlen, betrügen, behandeln die ihnen unterworfenen Dayaker sehr hart und haben wenig Liebe für ihre Weiber und Kinder. Sie wechseln sehr leicht die ehelichen Bande: Ich sah Männer wie Weiber, die sechs- bis achtmal getraut waren und kaum 30 Jahre zählten. Oft kehren sie, nachdem sie mit anderen getraut waren, zu ihren früheren Gatten wieder zurück. Daß ein Mann mehrere Frauen zugleich hat, ist gesetzlich erlaubt, denn die Malaien sind alle Mohammedaner. Nebst diesen schönen Eigenschaften besitzen sie eine unbeschreibliche Trägheit, Teilnahmslosigkeit und eine Unreinlichkeit sondergleichen. Sie baden oder überschütten sich wohl zwei- bis dreimal des Tages mit Wasser, wie es ihre Religion verlangt; allein sie waschen den Schmutz nicht vom Körper, trocknen sich nicht ab; sie lassen das Wasser über den Körper laufen, und damit ist es abgetan. Ihre Nahrung ist schlecht, weil sie zu träge sind, mehr zu bauen oder zu pflanzen als Reis. In jeder Hütte, in der ich auf meinen Reisen einsprach, fand ich einen Schwarm von Männern und Weibern, die halbe, ja ganze Tage nichts taten als: schwatzen, Siri kauen, schlafen, mit den Kindern spielen oder mich stundenlang sinnlos begaffen.

Was die Chinesen betrifft, so sind diese schon von ihrem Vaterlande aus als falsch, grausam, hinterlistig und verschmitzt bekannt, und so wenig sie in fremden Ländern ihre Sitten, Gebräuche und Kleidung ablegen, ebensowenig legen sie ihren Charakter ab. Doch haben sie auch viele gute Eigenschaften: Sie sind betriebsam, fleißig, ausdauernd und sparsam, lieben ihre Kinder und wechseln deshalb auch viel seltener ihre Frauen.

Die Chinesen spielen in Borneo die Rolle der Juden in Polen oder Ungarn. Groß- und Kleinhandel, alle Handwerke sind in ihren Händen; sie sind Pächter oder Bearbeiter aller Minen und bebauen das Land ungleich sorgfältiger als die Dayaker oder Malaien. Auch ihre Nahrung ist bei weitem besser: Sie halten viel Schweine und Geflügel, pflanzen Gemüse und Früchte. Tee vertritt die Stelle des Wassers, und bei den Mahlzeiten trinken sie häufig eine Art sehr leichten Rums, aus Reis gezogen und mit Zucker versüßt.

Man könnte den Chinesen als Herrn und Bürger des Landes, den Malaien als Bauer, den abhängigen Dayaker als Sklaven betrachten.

Durchaus unwahr und übertrieben finde ich die Schilderungen, die man von dem harten Los der borneischen Weiber, besonders jenem der Dayakerinnen macht. Leute, die solches behaupten, haben nicht gesehen, was ein armes Weib in den meisten europäischen Ländern zu leisten hat. Sie haben nicht gesehen, wie eine europäische Bäuerin schwer beladen mit Lebensmitteln schon lange vor Sonnenaufgang nach einer fernen Stadt eilt, um dort ihren Kram zu veräußern, wie sie, halb erschöpft nach Hause kommend, statt zu ruhen, die Küche, die Kinder beschickt, im Stall das Vieh besorgt und oft noch auf die Felder geht und den Männern arbeiten hilft. Sie haben nicht gesehen, wie eine arme Taglöhnerin in den Städten von morgens drei bis abends sieben und acht Uhr am Waschtrog steht und wäscht, bis ihr die Haut von den Fingern geht – wie andere die größten Lasten Holz, Wasser in die vierten und fünften Stockwerke der Häuser hinaufschleppen. Sie haben an die Handarbeiterinnen nicht gedacht, die oft in dumpfen, düsteren Löchern täglich zwölf bis vierzehn Stunden arbeiten, die kaum an einem Sonntag die liebe Sonne zu sehen bekommen. Wahrlich, es kann kein härteres Los geben, als das eines armen europäischen Weibes!

Was sind dagegen die Leistungen der borneischen Weiber? Sie arbeiten höchst selten auf dem Feld, flechten Matten und

Laubwände zur Erbauung der Hütten, besorgen die Kinder, den Haushalt. Sie gehen zur Zeit der Reisernte (und das nur die dayakischen Weiber) für einige Stunden aufs Feld, schneiden da ein Körbchen voll mit Reisähren* und tragen es heim. Was für Matten und Laubwände nötig ist, schafft der Mann nach Hause; die Weiber sitzen im schattigen, luftigen Vorplatz und arbeiten nach Belieben; kein Mensch treibt sie an. Wird die Sache nicht heute fertig, so wird sie es morgen oder übermorgen. Die Kinder machen ihnen nichts zu schaffen: die laufen nackt umher, und tun was sie wollen; hat ein Weib einen Säugling, so bleibt es ganz zu Hause. Was die Küche betrifft, so wird sie bei den Chinesen von den Männern beschickt, und bei den Dayakern und Malaien sieht das Feuer selten etwas anderes als Reis. Um das Vieh brauchen sie sich nicht zu bekümmern: Die Schweine und Hühner müssen sich ihr Futter größtenteils selbst suchen, und Kühe halten sie nicht. Sie haben ferner kein Hausgerät zu scheuern, keine Stuben zu reinigen (aller Unrat wird durch den Bambusboden geworfen), und das Waschen und Flicken der Wäsche und Kleider raubt ihnen auch nur wenig Zeit, da sie nichts weiter tragen als einen einfachen Sarong.

Diesen angestrengten Arbeiten wollen die mitunter so gefühlvollen Europäer das frühe Altern der Weiber zuschreiben. Ich möchte es mehr als Folge des frühen Heiratens betrachten, das bei Mädchen oft schon im elften oder zwölften Jahre stattfindet.

---

* Auf Borneo werden die Ähren ganz oben an dem Ende der Stengel abgeschnitten, das Stroh wird auf dem Felde verbrannt.

V.

*Batavia * Sehenswürdigkeiten * Chinesisches Schauspiel * Buitenzorg * Vorstellung bei dem Generalgouverneur * Typanas * Besteigung des Pangerangs * Bandong * Die Teepflanzung * Die Kaffeemühle * Der Schwefelkrater * Rückkehr nach Batavia * Ausflug nach Tangerang * Volksbelustigungen*

Am 29. Mai, nach einer Reise von sieben Tagen, traf ich glücklich zu *Batavia* ein (400 Meilen von Pontianak).

Von der Reede aus sieht man wenig von der Stadt, nichts von den Wohnhäusern der Europäer; es zeigt sich bloß eine ungemein große, fruchtbare Ebene, von schönen Gebirgen umgeben.

Die Fahrt von der Reede nach der Stadt (drei Meilen) muß man in der Regierung gehörigen Booten machen und dafür drei Rupien bezahlen. Ein Schiffskapitän kann zwar sein eigenes Boot gebrauchen, muß aber für dieses Recht dieselbe Taxe entrichten. Auch die Waren können nur in Regierungsbooten befördert werden.

Für einen Wagen von dem Landungsplatze nach der Stadt hat man ebenfalls drei Rupien zu bezahlen, für jedes Stück Gepäck eine halbe Rupie, in allem, die Trinkgelder mitgerechnet, neun bis zehn Rupien – eine Summe, für welche man in dem teuren Calcutta viermal ans Land gehen kann.

Ich stieg im Hôtel Neederland bei Herrn *Hovesand* ab. Doch schon am folgenden Morgen besuchte mich der Resident Herr *van Rees*, an welchen ich von Sambas einen Empfehlungsbrief mitgebracht hatte, lud mich auf die herzlichste Weise in sein Haus ein und ließ mich noch denselben Tag abholen. Seine Gemahlin, eine der gebildetsten und liebenswürdigsten Frauen, empfing mich nicht minder freundlich als ihr Gemahl, und somit ging mein Eintritt in Batavia auf die leichteste und angenehmste Art vor sich.

Herr Hovesand nahm durchaus keine Bezahlung von mir an, obwohl ich in seinen Wagen gefahren, seine Kuli benützt hatte. Er bat mich, ihm die Freude, eine so große Reisende wie mich beherbergt zu haben, nicht durch eine Vergütung zu verderben.

Batavia hat eine Bevölkerung von ungefähr 100.000 Seelen, darunter 2.000 Europäer und mehr als 20.000 Chinesen.* Die Stadt ist nicht hübsch, die Häuser sind klein und unansehnlich und besonders in dem chinesischen Teil sehr nahe aneinander gebaut. Die Europäer haben nur ihre Comptoirs[46] in der Stadt; sie wohnen außerhalb derselben in Landhäusern. Die vornehmsten und nächstgelegenen der von den Europäern bewohnten Plätze heißen: Koningsplein,[47] Waterlooplein, Cramat und Ryswick. Die beiden ersten besitzen große, schöne Wiesen von Baumalleen umgeben, unter welchen man abends spazierenfährt und reitet. Die Waterloowiese ist mit einer Säule geschmückt, „Waterloosäule" genannt. Auf Waterlooplein wohnen die Offiziere. Es steht hier auch ein großes Regierungsgebäude, einen Sitzungssaal und Kanzleien enthaltend. Nahebei sind die öffentlichen Schulen und das Theater. Unter den übrigen öffentlichen Gebäuden sind noch bemerkenswert: die protestantische und die katholische Kirche, die Polizei, das Museum, die Harmonie, das Militär- und das chinesische Hospital. Das Posthaus war eben im Bau begriffen. Der Palast des Gouverneur-Generals ist unbedeutend. Der eigentliche Wohnsitz des Gouverneurs ist zu Buitenzorg[48] (36 Meilen von der Stadt). Nach Batavia kommt letzterer jeden Monat nur auf einige Tage, um Audienzen zu erteilen, Sitzungen zu halten, Diners und Bälle zu geben.

Die Häuser der Europäer haben meistens ein sehr bescheidenes Ansehen; die wenigsten besitzen ein Stockwerk. Die schönste Zierde der Häuser in tropischen Ländern, die terrassenförmige Bedachung, fehlt ihnen; sie haben im Gegenteil schwere Dächer mit großen Vorsprüngen, die Fenster und Türen überschatten. Dagegen besteht das Innere aus großen, hohen Gemächern und Sälen. Die Böden sind mit Matten belegt. Das Freundlichste an diesen Häusern ist, daß sie beinahe alle in Wiesen oder niedlichen Blumengärten liegen, die nicht wie in Calcutta oder Bombay von dicken Mauern, sondern von lebendigen Hecken oder zierlichen Staketen umfaßt sind. Dies gibt einer Spazierfahrt einen unendli-

---

* Java hat, samt der dazugehörigen kleinen Insel Madura 2.444 Quadratmeilen mit einer Bevölkerung von neuneinhalb Millionen Seelen.

chen Reiz; man meint in einem großen wohlgeordneten Park zu sein.

Ich hatte viel von dem außerordentlichen Luxus auf Batavia sprechen gehört. Ich würde ihn vielleicht auch groß gefunden haben, wäre ich nicht in Britisch-Indien gewesen. Wer aber je den Luxus an Gebäuden, Equipagen, Dienerschaft usw. in Calcutta gesehen hat, kann durch nichts Ähnliches mehr überrascht werden.

Lächerlich fand ich in Batavia die Kleidung der Diener. Die Holländer scheinen die europäische Tracht so überaus schön zu finden, daß sie ihre Dienerschaft (alles Malaien) damit beglücken. In einem der vornehmsten Häuser sah ich die Diener in reich betreßten Livree-Röcken, in elegante Beinkleider gesteckt; dabei gingen sie aber mit bloßen Füßen und hatten um den Kopf das landesübliche Tuch gewickelt. Welch komisch-sonderbaren Anblick diese verkleideten Orang-Utans gewährten, kann man sich kaum vorstellen, besonders wenn sie auf ihre dunkelbraunen, mit dem Tuch umwickelten Köpfe noch den geschmackvollen europäischen Hut setzten.

Abbildung 9: Straße in Batavia.

101

Die Lebensweise der Europäer ist hier so ziemlich dieselbe wie in Britisch-Indien. Überall findet man einen Schwarm von Dienern, von welchen einer dem anderen im Nichtstun behilflich ist. Die Frauen tragen den Tag über den Sarong und die Cabay der Eingeborenen. Abends erscheint alles in europäischem Putze. In allen Häusern wird nachmittags einige Stunden der Ruhe gepflegt.

Batavia soll in früheren Zeiten sehr ungesund gewesen sein; jetzt ist dies weniger der Fall, da viele der es umgebenden Sümpfe trockengelegt wurden. Die Holländer, besonders die Männer, vertragen das indische Klima weit besser als die Engländer. Ich sah viele Herren, die 15 bis 20 Jahre unausgesetzt in Java lebten und so blühend aussahen, als hätten sie Europa nie verlassen. Weniger gut ertragen es die Frauen, was vermutlich auch von dem zu frühen Heiraten herrührt. Die Regierung sah sich deshalb veranlaßt, das Gebot zu erlassen, daß Mädchen (natürlich nur die europäischen) nicht unter 15 Jahren heiraten dürfen. – Die Kinder werden nicht so häufig nach Europa gesandt, als dies in Britisch-Indien der Fall ist. Die Mädchen erzieht man häufig ganz im Lande; die Jungen ist man gezwungen nach Europa zu senden, wenn man sie zu Beamten oder Offizieren bestimmt, da kein in Indien erzogener Jüngling ein höherer Beamter oder Offizier werden kann, besäße er auch im höchsten Grade alle hiezu nötigen Kenntnisse.

Ob Java gesünder ist als Britisch-Indien, oder ob die minder schwere Kost, die minder starken Getränke Ursache der besseren Gesundheit der Holländer sind, wage ich nicht zu unterscheiden; ich würde jedoch für letzteres stimmen.

Das Leben ist in Batavia wenigstens um ein Fünftel, wo nicht um ein Viertel teurer als in Calcutta.

Leider herrscht auf Java noch Sklaverei; doch ist sie nicht drückend. Der Eigentümer darf keine Strafe über seinen Sklaven verhängen, und letzterer kann so gut wie ersterer seine Klage führen. Der Sklave erhält neben vollkommenem Unterhalt zwei Kupfergulden per Monat für Siri. Es dürfen keine Sklaven eingeführt werden; allein die Abkömmlinge der Sklaven bleiben stets Sklaven. Dieses Gesetz gibt zu häufigen Betrügereien und Verfälschungen Anlaß, in welchen die Chinesen besonders raffiniert sind. Stirbt ihnen nämlich ein Sklavenkind, so suchen sie an dessen Stelle ein elternloses, freies Kind zu unterschieben, um auf diese Art den erlittenen Verlust zu ersetzen. Ein gesunder Sklave, der nichts anderes als Stärke besitzt, kostet 400 Rupien; ein Koch, eine Köchin 600 bis 800.

Zum Lob der Holländer muß man sagen, daß sie nicht selten ihren Sklaven die Freiheit schenken, und zwar nicht nur, wenn sie Indien auf immer verlassen, sondern oft auch ohne besondere Veranlassung, aus reiner Menschenliebe. So hatten zum Beispiel Herr und Frau van Rees am ersten Januar dieses Jahres allen ihren Sklaven die Freiheit geschenkt; aber keiner verließ ihr Haus – sie baten alle, daß man sie behalten möchte. Dieselbe schöne Handlung vollführte Frau Overhand, Witwe des Residenten Overhand; auch ihre Sklaven baten, in ihren Diensten verbleiben zu dürfen.

Die meisten öffentlichen Gebäude und Anstalten besuchte ich in Gesellschaft des Herrn van Rees.

Das allgemeine Hospital ist das vollkommenste, das ich je sah. Ein Kranker kann in einem wohleingerichteten Privathaus nicht besser aufgehoben sein. Die Säle sind luftig, hoch und außerordentlich rein gehalten, die Betten vortrefflich, die Kranken sowie die Genesenden bis zu ihrem Austritt in blendend weiße Wäsche gekleidet. Sobald ein Kranker eintritt, wird seine Wäsche und Kleidung bewahrt bis zur Stunde des Austrittes; man sieht den Genesenden nicht in seinen schmutzigen, oft zerrissenen Kleidern umhergehen. Die Offiziere erhalten jeder ein eigenes schönes Zimmer in einer ganz abgesonderten Abteilung. Wir kamen so zeitig des Morgens, daß wir der Austeilung des Frühstückes beiwohnten. Die europäischen Kranken erhielten sehr guten Kaffee mit Zucker, Milch und Weißbrot. Die Eingeborenen ziehen ihre Nahrung der europäischen vor: Sie bekommen Reis, Gemüse, Fische, Fleisch usw. Man führte uns auch in die Badeanstalt und die Vorratskammern. In letzteren waren Leib- und Bettwäsche im reichsten Maße aufgestapelt; auch gab es die größten Vorräte an feinen und frischen Lebensmitteln und Getränken, an Bandagen, Arzneien und medizinischen Instrumenten aller Art. In einem Saal werden Teile des menschlichen Körpers, die von seltenen Krankheiten ergriffen waren, in Spiritus bewahrt. In einem Glaskasten lag das ganze Skelett eines Matrosen, der von der Spitze eines Mastes herabgestürzt war. Er hatte sich, außer zehn mehr oder minder gefährlichen Knochenbrüchen, das Rückgrat gänzlich gebrochen und wurde trotzdem durch die Kunst und Sorgfalt des Doktor Enthoffer (den ich auf Sambas kennengelernt hatte) sechs Wochen lang am Leben erhalten.

In diesem Hospitale werden auch eingeborene Jünglinge, Mädchen und Weiber in einigen Zweigen der medizinischen Wissenschaft unterrichtet. Erstere werden zu Gehilfen der Ärzte herangebildet. Man bringt ihnen Kenntnisse vom menschlichen Körper bei, lehrt ihnen zur Ader lassen, Beinbrüche einzurichten usw. Sie werden dann im Inneren des Landes angestellt an Plätzen, die von ärztlicher Hilfe weit entfernt sind. Die Mädchen und Weiber lernen den Hebammendienst.

Man war so gefällig, in meiner Gegenwart einige Fragen an die jungen Leute zu stellen, die sie richtig und ohne lange nachzudenken beantworteten. An dem menschlichen Skelett, das in ihrem Lehrsaal stand, wußten sie alle Teile zu benennen und zu erklären. Nicht minder unterrichtet fand ich die weibliche Jugend, was mich um so mehr in Erstaunen setzte, als das weibliche Geschlecht in diesen Ländern durchaus an kein Lernen und Schulgehen gewöhnt ist. Die Mädchen und Weiber sind während der Zeit der Lehre (zwei Jahre) halbe Gefangene; sie kommen nie aus dem Bereich ihrer Lehrsäle und Wohnungen und dürfen nur weibliche Besuche empfangen. Die Jünglinge können einige Stunden des Tages ausgehen. Es soll sich selten ereignen, daß einer der Zöglinge vor der Zeit austritt. Sie lernen fleißig und begreifen leicht.

Das Museum bietet, außer einigen Mineralien und vielen Gottheiten von Bali, nichts Sehenswertes. Die vierfüßigen Tiere, Insekten, Reptilien usw. sind in diesem Klima dem Verderben zu sehr unterworfen und werden nach Holland geschickt.

Das Regierungsgebäude auf dem Waterlooplatz besitzt einen großen Sitzungssaal mit den Bildnissen aller holländischen Gouverneur-Generale. Ich ging hauptsächlich in dieses Gebäude, um eine Sammlung Handzeichnungen zu besehen, die ein Landsmann von mir (ein Wiener, Herr *Wilson*[49]) auf Befehl der Regierung von den alten, herrlichen Hindutempeln im Inneren Javas aufgenommen hat. Der Anblick der Zeichnungen erweckte in mir die höchste Begierde, diese Kunstwerke in Wirklichkeit zu sehen; allein ich schmeichelte mir nicht, so weit zu kommen: Die Kosten einer Reise auf Java waren meiner Börse zu sehr überlegen.

Auch die Gefängnisse besuchte ich und fand die Leute ungleich besser gehalten als bei uns in Europa. Sie bewohnen luftige, reine Gemächer und erfreuen sich des Anblicks der Sonne in kleinen Gärten, die zu den Gefängnissen gehören. Zweimal des Tages erhalten sie große Portionen Reis nebst Fischen oder Gemüsen und zweimal in der Woche Fleisch. Sie sind nicht gefesselt und entbehren nicht einmal ihres geliebten Siri. Ich glaube kaum, daß irgendein anderer Staat mit seinen Verbrechern so human umgeht.

Das Theater besuchte ich nicht; meine Garderobe war auf Reisen selten so eingerichtet, um an Orten zu erscheinen, wo sich der Europäer im höchsten Putze und Glanze zeigt. Auch interessierte es mich wenig, ein oft gesehenes europäisches Schauspiel, eine oft gehörte Oper in einem fremden Weltteil wieder zu sehen; ungleich größeren Reiz hatte für mich ein chinesisches Schauspiel (*Taping* genannt, wenn ich mich recht entsinne), das der chinesische Major* auf Veranlassung des unermüdet für mich besorgten Residenten mir zu Ehren gab.

Der Major hielt, wie es unter den reichen Chinesen sowohl hier als in China üblich ist, eigene Tänzerinnen, die zugleich Schauspielerinnen sind und die Rollen beider Geschlechter vorstellen. Die Bühne, eine kleine, erhöhte hölzerne Bude, war dem Haus des Majors gegenüber auf der Straße aufgeschlagen, so daß jeder Vorübergehende an der Unterhaltung teilnehmen konnte. Wir genossen neben den übrigen Gästen den Anblick von dem Balkon und den Fenstern des Hauses.

Das Stück wurde von sechs Schauspielerinnen aufgeführt und schien eine Art Kriegsdrama zu sein; man sah beständig ein paar Soldaten oder Offiziere oder Feldherren auf den Brettern.

---

* Chef der Chinesen auf Batavia.

105

Neben diesen Helden erschienen auch zwei Damen, die häufig weinten und jammerten. Das schönste von der ganzen Vorstellung waren die Gefechte zweier Krieger mit Bogen und Stöckchen und die Evolutionen, welche vier Krieger mit Lanzen machten. Den Text schrien sie eintönig und gefühllos mit abscheulich quiekender Stimme herunter. Ihre Bewegungen waren ohne Grazie; im Gegenteil, sie hoben beim Marschieren die Füße so hoch in die Höhe, als sie konnten, und setzten sie dann mit sein sollender

Abbildung 10: Palast von Buitenzorg.

Kraft auf die Erde nieder, was höchst widerlich und unsittlich sich ausnahm, wenn man bedachte, daß diese Krieger von jungen Mädchen dargestellt wurden. Ihre Anzüge waren außerordentlich reich: schwere Seidenstoffe mit Gold- und bunten Seidenstickereien. Geschmacklos aber erschien die Form der Kleider: Sie bestanden aus langen Röcken mit weiten Ärmeln und aus kurzen Beinkleidern.

Das Stück hatte vier Akte, von welchen jedoch einer dem andern so vollkommen glich, daß man die letzten drei für Wiederholungen des ersten halten konnte.

Nach dem Theater wurden wir zu einer reich besetzten Tafel geführt, bei welcher es weder an dem beliebten Trippang, noch an den teuren, von den Chinesen so hochgeschätzten Schwalbennestern fehlte. Trippang und Schwalbennester gleichen sehr sulzigen, stark gewürzten Speisen, die mein europäischer Gaumen durchaus nicht nach seinem Geschmack fand.[50]

Kaum waren einige Tage seit meiner Ankunft in Batavia verflossen, so erhielt ich eine Einladung nach *Buitenzorg* von dem Gouverneur-General Herrn *Deimar van Twist*[51] – eine Auszeichnung, die ich mit großer Dankbarkeit anerkenne und als Fremde doppelt zu schätzen weiß. Ich war wirklich überrascht, die Holländer so ganz anders zu finden, als man sie mir geschildert hatte.

Am 1. Juni fuhr ich in Gesellschaft des Herrn van Rees nach Buitenzorg. Der Weg war herrlich, die Pferde standen auf jeder Post bereit;* auf diese Weise machten wir die 35 *Paal*** in drei Stunden. Je weiter wir uns von der Stadt entfernten, desto reizender ward die Gegend; das Gebirge rückte näher, Berge von 6.000 bis 10.000 Fuß Höhe stiegen majestätisch empor, unter letzteren der *Pangerang* (9.600), der *Gédé* (9.000). Buitenzorg selbst liegt 800 Fuß hoch. Der Palast des Gouverneur-Generals ist schön und besteht aus einem Mittel- und zwei Flügel-Gebäuden. Eine prachtvolle Wiese liegt davor mit Teichen und mit großen, mächtigen, Schatten gebenden Banyanbäumen[52]. Herden von Hirschen und Rehen lagerten umher. Im Hintergrund schloß sich ein ausgedehnter botanischer Garten an.

Abends wurde ich dem Gouverneur-General und seiner Gemahlin vorgestellt. Der Gouverneur-General führte mich zu Tische.

Ich hatte von aller Welt diesen Herrn als höchst ernst und wortkarg schildern gehört. Ein tiefes, ernstes Nachdenken sprach allerdings aus seinen Zügen; aber wortkarg fand ich ihn nicht, und selbst der Ernst trat mit jedem Wort mehr in den Hintergrund und machte einer freundlichen, ruhigen Heiterkeit Platz. Sein und seiner Gemahlin Benehmen gegen mich war im höchsten Grade gütig und zuvorkommend.

---

* Wenn man auf Java mit Postpferden reist, müssen Laufzettel vorausgesandt werden.

** Ich werde von nun an immer nach Paal rechnen. Ein Paal ist gleich einer englischen Meile.

In den Tagen, die ich in Buitenzorg zubrachte, veranstaltete man Partien, um mir das Merkwürdigste der Umgegend zu zeigen. Darunter gehörte besonders die Cochenille-Pflanzung[53] des Grafen *van der Bosch* und die Schwalbengrotte, aus welcher die Chinesen ihre kostbarsten Leckerbissen, die Schwalbennester, holen.

Die Besitzung des Grafen van der Bosch, *Ponde Gédé*, ist in jeder Hinsicht als eine Musterwirtschaft aufzustellen. Der Graf ist selbst ein verständiger und eifriger Landwirt und bemüht, jeden Zweig seiner Ökonomie zur Vollkommenheit zu bringen. Die Cochenille macht nur einen kleinen Teil seiner Pflanzungen aus; er baut Reis, Zucker, Kaffee usw.

Für mich hatte die Cochenille-Pflanzung das meiste Interesse; ich verweilte da am längsten, um so mehr, als mich Herr Direktor *Meyer* selbst herumführte und mir über alles die genaueste Auskunft erteilte. Was ich hierüber schreibe, habe ich aus seinem Munde.

Der *Nopal** und die Cochenille wurden schon vor 24 Jahren aus den spanisch-westindischen Besitzungen nach Java überbracht. Von den vielen Insekten, die man mit der Nopalpflanze mitgenommen hatte, kamen aber nur zwei lebend an. Der glückliche Zufall wollte, daß sie verschiedenen Geschlechtes waren.

Das höchste Erstaunen erregt die rasche Fortpflanzung dieses Insektes, denn schon seit Jahren liefert Java 150.000 bis 200.000 Pfund, und bei wiederholter Zählung hat es sich ergeben, daß 33.000 Cochenillen der größeren Sorte erst ein Pfund ausmachen.

Bei einer Anlage von Nopal werden gesunde Blätter oder Pflanzen mit dem unteren Teil in die Erde gesteckt. Nach Verlauf eines Jahres hat sich schon ein kleiner Stamm mit mehreren Blättern gebildet; im dritten Jahr kann die Pflanze bereits bevölkert werden. Zur Bevölkerung bedient man sich kleiner Hütchen, die von den Blättern des Kaktus gemacht sind. In diese Hütchen setzt man fünf bis sieben Insekten, bringt sie so auf das Blatt des Nopal und befestigt das Hütchen mit einem kleinen Dorn. Eine Nopalstaude zählt an 300 Blätter; man setzt jedoch nicht mehr als 70 bis 80 Hütchen darauf und ist im westlichen Java schon sehr

---

* Der Nopal gehört zum Kaktus-Geschlecht.

zufrieden, wenn durchschnittlich vier Pflanzen ein Pfund lebendiger Cochenille geben; im östlichen Java erzielt man dieselbe Menge gewöhnlich von drei Pflanzen.

Die Pflanzen werden nach der Bevölkerung entweder unbedeckt gelassen oder mit einem leichten Blätterdach überdeckt. Auf erstere Art gedeiht die Fortpflanzung nur bei anhaltend trockener Witterung, auf letztere kann sie beinahe das ganze Jahr hindurch statthaben. Nach der gewöhnlichen Regenzeit vertraut man der Witterung schon im Monat April. Allein in dem westlichen Teil von Java, wo es oft in der guten Jahreszeit regnet, kann man die Pflanzen, wenn man sie nicht bedeckt, zuweilen sechs- bis neunmal bevölkern ohne eine gute Ernte zu erzielen.

Wenn das Insekt geboren hat, so stirbt es. Die Neugeborenen kriechen auf den Blättern umher, setzen sich aber bald irgendwo fest und bleiben dann auf derselben Stelle, ohne mehr eine Bewegung zu machen. Ist die Cochenille abgenommen, so wird sie in sehr stark geheizten Zimmern (165 bis 175 Grad Fahrenheit[54]) getrocknet. Die Trockenzimmer werden mittels eiserner Röhren geheizt; die sich bildenden Dämpfe ziehen durch eine Öffnung in der Wand ab. Hundert Pfund frischer Cochenille geben in getrocknetem Zustand 32 bis 33 Pfund, nebst zwei bis drei Pfund Staub. Dieser Staub, mit welchem das Insekt umgeben ist, scheint ein Beschützungsmittel gegen Kälte und Regen zu sein. Das Insekt hat eine weißgräuliche Farbe; befreit man es aber durch langsames Reiben von dem Staub, so ist es schwarz.

Seit einigen Jahren sind die Preise der Cochenille sehr gesunken. Die niederländische Faktorei zahlt gegenwärtig (Packung und freie Sendung an den Einschiffungsplatz einbegriffen) pro Pfund erster und zweiter Sorte zwei Rupien, für den Ausschuß per Pfund gar nur 85 Deut.

Die große Schwalbengrotte, in welcher Tausende dieser Tiere nisten, liegt ungefähr zwölf Paal von Buitenzorg. Sie ist neben den umliegenden Ländereien an einen Chinesen verpachtet, der für Grotte und Land jährlich 100.000 Rupien bezahlt. Der Pächter führte uns selbst in die Grotte, die außerordentlich schwer zugänglich ist. Wir hatten Führer, Fackelträger, Leitern usw. mit uns, konnten aber dessenungeachtet nicht tief in das Innere dringen. Es wurde nach einigen Nestern gesucht, die man mir zum Geschenk machte. Sie waren von weißlicher Farbe, mit einigen Federn untermengt und so klein, daß ich kaum begriff, wie der Vogel, der von der Größe einer gewöhnlichen Schwalbe ist, darin allein, viel weniger mit seinen Jungen Platz haben konnte. Man vermutet, daß die Nester aus Seetang bestehen, denn gewöhnlich nistet diese Schwalbenart in Höhlen und Grotten unweit der See, das heißt wohl auch 30 und 40 Paal landeinwärts, jedoch nicht weiter.

Alle drei Monate werden die Nester geerntet, von den Federn sorgfältig gereinigt und an der Luft getrocknet. Es gibt verschiedene Sorten. Je weißer, je mehr von den Federn gereinigt sie sind, desto höher ist der Preis. Sie von den Federn gänzlich zu reinigen, ist nicht immer möglich, da diese mit dem Seetang oft so verschlungen sind, daß man sie nicht losbringen kann. Der Pikul dieser Nester kostet auf Java von vier- bis siebentausend Rupien. Man rechnet auf zwei Lot[55] drei Nester; per Stück kosten sie an Ort und Stelle ein bis zwei Rupien. Der Pächter dieser Grotte erntet jährlich ungefähr zwölf Pikul.

Am 11. Juni verließ ich Buitenzorg, ging aber diesen Tag nur zehn Paal zur Familie Böck, bei welcher ich zwei Tage höchst angenehm verlebte. Man bot hier alles auf, mir gefällig zu sein, ja, als man meine Neigung für Insekten sah, half mir die ganze Familie suchen. Dank, herzlichen Dank ihnen, wie meinen übrigen Freunden auf Java, deren Teilnahme und Güte ich nie vergessen werde!

Am 13. Juni ging ich ebenfalls wieder elf bis zwölf Paal weiter nach *Typanas*[56], einem Sommerhaus des Gouverneur-Generals.

Zu Typanas war in dem Sommerhaus des Gouverneur-Generals Vorsorge für meinen Empfang getroffen. Dieser Ort liegt 3.400 Fuß über der Meeresfläche und besitzt ein halb europäisches Klima; ich fand in den Gemächern Kamine, ja sogar eiserne Öfen. In den großen Gartenanlagen werden europäische Gemüse und Früchte gezogen.

Ich sollte von hier aus den 9.600 Fuß hohen *Pangerango* besteigen, eine sehr geringe Mühe, da man bis auf die Spitze reiten kann. Auf dem Weg gibt es zwei Stationen, das heißt zwei hölzerne Hütten, bei welchen man anhält, um die Pferde ruhen zu lassen oder gegen vorausgesandte zu wechseln. Eine dritte Hütte steht 150 Fuß unter der Spitze des Berges. Diese Hütten sind für die Gärtner von Buitenzorg und Typanas errichtet, welche von Zeit zu Zeit verschiedene auf dem Berg angelegte Pflanzungen zu besuchen haben.

Ich fand auf jeder Station frische Pferde und erreichte in vier Stunden die Spitze des Berges, auf welcher ein Flaggenstock errichtet ist. Leider hat man hier selten eine freie Umsicht; die häufigen Nebelzüge verdecken alles rund umher. Ich mußte also halb unverrichteter Sache wieder herabsteigen und quartierte mich in der nahegelegenen Hütte ein. Im Herabsteigen erquickte ich mich an Erdbeeren, mit welchen große Räume bepflanzt waren.

Die Hütte, dem Verfall ziemlich nahe, bestand aus einem großen Gemach und aus drei Kämmerchen. An Einrichtung war gerade kein Überfluß: Zwei gebrechliche Tische neben drei Stühlen zierten den Saal, eine mit Moos belegte Schlafstelle jedes der Kämmerchen. Das beste in der Hütte war ein eisernes Öfchen, das ich gleich in Anspruch nahm und das mir besonders abends treffliche Dienste leistete, da das Thermometer bis auf 44 Grad (Fahrenheit)[57] fiel. An Speisen, Getränken, Bettzeug usw. fehlte es nicht, das war alles im Überfluß vorausgesandt worden, und so lebte ich in der Mitte dichter Urwälder, auf einer Höhe von beinahe 10.000 Fuß so luxuriös wie in Batavia selbst.

Der Berg ist durchaus dicht bewaldet, nur die höchste Spitze, ungefähr 100 Fuß nach abwärts, ist kahl. Er liefert schöne Exemplare von Föhren, von 20 Fuß Höhe. Alle Bäume sind mit einer auffallend dichten Moosdecke bekleidet. Anderes Nadelholz sah ich nirgends. Schön und herrlich war alles; aber die Hauptsache fehlte – der schöne, reine Himmel. Wohl sechsmal erstieg ich die Spitze des Berges, und jedesmal kam ich unverrichteter Sache zurück. Ich schlenderte in den Zwischenzeiten im Wald umher und entdeckte da eine bedeutende Spur, die, wie man mir sagte, von Rhinozerossen herrührte. Die Tiere selbst bekam ich nicht zu Gesicht: Sie fliehen die Nähe des Menschen so sehr, daß es selbst für Jäger eine große Seltenheit ist, wenn sie eines erlauern.

Von der Spitze des Pangerango übersah man vollkommen den ganzen Krater des nachbarlichen Gédé. Diese beiden Berge sind so eng verbunden, daß man sie für einen einzigen Berg mit zwei Kuppeln halten könnte. Der Krater lag ungefähr 600 bis 700 Fuß unter uns. Wir konnten nicht zu ihm gehen, da erst vor wenig Tagen ein Ausbruch stattgefunden hatte. Noch jetzt stiegen starke Rauchsäulen mit glühender Asche empor, was besonders zur Nachtzeit eine unvergleichlich schöne Wirkung machte. Ein großer Teil der Waldungen des Pangerango war mit Asche bedeckt; wir brauchten, um eines Aschenregens ansichtig zu werden, bloß auf die Äste der Bäume zu schlagen.

Am folgenden Morgen bestieg ich nochmals die Spitze, und siehe da – meine Unermüdlichkeit ward belohnt, der Horizont war rein und wolkenlos. Ich sah weit über die Gebirgswelt, über zahllose Spitzen und Kuppen, über eingestürzte Kegel und Krater, ich sah die fruchtbaren Ebenen von Buitenzorg und Batavia, das wellenförmige Land von *Preanger*, ich sah das Meer auf beiden Seiten. Kann solch ein Anblick zu teuer erkauft werden? Lebt man in ähnlichen Augenblicken nicht Ewigkeiten? Fühlt man sich da nicht von hohen, edlen Gefühlen durchdrungen – einer besseren, reineren Welt hingegeben?!

Nach Typanas zurückgekehrt, verweilte ich in dieser schönen Gegend bis 17. Juni, an welchem Tag ich zwölf Paal weiter nach *Tijand-jur* reiste. Die Fahrt dahin gehörte zu den reizendsten. Die Gegend ist zwar minder kultiviert, aber gerade dieser grelle Wechsel ist überraschend. Am folgenden Tag, dem 18. Juni, fuhr ich bis *Bandong* (40 Paal).

Obwohl das Land reich an hohen Bergen ist, sah ich doch keinen einzigen schönen Fluß; ich kam nur über Bäche, die sich durch tiefe Schluchten, über Felsgestein den Weg bahnten und bloß bei hohem Wasserstand, zur Regenzeit, mit Bambusflößen befahren werden können. Die Ursache, daß es auf Java keine bedeutenden Ströme gibt, liegt in der geringen Breite der Insel.

Auffallend war es mir, in diesem trefflich kultivierten Land, wo man die Menschenhand schon so gut zu verwenden wußte, so häufig Menschen die Dienste der Lasttiere verrichten zu sehen. Alle Lasten zum Beispiel werden durch Kuli getragen, mag die

Entfernung auch über 100 Paal sein. Der Träger erhält per Paal eineinhalb Deut und trägt 80 bis 90 Pfund mittels einer Stange, die auf der Achsel aufruht. Es gibt für die Kuli Ablösestationen wie für die Pferde. In jeder Ortschaft muß täglich eine gewisse Anzahl bereit sein, um für diesen Preis zu gehen. Man kann ihnen unbedingt alles anvertrauen. Die Gouvernements-Güter Kaffee, Zukker, Salz usw. allein werden in Karren befördert und von Büffeln gezogen. Die Wege* sind aber so schlecht, besonders bei Regenwetter, daß der Karren bis über die Achse in Kot sinkt und man einem Paar Büffel höchstens acht Pikul aufladen kann.

Ich selbst hatte heute Gelegenheit zu sehen, wie die Menschen hier nicht nur die Stelle der Last-, sondern auch jene der Zugtiere vertreten. Über den ersten Fluß, den ich zu passieren hatte, führte eine Brücke, zu welcher der Weg sehr steil abwärts ging. Die Pferde wurden ausgespannt, und ein paar Dutzend Männer traten an ihre Stelle, um den Wagen sicher an die Brücke zu geleiten. Über den zweiten Fluß führte keine Brücke: Da mußten sie den Wagen gar durch das Wasser ziehen, während die Pferde und Vorspann-Büffel leer daneben gingen. Welche Widersprüche in den verschiedenen Ländern! Auf Java, wo Futter für Pferde und Ochsen im Überfluß gedeiht, dient der Mensch als Lasttier – in Island, wo man das Gras beinahe mit der Lupe suchen muß, würde kein Mensch zu Fuß gehen, viel weniger die Dienste eines Tieres verrichten.

Das Reisen mit Postpferden geht auf Java sehr schnell vonstatten; die Pferde stehen auf jeder Station bereit, und man fährt rasch. Ich hätte hier, wie in Rußland, das Trinkgeld oft lieber gegeben, wenn man etwas langsamer gefahren wäre, vorzüglich über die Berge und Hügel, wo die Wege häufig voll Löcher und großer Steine waren. Aber gerade wenn eine Anhöhe kam, wurden die Pferde durch Peitschenhiebe und das Geschrei der Führer so angespornt, daß es noch schneller ging als in der schönen Ebene. Triefend von Schweiß, zitternd und atemlos kamen die armen Tiere auf jeder Station an. Mich dauerten sie so sehr, daß

---

* Neben der Poststraße, die durch ganz Java geht, läuft eine zweite Straße, die für diese Karren bestimmt ist.

mir dadurch ein Teil des Genusses der Reise verlorenging. Ich wollte es nicht leiden; allein man versicherte mich, daß das so sein müsse, daß die Pferde sonst mitten auf der Anhöhe stehenblieben. Die javanesischen Pferde sind nämlich sehr stützig[58] (vielleicht infolge der schlechten Abrichtung); wenn sie eingespannt werden, wollen sie oft nicht vom Platz, und nur mit vieler Mühe, das heißt durch unzählige Peitschenhiebe und großes Geschrei der Stallknechte und des Kutschers, bringt man sie zum Laufen. Zuweilen bleiben sie in der Mitte der Fahrt stehen, worauf ihnen natürlich dieselbe Behandlung zuteil wird. Hier wäre ein Verein gegen Tierquälerei an seinem Platze.

In der Ebene fährt man mit vier, in den bergigen Gegenden mit sechs Pferden, ohne Unterschied, ob eine Person allein oder ob mehrere im Wagen sitzen. Außer dem Kutscher ist jedem Paar Pferde ein Läufer beigegeben, der zwar nicht die ganze Station durchläuft, doch bei jeder Wendung des Weges, bei Brücken, beim Bergauf- und Bergabfahren an der Seite seiner Tiere sein muß. Über Berge oder größere Hügel werden den vier oder sechs Pferden noch zwei oder vier Ochsen vorgespannt.

In keinem Land vielleicht ist das Reisen mit der Post so teuer wie hier. Eine Station von sechs bis acht Paal kommt, die Trinkgelder nicht gerechnet, auf acht bis zwölf Rupien. An Trinkgeldern hat man jedem Läufer zehn Deut, jedem Ochsentreiber bei jedesmaligem Vorspann (was auf einer Station zwei- bis dreimal geschehen kann) ebenfalls fünf bis zehn Deut, dem Kutscher zwanzig Deut zu geben. Man muß die Hand immerwährend in der Tasche haben, um jeden Augenblick die Deute auszuteilen. Würde es nicht viel bequemer sein, alle diese kleinen Summen zugleich mit dem Postgeld entrichten zu können? – Freilich wissen die meisten Reisenden nichts von dieser Unbequemlichkeit; sie haben Diener mit sich, welchen das Geld zu derlei Sachen gegeben wird. Allein ich war stets Herr und Diener in einer Person.

In *Bandong* (2.200 Fuß hoch gelegen) ward ich von dem Assistent-Residenten Herrn *Vischer von Gasbeck* auf das beste aufgenommen. Ich blieb hier einige Tage, um eine Teepflanzung, eine Kaffeemühle und andere Sehenswürdigkeiten zu besuchen.

Die Teepflanzung ist sehr ausgebreitet und erstreckt sich über viele Hügel und Abhänge. Man sagte mir, daß der gegenwärtige Pächter, Herr *Brumsteede,* über eine Million Sträuche besäße. Tee und Kaffee gedeihen am besten auf hügeligem Grund. Die Teestauden sind hier niedriger gehalten, als ich sie in der Gegend von Canton gesehen habe; sie mochten zwischen zwei und drei Fuß haben. Man rechnet zehn Stauden auf ein Pfund Tee. Die Bereitung des Tees ist sehr vereinfacht und wird mit viel weniger Menschenhänden verrichtet als in den chinesischen Fabriken. Anstatt wie dort jedes Blatt des grünen Tees* einzeln zu rollen, nimmt man eine ganze Menge Blätter zusammen, knetet sie leicht durcheinander und läßt sie auf Kupferplatten durch gelinde Feuerhitze trocknen, wodurch sie von selbst auseinanderfallen, aber freilich nicht so schön und gleichmäßig werden wie die gerollten.

Die Teepflanzungen sind auf Java gleich den Zucker- und Kaffeepflanzungen Eigentum der Regierung und werden gewöhnlich auf fünfzehn bis zwanzig Jahre verpachtet. Die Regierung gibt den Pächtern Grund und Boden oder bereits angelegte Pflanzungen (eine Pflanzung erhält sich gegen achtzig Jahre) und sichert ihnen die gehörige Anzahl Arbeiter zu festgesetzten Preisen zu. Der Arbeitslohn ist in dieser, wie in allen von Batavia entfernter gelegenen Residentschaften, außerordentlich billig: Ein Taglöhner bekommt per Tag zehn Deut nebst einem Pfund Reis. Letzteres hat hier den Wert von zwei Deut. Zum Pflücken des Tees, was die meiste Arbeit macht, werden gewöhnlich Weiber und Kinder verwendet, die natürlich noch billiger sind. Der Pächter erhält von der Regierung per Pfund 75 Deut; man rechnet seinen Gewinn auf hundert Prozent.

Der javanesische Tee soll seine Güte erst durch die Seereise nach Holland erhalten; die Teekenner geben aber jedenfalls dem chinesischen Tee den Vorzug.

Sonderbar ist auf Java die Weise, den Reis zu ernten. Man bedient sich hierzu kleiner Messer, mit welchen jeder Halm einzeln, ungefähr in der Mitte des Stengels, abgeschnitten wird. Die

---

* Bekanntlich wird nur der schwarze Tee der Sonnenhitze ausgesetzt, jener, der grün bleiben soll, muß durch künstliche Wärme getrocknet werden.

Halme werden in kleine Büschelchen gebunden und von den Leuten mittels Stangen auf der Achsel heimgetragen. Jeder, der Lust hat, an der Ernte teilzunehmen, kann helfen; sein Lohn besteht in dem fünften Teil von dem, was er schneidet.

Mit dem Besuch der Kaffeemühle zu *Lembang* (acht Paal von Bandong) verband ich einen Ausflug nach dem Schwefelkrater Tangkerbon-Prauh, der vier Paal weiter liegt. Da ich mit Regenwetter zu Lembang ankam, und die Partie nach dem Krater notwendigerweise verschoben werden mußte, nahm ich mit großem Dank die Einladung des Herrn *Phlippeau,* des Inhabers der Kaffeemühle an, einen oder auch mehrere Tage in seinem Hause zu verweilen. Um den düsteren Nachmittag nicht ganz unbenützt dahingehen zu lassen, zeigte mir Herr Phlippeau die Behandlung des Kaffees von Anfang bis zu Ende. Ich fand, daß man hier damit bei weitem umständlicher zu Werke ging als in Brasilien. Der Kaffee wird, wie er vom Baum kommt, in Wasserbehältnisse geschüttet und so lange darinnen gelassen, bis die Schale oder Kapsel, in welcher die Bohnen sitzen, so weich ist, daß man sie leicht mit den Händen zerdrücken kann. In diesem Zustand schafft man ihn auf lange Bretterkisten, deren obere Teile mit kleinen Löchern versehen sind, durch welche die Bohnen gerade durchfallen können. Hier wird er so lange mit Händen gedrückt, gewendet und verarbeitet, bis sich die Bohnen gänzlich aus den Kapseln gelöst haben. Die Bohnen kommen hierauf auf die Trockenplätze und von da in eine große Maschine (die Mühle), wo sie von den sie umgebenden feinen Häutchen befreit werden. Nun erst sondert man die guten Bohnen von den minder guten ab und verpackt sie endlich.

In Brasilien wird der Kaffee nicht in Wasser erweicht, sondern gleich, wie er von den Bäumen kommt, an der Sonne getrocknet, dann leicht gestampft, wodurch sich die Kapsel zu gleicher Zeit mit dem Häutchen von der Bohne löst, hierauf ausgesucht, auf Kupferplatten über leichter Feuerhitze getrocknet und verpackt.

Auf *Lembang* macht das Kaffeetrocknen große Schwierigkeiten, da die Witterung das ganze Jahr hindurch mehr feucht als trocken ist. Und welch ununterbrochener, starker Hitze bedarf nicht der durch und durch geweichte Kaffee, um wieder trocken zu werden!

Am folgenden Morgen ritt ich nach dem Schwefelkrater. Herr Phlippeau war so gütig, mich mit Pferden und Führern zu versehen. Mein Zug vergrößerte sich auf jedem Paal mit Reitern und Fußgängern so, daß ich am Ende gewiß über dreißig Leute in meinem Gefolge hatte. Es herrscht nämlich in vielen Gegenden Javas die Sitte, daß, wenn eine Person, die man auszeichnen will, durch ein Dorf kommt, der Richter nebst mehreren Einwohnern sie eine große Strecke weit begleiten. Mir erzeigte man diese Ehre aus Rücksicht für Herrn Phlippeau und für den Assistent-Residenten.

Komisch ist auch die Art, auf welche die Eingeborenen im Gebiet Preanger den Vorgesetzten und den Europäern ihre Hochachtung bezeigen. Sie hocken sich auf die Erde, und zwar in derselben Richtung, in der sie gerade sind, so daß man von dem einen den Rücken, von einem andern die Seite, von einem dritten das Gesicht zu sehen bekommt. Sind sie zu Pferde, so steigen sie ab, führen das Pferd zur Seite und hocken sich daneben nieder. Auch in anderen Teilen Javas bemerkte ich diese Sitte.

Ein ziemlich guter Weg führt zu dem Krater, und man kann bis an seinen Rand reiten. Er mag zweihundert bis zweihundertfünfzig Fuß tief sein und ist unten beinahe nicht schmaler als oben, drei- bis vierhundert Fuß im Durchmesser. Die Wände fallen sehr steil ab, und nur auf einer Seite ist es möglich, über loses Steingerölle und lockeres Erdreich mit ziemlicher Gefahr hinabzusteigen. In der Tiefe wirbeln an mehreren Stellen kleine Rauchsäulen auf, reiner Schwefel liegt daneben. Ich kletterte mit viel Mühe hinunter. Bei den aufgeworfenen Schwefelhügelchen vernahm ich ein starkes Brausen; die Rauchsäule stieg mit Gewalt empor und machte dasselbe Geräusch wie der Dampf, wenn er aus einer Lokomotive gelassen wird. Man kann sich diesen Rauch- oder besser gesagt Dampfsäulen mit einiger Vorsicht gänzlich nahen, man muß nur mit dem Wind dahin gehen und nicht gegen denselben, damit der erstickende Schwefeldampf nicht in das Gesicht schlägt.

Nicht nur die Eingeborenen, sondern auch die Europäer hatten mir gesagt, der Boden in dem Krater sei so heiß, daß man stets mit verbrannten Schuhsohlen zurückkäme. Ich befühlte den Boden wohl an mehr als fünfzig Stellen und ganz besonders in der Nähe der Rauchsäulen – konnte indes meine Hand eine Zeitlang darauf ruhen lassen und brachte meine Schuhe unbeschädigt zurück.

Daß doch die Menschen bei jeder Gelegenheit übertreiben, und einer dem anderen die Lügen nachsprechen muß! Oder sollte ich so unglücklich sein, alles anders zu sehen, zu beobachten, zu fühlen, als die übrigen Reisenden?

Abbildung 11: Eine javanische Tänzerin.

Vor einigen Jahren hat dieser Krater eine solche Menge schwefeliger Asche ausgeworfen, daß die Waldungen ein Viertel Paal rings um den Kessel gänzlich abstarben. Die nackten, schwarzen, wie von einem Waldbrand verkohlten Stämme bildeten einen grellen Widerspruch zu der reichen, blühenden Natur, die sich ohne den geringsten Übergang, gleich einem Kranz, um sie schloß.

Ich hatte nun schon einige Krater, lebende und verloschene, auf Java gesehen; aber in keinem kam mir die rein poröse Lava vor, die ich auf dem Vesuv, dem Ätna und auf den zahllosen Kratern Islands gefunden habe. Es scheint, daß sich die javanesischen Feuerspeier mit Asche, Sand, Wasser oder Steinen begnügen.

Nach Bandong zurückgekehrt, verschaffte mir Herr von Vischer eine recht hübsche Unterhaltung bei dem Regenten*, der uns zu Ehren von seinen Tänzerinnen den Nationaltanz *Bedogo* aufführen ließ.

Die sechs Tänzerinnen waren reizend gekleidet. Sie trugen knapp anliegende Leibchen ohne Ärmel, golddurchwirkte, seidene Sarongs, die kaum an die Knöchel reichten, darunter enge Beinkleider, die bis an den Fuß gingen; der Fuß selbst war unbekleidet. Um die Mitte des Leibes wand sich eine purpurne Schärpe, deren Enden bis an die Knie fielen. Brust, Leibchen, Handgelenke und Oberarm waren mit breiten Goldblechen geziert. Auf dem Kopf hatten sie Helme, die auf den Seiten durchbrochen waren und den Reichtum der üppig schwarzen Haare sehen ließen. Man konnte sich einbilden, Amazonen vor Augen zu haben. Schade, daß die Mädchen selbst nicht so reizend waren wie ihr Anzug; der malaiische Typus sprach zu sehr aus ihren Gesichtern.

Der Tanz bestand aus drei Abteilungen. In der ersten ging es ziemlich ruhig her: da ward ganz einfach getanzt; in der zweiten brachten die Tänzerinnen Sträuße von Pfauenfedern, die sie gleich Schwertern wie im Kampfe schwenkten; in der dritten Abteilung kamen sie mit Bogen und Pfeil bewaffnet und stellten ein ordentliches Gefecht dar, das mit der Niederlage der Hälfte der Kämpfenden endete. Die Getöteten blieben eine Zeitlang auf dem Wahlplatze liegen. Mit ihrer Niederlage zugleich ertönte in der Ferne eine klagende, sanfte Melodie. Die Musik dagegen, die den Tanz begleitete, war sehr lärmend und unharmonisch. Ich fand diese Vorstellung sehr zierlich und ausdrucksvoll und das

---

* Auf Java ist jedem Residenten ein Rajah oder sonstiger Vornehmer des Landes als Beamter beigegeben, der den Titel „Regent" führt und denselben Gehalt bezieht wie der Resident, neben Prozenten vom Kaffee, Zucker usw. Ohne seinen Beisitz wird nichts Bedeutendes unternommen. Seine Meinung ist jedoch höchst selten von der des Residenten verschieden.

Auge nicht beleidigend, eine Eigenschaft, die man nicht immer an unseren Balletten rühmen kann. Das einzige, was mir nicht gefiel, war, daß die Tänzerinnen die Augen beständig zu Boden geschlagen hatten, eine Sitte, die ich bei den Tänzerinnen der meisten außereuropäischen Völker bemerkt habe und welche Hochachtung für die Zuseher auszudrücken scheint.

Von Bandong kehrte ich direkt nach Buitenzorg zurück, wo ich der gütigen Einladung des Gouverneur-Generals zufolge abermals in seinem Palast einige Tage verweilte. Ich schulde diesem Herrn wirklich den größten Dank, nicht nur für die mehr als gewöhnlich freundliche Aufnahme, die ich in seinem Hause fand, sondern auch weil eben diese mir bewiesene Teilnahme hauptsächlich dazu beitrug, daß man mich in allen holländischen Besitzungen so ausgezeichnet gut aufnahm und meine Reisepläne überall so viel wie möglich unterstützte.*

In Batavia stieg ich wieder in dem Hause meiner liebenswürdigen Freunde, Herrn und Frau van Rees ab. Hier ward ich durch einen mir sehr werten Besuch überrascht. Ich wurde in den Salon gerufen, und als ich kam, stand Herr *Steuerwald* (Oberst in holländischen Diensten) vor mir. Ich hatte diesen Herrn im Jahre 1845 auf der Reise von Gothenburg nach Stockholm[59] kennengelernt. Seine gediegenen Kenntnisse, ganz besonders aber sein freier, offener, rechtlicher Charakter flößten mir die höchste Achtung ein; ich war stolz, von diesem Biedermann schon damals mit mehr Auszeichnung behandelt worden zu sein, als dies gewöhnlich bei vorübergehenden Reisebekanntschaften der Fall ist. Er war im Dienste nach Indien gekommen, und diesem glücklichen Zufall verdankte ich es, eine Bekanntschaft fortsetzen zu können, die im hohen Norden Europas ihren Anfang genommen hatte.

Wenige Tage nach meiner Rückkehr von Bandong fuhr ich nach *Tangerang*, fünfzehn Meilen von Batavia. Herrn van Rees rief ein kleines Geschäft dahin, das er besonders bis zu meiner Rück-

---

* Der Gouverneur-General der holländisch-indischen Besitzungen hat 150.000 Rupien jährlichen Gehalt neben dem Genuß mehrerer Paläste, Sommerhäuser, Gärten und Ländereien. Er bleibt vier, höchstens fünf Jahre auf diesem Posten. An Macht und Ansehen übertrifft seine Stellung bei weitem jene eines konstitutionellen Königs in Europa.

kehr verschoben hatte, um mich mitzunehmen. Er benützte diese Gelegenheit, mir verschiedene Volksbelustigungen vorstellen zu lassen: Ich sah ein Hahnengefecht, einen Volkstanz, ein burleskes Lustspiel und ein großes Kunststück eines sogenannten Herkules.

Der Hahnenkampf ist zu grausam, um unterhaltend zu sein. Dem armen Tier werden an jeden Fuß kleine, spitzige, sehr scharfe Messerklingen gebunden. Die Eigentümer nehmen hierauf ihre Tiere unter den Arm, stoßen sie mehrmals gegeneinander und reizen sie durch Ziehen an dem Kamm und an den Federn zum Zorn. Wenn sie recht aufgeregt sind, läßt man sie los, und der Kampf beginnt sogleich, dauert aber nicht lange, denn die Hähne hauen sich so schnell und stark mit den Krallen und den daran gebundenen Messerklingen, daß nach kaum einer halben Minute einer, oft auch beide, auf dem Kampfplatze bleiben.

Die holländische Regierung hat die Hahnenkämpfe streng verboten; sie waren das größte Vergnügen und zugleich Verderben des Volkes. Die Leute beschäftigten sich beinahe mit nichts anderem und ruinierten sich mit Wetten. Ein leidenschaftlicher Spieler setzte nicht nur Haus und Gut aufs Spiel, sondern sein Weib, sein Kind, ja am Ende sich selbst.

Der Tanz war das wenigst Anziehende. Sechs Mädchen tappten auf einem engen Raum sehr plump umher und kreischten aus voller Kehle sogenannte Lieder herunter. Dagegen unterhielt mich das Lustspiel, obwohl ich vom Text nichts verstand (wozu mir Herr van Rees Glück wünschte); ich bewunderte das natürliche Spiel, die Grimassen, die Beredsamkeit der Schauspieler, besonders des Hauptkomikers. Man muß wissen, daß die Leute keine einstudierten Stücke haben, sondern stets aus dem Stegreif spielen. Die Frauenrollen waren hier von Jünglingen dargestellt, wobei die Zuseher nichts verloren, da beide Geschlechter in diesem Lande gleich häßlich sind; ich wäre gar nie auf den Gedanken gekommen, daß verkleidete Männer vor mir sich produzierten, wenn man es mir nicht gesagt hätte.

Den Schluß der Unterhaltungen machte ein wirklich bewunderungswürdiges Kunststück des Herkules. Bloß mit einer kurzen Hose bekleidet, ließ er sich um den Hals einen Strick binden und mit demselben auch die Arme und Hände auf dem Rücken so fest zusammenschnüren, daß er damit nicht die geringste Bewegung machen konnte. Er kam zu uns, um die Knoten und Verschlingungen des Strickes untersuchen zu lassen. Hierauf kroch er unter einen hohen Korb, der von allen Seiten überdeckt war und in welchen man ein Hemd und einen Sarong gelegt hatte. Nach ungefähr sechs Minuten ward der Korb aufgehoben; der Herkules hatte den Strick wie zuvor um Hals, Arme und Hände gebunden, aber das Hemd angezogen, den Sarong um die Mitte geschlagen. Er kroch nochmals unter den Korb und erschien nach sechs Minuten wieder, aber ohne Hemd und Sarong, und den Strick mit allen seinen Knoten und Verschlingungen in der Hand haltend.

Auf einem Theater würde dieses Kunststück nichts bedeutet haben, da man dem Künstler unter dem Korb zu Hilfe hätte kommen können; aber hier, mitten auf einem Wiesenplatz, war doch kein Beistand möglich.

Ein Herr aus unserer Gesellschaft bot ihm für das Geheimnis seines Kunststückes 25 Rupien; der Mann nahm aber diesen Vorschlag nicht an.

Am folgenden Morgen, den 7. Juli, sollten wir, vor der Rückkehr nach Batavia, noch eine Zuckermühle besuchen; sie war jedoch leider noch nicht im Gange, obwohl das Zuckerrohr ringsumher schon in voller Reife stand. Nirgends sah ich größere und üppigere Zuckerrohrfelder als in dieser Ebene.

Die Zuckermühlen tragen auf Java einen Gewinn von zwei- bis dreihundert Prozent.

Gegen Mittag trafen wir wieder in Batavia ein.

VI.

Schon seit einiger Zeit war der Wunsch in mir rege geworden,
eine Reise nach *Sumatra* (560 M.) zu machen; allein die Kosten des
Dampfschiffes (fünfhundert Rupien für die Hin- und Rückfahrt)
waren zu groß. Herr van Rees machte mir jedoch Hoffnung auf
eine billige Überfahrt. Einige Stunden nach unserer Rückkunft
von Tangerang fuhr er nach der Stadt und sandte mir wirklich ein
Briefchen, in welchem eine Karte eingeschlossen lag, lautend auf
die Reise nach Sumatra und zurück. Wie groß meine Freude war,
kann man sich leicht vorstellen.

Herr van Rees hatte darüber mit den in Batavia etablierten
deutschen Kaufleuten gesprochen; sie waren sogleich bereit, eine
Karte für mich zu besorgen. Ich sage diesen Herren meinen innig-
sten Dank und kann sie versichern, daß diese Reise die interessanteste von allen war, die ich gemacht habe.

Schon den folgenden Tag sollte der Dampfer *Makassar,* 120
Pferdekraft, Kapitän *Bergner,* absegeln. Meine Vorbereitungen
waren schnell gemacht, und am 8. Juli 1852, morgens um sechs
Uhr, ging ich an Bord, begleitet von meinem unermüdlich gefäl-
ligen Freunde, Herrn van Rees.

Denselben Tag noch bekamen wir die Küste von Sumatra zu
Gesicht, ohne jene von Java zu verlieren. Beide Inseln sind sehr
gebirgig, Javas Berge aber höher und in Form und Gestalt abwechselnder.

10. Juli. Erst diesen Morgen verloren wir die Küste von Java
aus dem Auge. Auf Sumatra zeigten sich zwei- bis dreifache
Gebirgsketten. Ein schöner, ebener Landgürtel zog sich von der
See bis an das Gebirge. Ebene und Gebirge waren üppig bewaldet.

11. Juli. Wir sollten zu *Benkula,* dem Hauptort der Residentschaft gleichen Namens, anlegen; allein der Ankerplatz ist selbst

für Dampfschiffe nur bei ruhigem Wetter zu benützen; da uns dieses nicht begünstigte, mußten wir in die zwölf Meilen entfernte *Pulu-Bay* einlaufen. Der Kapitän ging zu Lande nach Benkula und kam erst den folgenden Nachmittag zurück. Gegen Abend ging die Reise weiter.

13. Juli. Morgens kamen wir zu *Padang* an, dem Hauptort der holländischen Besitzungen auf Sumatra. Die Lage dieser Stadt ist außerordentlich reizend. Auf der Westseite sind liebliche Hügel und niedere Berge, darunter der *Gunang Batu* der höchste (950 Fuß), der schroff aufsteigende 350 Fuß hohe *Affenberg* der auffallendste. Dieser letztere ist in die See hinaus geschoben und mit dem Lande nur durch eine schmale Erdzunge verbunden. Gegen Norden erhebt sich in der Entfernung von vier bis fünf Paal ein schöner Gebirgszug; zwischen diesem und der Stadt breitet sich eine sehr fruchtbare Ebene aus.

Padang ist die größte Stadt auf Sumatra. Sie hat eine Bevölkerung von 27.000 Seelen und ist der Sitz des Gouverneurs, der vier Paal von der Stadt entfernt, nahe dem Gebirge zu „*Wellkom*", ein schönes Haus bewohnt. Die Stadt ist nicht sehr hübsch; die besten Gebäude sind die Magazine und Comptoirs der europäischen Kaufleute. Die Wohnhäuser der Europäer liegen nahe der Stadt in kleinen Gärten unter schattigen Kokospalmen, an welchen die ganze Gegend sehr reich ist.

Ich stieg zu Padang bei Herrn Major *Kreling* ab; allein kaum hatte der Gouverneur, Herr *van Switen,* meine Ankunft erfahren, als er selbst kam, mich nach seinem Hause einzuladen, wohin ich noch denselben Tag fuhr.

Meine Absicht war, in Padang selbst nur kurze Zeit zu verweilen; ich wollte das sogenannte *Oberland, Benjol, Mandelling, Ankolla, Groß-Toba* usw. besuchen und bis zu den freien, wilden Battakern,[60] unter die Kannibalen gehen. Auch hier wie zu Sarawak suchte man mich zu bereden, diesen Plan aufzugeben; man sagte mir, daß, seit im Jahre 1835 zwei Missionare, die Herren *Layman* und *Mansor,* von den Battakern getötet und auch gefressen worden seien, sich kein Europäer ohne Militärbegleitung unter sie wage. Man riet mir, mich mit den holländischen Besitzungen zu begnügen und mich nicht der beinah unvermeidlichen

Gefahr auszusetzen, auf so gräßliche Art mein Leben zu verlieren. Allein, gerade der Wunsch, unter die Battaker zu gehen, diese von den Europäern so wenig gekannten Völker zu besuchen, war es, was mich zu dieser Reise ansporne. Andererseits dachte ich, daß vielleicht die Schwäche meines Geschlechtes mein Schutz sein könnte. Ich gab den Warnungen kein Gehör und trat am

19. Juli unter trübem, wolkenbedecktem Himmel die Reise zu Pferde an. Auch hier, wie zu Sarawak, stellte sich gleich am ersten Tag meiner Reise ein Hindernis entgegen, das mich zur Rückkehr zwang. Als ich nämlich in die Nähe des Flusses *Udjong-Karang* kam, fand ich die Gegend infolge mehrtägigen ununterbrochenen Regens weit und breit überschwemmt – das Wasser reichte den Pferden bis über die Brust. Über den Fluß selbst führte keine Brücke; sie war in der Nacht weggespült worden, und die Überfahrt auf einem Floß noch nicht geordnet. Ich mußte nach Padang zurück.

20. Juli. Mit wässerigem Sonnenschein zog ich aus; bald hatte ich beständigen Regen. Ich ging bis *Lubulong*, 20 Paal oder zwei Etappen. Auf Sumatra sind die Entfernungen in Etappen eingeteilt, das heißt in Militärstationen oder Märschen von je acht bis dreizehn Paal. Auf den Etappen findet man entweder einen Beamten oder ein kleines Fort oder irgendein der Regierung gehöriges Häuschen, in welchem man die Nacht zubringen kann. Auf manchen findet man auch Schreiber oder Aufseher, welche die Fremden gegen Bezahlung aufnehmen.

Die Gegend fing, sechs bis acht Paal von Padang entfernt, an, ein etwas wildes Aussehen zu haben: wenige Reispflanzungen, dagegen viel Waldung, Gestrüpp und Alang-Alang. Die Bevölkerung schien mir, im Verhältnis zur geringen Kultur, bedeutend: Ich kam häufig an Kampons vorüber. Da ein großer Teil der Bevölkerung Sumatras aus Malaien besteht, so sind auch hier die Hütten überall auf Pfähle gebaut.

In Sumatra wird, wie in Java, ebenfalls alles, Kaffee ausgenommen, von Menschen getragen, und zwar auf dem Kopfe. Der Kaffee wird durch Pferde und Büffel fortgeschafft. An der Straße liegen viele Hütten (*Pasangruhan*), an welchen fünf Fuß hohe

Gestelle angebracht sind, auf die der Kuli die Last bequem vom Kopfe abschieben kann. Diese Hütten dienen ihnen zugleich als Schenke; sie finden da Tee, Kaffee (letzterer ein Abguß von den Blättern des Kaffeebaumes), gekochten Reis und *Qué-qué* (eine Art Kuchen oder Backwerk). Sie können daselbst auch die Nacht zubringen.

Man bezahlt den Kulis hier, wie auf Java, zweieinhalb Deut per Paal und vertraut ihnen unbedingt alles an. Man erzählte mir einen einzigen Fall, in welchem sie zwar nichts entwendeten, aber dennoch dem Eigentümer einen großen Schaden zugefügt hatten. Ein Mineralog sandte mehrere Kisten mit Mineralien nach Padang. Die Kisten waren nicht verschlossen, und als die Kuli sahen, daß sie nichts als Steine enthielten, kamen sie überein, die Steine wegzuwerfen und die Kisten vor Padang mit anderen Steinen anzufüllen – sie meinten, Steine wären Steine. Der Eigentümer blieb leider längere Zeit auf Reisen; als er zurückkam und den Verlust seiner Schätze entdeckte, war es zu spät, sie wieder aufzufinden.

In den größeren Ortschaften fielen mir offene Hallen auf, die von Holz gebaut, mit einem zierlich geschnitzten Dach bedeckt und mit hellen Farben bemalt waren. In diesen Hallen halten die Rajahs ihre Beratungen, in ihnen werden alle Klagen vorgebracht und an den Tagen des Bazars alle größeren Handelsgeschäfte abgeschlossen. Desgleichen findet man auch eine Art Trommel, *Tabu* genannt, aufgestellt, auf welche geschlagen wird, sobald sich die Gemeinde bei irgendeiner Gelegenheit versammeln soll. Die Trommeln sind acht bis fünfzehn Fuß lang und haben oben eine viel größere Öffnung (oft drei Fuß im Durchmesser) als unten; die obere Öffnung ist mit einem Fell überzogen.

Der Hahnenkampf ist auf Sumatra erlaubt und scheint, je mehr man sich dem Innern nähert, immer beliebter zu werden. Ich begegnete nun schon vielen Männern und jungen Leuten, die ihre Streithähne stets unter dem Arm trugen.

21. Juli. Heute ging ich nicht weit, nur zehn Paal bis *Kaju-Tanam*. Schön und freundlich war es diesen Morgen; die Sonne schien so bescheiden, daß ich die Nähe des Äquators ganz vergaß. Einige Vögel sangen, zwar nicht mit so gewandter Kehle wie

in Europa, allein für ein Tropenland artig genug; Affen schrien, lärmten und sprangen von Ast zu Ast. Auch die Gegend war schöner, die Gebirge großartiger und wechselnder in den Formen; die höchsten Berge, der *Singallang* und *Merapi*, sind 9.000 bis 10.000 Fuß hoch.

Ich hatte für diese Reise keine Pferde gekauft, da man mir zu Padang sagte, daß mich die Herren, bei welchen ich jeden Tag einzusprechen hätte, stets mit Pferden und mit einem Führer versehen würden. Und so war es auch. Nur mußte ich oft an einem Tage zweimal Pferd und Führer wechseln. Kaum war ich mit den Launen eines Pferdes vertraut geworden, so hatte ich wieder ein anderes zu versuchen. Oft erhielt ich Tiere, die so lebhaft waren, daß sie nach allen Seiten ausschlugen und nicht aufsitzen lassen wollten. Man mußte ihnen einen Vorderfuß aufheben und sie an der Nase festhalten. Saß ich oben, dann ging es in gestrecktem Galopp über Stock und Stein. Ich ließ ihnen stets willig die Zügel, wohl wissend, daß nach dem ersten Paal das Feuer von selbst erlosch.

Die Reise richtete ich folgendermaßen ein: Morgens zeitig brach ich auf, durchritt meine Station, sie mochte kurz oder lang sein, ohne Unterbrechung und war gewöhnlich schon um zehn bis zwölf Uhr an Ort und Stelle. Nach einer halbstündigen Rast ging ich dann in die Umgebung auf die Insekten- und Schmetterlingsjagd.

Zu *Kuju-Tanam* fand ich in dem Kontrollor, Herrn *Barthelemy*, der mich sehr freundlich aufnahm, einen emsigen Vogelsammler; er begleitete mich auf meiner Jagd und versprach mir, Insekten und Reptilien zu suchen und für meine Rückkehr bereitzuhalten.

22. Juli. 20 Paal nach *Fort de Kock*, auch *Buckiet-tingi* genannt. Die erste Hälfte des Weges ist sehr romantisch; eine herrliche Straße windet sich durch eine Schlucht (bei den Holländern „Kluft" genannt), die bewaldete Hügel und Berge einengen; ein Waldbach stürmt tobend und schäumend über Felsen und Steingerölle, während ein anderer knapp am Wege von einer sechzig bis siebzig Fuß hohen Wand herabstürzt. Am Ende der Schlucht steigt die Straße spiralförmig zu einer Höhe von 3.000 Fuß empor und führt auf einer Hochebene fort.

Ich begegnete langen und vielen Zügen von Pferden und Büffeln (letztere vor Karren gespannt) mit Kaffeetransporten, die nach *Priaman* an die Seeküste geschafft wurden, von wo man sie nach Padang verschifft. Die Pferde sind etwas größer als auf Java, die Büffel sehr groß und schwerfällig; die einen wie die andern besitzen jedoch wenig Kraft und Ausdauer. Man ladet den Pferden, die hier nicht vor Karren gespannt werden, nur einen Pikul auf. Ein Paar Büffel ziehen höchstens acht Pikul, und dies nur, wenn es auf guten Wegen geht. Pferde wie Büffel machen per Tag nicht mehr als sechs Paal und ruhen jeden fünften Tag. Trotz dieser wenig anstrengenden Arbeit leben die Tiere nicht lange. Man füttert sie mit Gras und mit dem Mark der Sagopalme. Ein gewöhnliches Pferd kostet fünfzehn bis zwanzig Rupien, ein Büffel bis dreißig. Für Pferde, die aus dem Battakerlande kommen, die etwas größer und weit stärker sind, werden bis zu zwei- und dreihundert Rupien bezahlt.

Fort de Kock liegt auf einer schönen Hochebene von beinahe 3.000 Fuß Höhe und hat eine reizende Aussicht über weite Täler und auf hohe majestätische Berge. Das Klima ist hier sehr gemäßigt, mit kühlen Abenden und Nächten. Auf dieser Hochebene gedeiht die Weinrebe.

In Fort de Kock stieg ich bei dem Residenten des Agamer-Gebietes, Herrn Oberst *van der Hardt*, ab, einem ausgezeichneten Offizier, der alle Kriege auf Sumatra vom Jahre 1830 bis 1849 mitgemacht hat und zuerst mit seinen Truppen in dem Battakerlande bis an den Eingang des Tales *Silindong* (Groß-Toba) vorgedrungen ist. Ich hatte Herrn van der Hardt* schon in Batavia, wohin er auf Urlaub gegangen war, kennengelernt und in seiner Gesellschaft die Reise von Batavia nach Padang gemacht. Er überhäufte mich mit Aufmerksamkeiten und Gefälligkeiten jeder Art und veranstaltete sogleich eine Partie, um mir die interessanteste Sehenswürdigkeit der Umgegend zu zeigen, den schönen und reichen Kampon *Kotto-Godong* (drei Paal). Dieser Kampon ist wirklich der geschmackvollste und reichste von allen, die ich nicht nur auf Sumatra, sondern auch auf Java und den übrigen holländischen Besitzungen sah. Am meisten fiel mir die Bauart

---

*   Er wurde im folgenden Jahr Gouverneur auf Celebes.

der Häuser auf: viel länger als breit, mit schmal zulaufenden Endseiten, die das Mittelgebäude überragen, gleichen sie eher Schiffen als Häusern. Die Dächer sind zwei- bis dreimal ausgeschweift und jede Ausschweifung mit zwei Spitzen versehen, was ihnen das Ansehen türkischer Sättel gibt. Die Häuser sind von Holz und mit hellen Ölfarben angestrichen, die Vorder- und Seitenwände mit kunstvoll ausgeschnittenen Arabesken oft ganz bedeckt. Sie stehen auf Pfählen, von welchen man aber nichts sieht, da sie von Bambus- und Bretterwänden umkleidet sind. Man kann sich wirklich nichts Geschmackvolleres, nichts Originelleres vorstellen.

Abbildung 12: Haus eines Häuptlings mit Reisschuppen.

Das Innere besteht aus einem großen Gemache, das die ganze Länge und wenigstens drei Viertel der Breite des Hauses einnimmt und auf dessen äußerstem Ende ein kleines erhöhtes Plätzchen angebracht ist, welches dem Hause wie angehängt scheint und, mit Polstern, Matten und Teppichen reichlich belegt, der vornehmsten Frau zum Ehrenplatze dient. Der hintere Teil des Hauses ist in winzig kleine Kämmerchen abgeteilt, welche die Feuer- und Schlafstellen enthalten und stockfinster sind, da die Hinterwände keine Fenster haben. Jedem Hause gegenüber steht eine kleine, in derselben Art geschnitzte und angestrichene Hütte, welche zur Aufbewahrung des Reises dient.

In den Häusern wohnt nicht, wie bei den Dayakern, ein ganzer Stamm, sondern nur was zu einer Familie gehört.

Da der Rajah des Kampons* von unserem Kommen unterrichtet war, so fanden wir seine Familie in den kostbarsten Kleidern, die Wohngemächer mit Teppichen, Matten und Polstern belegt, alle Pracht, allen Reichtum entfaltet. Die Sarongs der Frauen waren von schwerer Seide und höchst geschmackvoll und reich mit Gold durchwirkt. Man zeigte uns Sarongs, die bis zu fünfhundert Rupien kosteten. Die Padjus waren von blauem, rotem oder grünem Seidensamt, mit Goldborten besetzt, die Kopftücher von Seide und so schwer an Gold, daß sie nicht um den Kopf gebunden, sondern mehr daraufgelegt wurden. Es gab deren bis zu dem Wert von sechzig Rupien. Die Frauen weben die Sarongs und Kopftücher selbst, den Samt kaufen sie. An den Handgelenken tragen sie kunstvoll gearbeitete goldene Armbänder und an dem kleinen Finger der linken Hand einige Ringe. Manche hatten diesen Finger auch mit einem zwei Zoll langen Nagel geschmückt, der gleich einem Ringe angesteckt wird und das Kennzeichen des Reichtums und Nichtstuns ist.

Der malaiische Oberpriester machte uns seine Aufwartung im vollen Staate. Eine lächerlichere Kleidung war mir noch nicht vorgekommen. Er trug ein langes rosenfarbenes Unterkleid, darüber ein Oberkleid von weißem Gaze, mit drei Reihen breiter Spitzenfalten besetzt; die Ärmel, ebenfalls mit Spitzen garniert, reichten bis an das Handgelenk. Den komischsten Kontrast zu diesem Anzug, den jede europäische Dame als Ballkleidung hätte brauchen können, bildeten eine weiße Männerweste, ein kostbarer Gürtel mit prächtigen Waffen und ein weißer Turban mit einem großen Spitzenschleier, der bis über den halben Körper herabfiel. Als uns diese Erscheinung ansprach und den Schleier zurückschlug, erblickten wir ein junges, bartloses Gesicht. Wären wir nicht versichert gewesen, daß der Oberpriester vor uns stehe,

---

* Jeder Kampon auf den holländischen Besitzungen in Sumatra hat seinen Rajah beibehalten. Letzterer bezieht von der Regierung einen kleinen Gehalt und trägt dafür Sorge, daß seine Gemeinde die Gesetze und Befehle der Regierung erfüllt und ausführt.

so hätten wir sie ebensogut für ein Mädchen als für einen Mann gehalten.

Außer dem Hause des Rajah besuchten wir einige andere Hütten, in welchen wir die Frauen und Mädchen mit kunstvollen Goldwebereien beschäftigt fanden. Auch bei einem Goldarbeiter traten wir ein, der wahre Kunstwerke verfertigte, und zwar zu unserem größten Erstaunen bloß mit Hilfe eines kleinen Ambosses, einiger Hämmer, Nägel und anderer Kleinigkeiten. Alle seine Werkzeuge faßte ein kleines Kästchen, das er unter den Arm nehmen konnte, um seine Werkstätte nötigenfalles überall aufzuschlagen.

Die gewöhnliche Tracht der Malaien auf Sumatra besteht ebenfalls aus einem Sarong nebst einer Kabai oder Padju; der einzige Unterschied ist, daß sie hier die Stoffe sehr dunkelblau, beinahe schwarz färben, während dieselben auf Java mehr buntfärbig getragen werden.

An Schönheit, oder besser gesagt Häßlichkeit, wetteifern sie mit ihren Stammesgenossen auf Java und Borneo. Dieselbe breite Gesichtsbildung, dieselben weit hervorragenden Zahnkiefer, dieselben abgefeilten, schwarzgefärbten Zähne. Viele junge Leute haben schon Zahnlücken; die Reichen lassen sich goldene Zähne machen; aber nicht so sehr um die verlorenen zu ersetzen, als um damit zu prunken; sie setzen sie bloß bei besonderen Feierlichkeiten ein. Das weibliche Geschlecht hat hier die Ohrläppchen nur einmal durchstochen; dagegen wird aber alle Kunst angewandt, die Löcher so groß als möglich zu machen. Um dies zustande zu bringen, stecken sie in die durchstochenen Ohrläppchen ein zusammengerolltes Blatt oder ein Stückchen Holz, das stets an Umfang zunimmt, bis die Öffnung einen Zoll weit geworden ist. Diese Löcher sind in ihren Augen ein so vollkommener Schmuck, daß sie nicht nötig finden, ihn durch Ohrringe zu verschönern; nur wenige hängen Gold-, Silber- oder Messingplatten daran oder stecken ein rund geschnitztes Stück Holz durch.

Eine besondere Merkwürdigkeit des Agamer-Distriktes ist, daß hier die Weiber viele Rechte der Männer besitzen; letztere sind ihnen sogar in mancher Hinsicht unterworfen. In jedem Lande der Welt gewiß höchst originell, wird diese Erscheinung um so wunderbarer bei Mohammedanern, die uns armen Geschöpfen sogar die Seele absprechen wollen.

Wenn zum Beispiel ein Mädchen heiratsfähig ist, so sucht die Mutter nach dem Bräutigam und bespricht sich mit der Mutter desselben, worauf die beiden Frauen die Sache abmachen, ohne den Vätern Stimme zu geben. Am Tage der Hochzeit holt die Mutter der Braut den Bräutigam ab; derselbe folgt der Braut in das elterliche Haus und geht ganz in ihre Familie über. Dies hindert ihn jedoch nicht, mehrere Ehen zu schließen, nur nicht in demselben Kampon, so daß ein Mann, der mehrere Frauen besitzt, keinen festen Wohnplatz hat und bald in diesem, bald in einem anderen Kampon wohnt.

Ein Mann weigert sich nie, die ihm gebotene Braut zu nehmen; mißfällt sie ihm, so kann er sie am Tage nach der Hochzeit verlassen. Die Braut hat nicht dasselbe Recht; sie kann ihrem Bräutigam, sollte die Wahl sie gereuen, nur vor der Hochzeit den Abschied geben und muß sich in diesem Falle mit einem Teil ihrer beweglichen Güter, wie Hornvieh, Geflügel, Hausgeräte, mitunter auch mit Geld loskaufen.

Der Mann kann auch in der Folge seine Frau ohne die geringste Ursache verlassen; die Frau darf hier nur die Initiative ergreifen, wenn sie erlittene Mißhandlungen zu beweisen vermag. Bereuen die Eheleute die Trennung innerhalb von vierzig Tagen, so können sie sich ohne Zeremonie wieder vereinigen. Sind aber die vierzig Tage vorüber, so müssen sie neuerdings durch den Priester getraut werden. Die geschiedene Frau kann sich nach drei Monaten und zehn Tagen wieder mit einem anderen Mann verbinden.*

Wenn die Frau stirbt, erbt der Mann nur die Hälfte der ihr gehörigen beweglichen Güter, außerdem nur, was sie ihm besonders vermacht. Die eigentlichen Erben sind die Kinder; hat sie deren keine, so geht das Vermögen auf die Kinder ihrer Schwester oder sonstigen weiblichen Verwandten über. Der Mann kann nur von seinem Stamme, seiner Mutter oder seinen weiblichen Verwandten erben. Das Vermögen des Mannes erben demzufol-

---

* Diese Gesetze für Ehescheidungen, Wiedervereinigungen oder neu zu schließende Ehen sind bei allen Malaien dieselben.

ge auch nicht seine Kinder, sondern die seiner Schwester oder weiblichen Verwandten.

Zu diesen sonderbaren Erbschaftsgesetzen soll der Sage nach folgendes Ereignis Anlaß gegeben haben: Ein großer Fürst, dessen Wohnsitz weit von der See entfernt lag, träumte durch mehrere Nächte, daß er, um sein Glück zu befestigen, ein großes Prauh bauen lassen müsse. Der Traum verkündete ihm zu gleicher Zeit, sein nächster Blutsverwandter würde dieses Prauh mit leichter Mühe in die See schaffen. Der Fürst tat, wie das Traumgesicht gebot. Als das Prauh fertig war, lud er alle seine Verwandten sowie viele Rajahs aus der Umgegend ein, da die Fortschaffung des Prauhs unter großen Feierlichkeiten stattfinden sollte. Er rief hierauf seinen ältesten Sohn herbei und befahl ihm, das Prauh nach der See zu bringen. Der Arme wandte alle Kräfte an, doch vergebens: Er vermochte es nicht von der Stelle zu bewegen. In dieser Weise rief der Fürst einen Sohn nach dem anderen herbei; aber keinem gelang es. Zornentbrannt forderte er den Sohn seiner Schwester auf, und siehe – mit leichter Mühe schob es dieser an den Ort seiner Bestimmung!

In den holländischen Besitzungen auf Sumatra herrscht eine eigentümliche Art Sklaverei: sie darf nicht länger als zehn Jahre dauern. Die Sklaven kommen alle von der nahen Insel *Nias*, sind entweder Kriegsgefangene oder Schuldner und Verbrecher oder auch freie Leute und werden von dem Sultan dieser Insel verkauft. Sklave wie Sklavin kosten den festgesetzten Preis von 100 Rupien. Der Käufer muß sie ordentlich kleiden und nähren, darf sie mit Arbeit nicht überladen und muß jedem per Monat zwei Gulden Kupfer für Siri geben. Nach zehn Jahren sind sie frei, kehren aber selten in ihre Heimat zurück, da sie fürchten, von ihrem Sultan neuerdings verkauft zu werden.

Die holländische Regierung sieht sehr darauf, daß die Sklaven nicht mißhandelt werden. Kurz vor meiner Ankunft wurde zu Padang eine Frau, die einen ihrer Sklaven arg mißhandelt hatte, wohlverdienter Weise auf fünf Jahre in das Strafhaus gesperrt und des Rechtes für immer verlustig erklärt, Sklaven zu halten. Den Sklaven, die sie hatte, wurde die Freiheit gegeben.

Wollte Gott, daß es in allen Sklavenstaaten so wäre!

Beinahe in jedem Hause sieht man Niaser; ich fand sie minder häßlich als die Malaien; nur sind die Weiber etwas gar zu klein. In dem Distrikt von Agam wird schon sehr viel Kaffee gebaut. In den hiezu geeigneten Gegenden muß, wie zu Java, jedes Familienhaupt 300 Bäume pflanzen und pflegen. Der Kaffee wird in gereinigtem Zustand an die Magazine geliefert, die von den Pflanzungen oft zehn bis zwölf Paal entfernt liegen. Der Pflanzer erhält per Pikul sieben Kupfergulden. Für den Transport von den Magazinen an die Seeküste bezahlt man per Pikul und per Meile drei Deut. Dieses Geschäft ist gewöhnlich verpachtet.

Im Jahre 1851 wurden auf Sumatra schon 120.000 Pikul Kaffee gewonnen, was für die kurze Zeit, seit der man mit dem Kaffeebau anfing, sehr bedeutend war. Die Regierung verkauft den Kaffee zu Padang im Versteigerungswege, gewöhnlich zu 20 1/2 Rupien per Pikul. Der Ausfuhrzoll beträgt per Pikul für Holland zwölf, für das Ausland sechs Rupien.

Am 24. Juli setzte ich meine Reise wieder fort. Herr van der Hardt war so gefällig, mir eine Reiseroute vorzuzeichnen, mich mit Empfehlungsbriefen für die Beamten und Offiziere zu versehen und mir Pferde nebst einem Führer bis *Palembajang* (20 Paal) zu geben.

Ganz nahe bei Fort de Kock führt der Weg durch ein kleines Tal, welches weit und breit durch seine eigentümliche Einfassung bekannt ist. Ungefähr 200 Fuß hohe, senkrechte, wie mit dem Meißel behauene Sandwände umgeben es; durch eine Spalte der Wände windet sich ein steiler Weg. Unten angekommen, durchreitet man üppige Reispflanzungen, von einem niedlichen Fluß bewässert, und ersteigt nach einer Meile auf ebenso steilen Wegen wieder die Hochebene. Man nennt dies kleine Tal *Karbauwengat*.

Von hier an bis Palembajang war das Land so hügelig, daß man es einer stürmisch wogenden See hätte vergleichen können. Hie und da an den Hügeln waren künstliche Terrassen angelegt, um das Wasser von einer Reispflanzung zur andern zu leiten. Der Weg führte häufig die Höhen hinauf und gewährte schöne Übersichten der unzähligen Hügel und Terrassen, die zum Teil in dem saftigen Grün der jungen, noch kaum einen halben Fuß hohen Reispflanze prangten.

25. Juli. *Bonjol*, dreizehn Paal. Die ersten sechs bis sieben Paal ging es durch ein so enges Tal, daß man es eine Schlucht nennen konnte. Selten sah man eine Hütte, ein Reisfeld; das Gemurmel des Flusses *Massang*, das Geschrei der Affen waren die einzigen Töne, die mein Ohr trafen. Vor dem Ausgang der Schlucht führt eine Brücke über den Massang, dessen Ufer aus hoch aufgetürmten, von frischen, ewig grünen Schlingpflanzen überdeckten Felsen bestehen. Tief unten schäumt der Fluß durch das enge Felsbett.

Bald verläßt man den Massang und kommt an den etwas bedeutenderen *Alahan-Bajang*, der eine kurze Strecke vor seiner Mündung in die See für Prauhs schiffbar wird. Die wenigsten Flüsse auf der Westküste Sumatras sind selbst für kleine Boote befahrbar; sie haben einen zu kurzen Lauf, um bedeutend zu werden, und einen sehr starken, von Gestein und Felsmassen unterbrochenen Fall.

Die Gebirgszüge, die Sumatra von Süden nach Norden durchziehen, verliert man nie aus dem Gesichte; bald ist man ihnen näher, bald ferner. Sie wechseln an Form und Höhe; mitunter erheben sie sich zu 5.000 bis 7.000 Fuß. Der *Ophir* auf der Westküste mißt sogar 9.500 Fuß.

Bonjol liegt in einem weiten, zum Teil noch unkultivierten Talkessel. Es steht hier ein kleines Fort. An vielen Weibern in dieser Gegend fiel mir die sonderbare Kopfbedeckung auf. Sie falten ein großes Tuch mehrfach zusammen und legen es gleich einer Last ganz lose auf den Kopf.

26. Juli. *Lubuskoping*, zehn Paal. Der Kontrollor, bei dem ich abgestiegen war, sowie einige Offiziere begleiteten mich eine Strecke Weges. Als wir an den Fluß *Alahan-Bajang* kamen (zwei Paal), fanden wir ihn so angeschwollen, daß an keine Überfahrt zu denken war; wir mußten zurück nach Bonjol.

Innerhalb der Grenzen von vier bis fünf Grad nördlich und südlich des Äquators tritt die Regenzeit nicht so regelmäßig ein, und es regnet da viel häufiger als in den weiter von dem Äquator entfernten Gegenden. Ich hatte auf Borneo nichts als Regen, und ebenso war es hier auf Sumatra. Für Reisende kann es nichts Unangenehmeres geben, besonders wenn die Wege schlecht sind und man über Flüsse ohne Brücken oder durch Waldungen muß. Selten verging ein Tag, ohne daß ich vollkommen durchnäßt wurde.

Nachmittags kam die Nachricht, daß der Fluß gefallen sei und daß man ihn übersetzen könne. Ich eilte fort und wurde glücklich in einem kleinen Boot hinübergefahren; die Pferde mußten schwimmen.

Ich passierte heute den Äquator zu Pferde.

Gestern wie heute waren die Wege teilweise sehr schlecht. Der Regen hatte den lehmigen Boden so schlüpfrig gemacht, daß es schwer und gefährlich wurde, mit den unbeschlagenen Pferden über die oft sehr steilen Hügel zu kommen. Auch fand ich die Pferde nirgends in der Welt so ungeschickt wie hier: Sie stolperten über jeden Stein, fielen in jedes Gräbchen und fanden auf den Brücken gewiß die morscheste Stelle, um den Fuß darauf zu setzen. Dabei erschraken sie über alles, oft über ein großes Blatt, das am Wege lag. Ich kann den Pferden Sumatras mit gutem Recht dieses schlechte Zeugnis geben, ich habe sie erprobt wie wenig Männer, da ich sehr viel ritt und alle paar Stunden ein anderes Pferd bekam.

Lubuskoping liegt in einem sehr schönen großen Tal. Man sieht hier den Ophir besser als von jeder anderen Seite, da die Vorgebirge sich zerteilen und hierdurch einen vollkommenen Anblick dieses Berges vom Fuße bis zur Spitze gestatten.

In dieser Gegend tragen die Leute sehr große Hüte von zwei bis drei Fuß im Durchmesser. Sie sind aus Palmenblättern gemacht, ganz flach und haben in der Mitte eine nur sechs Zoll hohe Spitze, die mit Blumen oder anderen Kleinigkeiten geziert ist.

27. Juli. *Panty*, 18 Paal. Die Hälfte des Weges führte durch schöne Waldtäler, und meistens durch Alang-Alang. Überall gab es häufige Spuren von Elefantentritten und Tigerklauen. Sumatra ist an Tigern sehr reich. Die Leute, welche die Briefe durch das Land tragen, gehen abends nie ohne Feuerbrände. Sonderbarerweise veranstalten weder die Europäer noch die Eingeborenen Tigerjagden wie in Britisch-Indien.

Die Regierung zahlt für jeden erlegten Tiger zehn Rupien. Die Eingeborenen fangen sie in Fallen.

Panty liegt mitten in den herrlichsten Waldungen; dessenungeachtet sind die Hütten der Eingeborenen überaus klein und elend: Die Leute sind zu träge, das zum Bau nötige Holz zu fällen. Sie leben hier überhaupt in der größten Armut, besitzen kaum ein paar irdene Töpfe und einige Matten, gehen halb nackt oder in Lumpen gekleidet und sehen sehr schmutzig aus. An alledem ist ihre Trägheit schuld. Sie haben zwar der Regierung viele Händearbeit zu leisten, aber sonst keine Abgaben. Die Männer ergeben sich größtenteils dem Spiel und dem Müßiggange, unterhalten sich mit Hahnenkämpfen, werfen, wie bei uns die Kinder, Kupfermünzen oder Steinchen in kleine Löcher, lassen Drachen steigen, schlagen die Zeit mit einer Art Bretterspiel mit kleinen Steinchen tot, schlafen viel und sitzen mitunter auch tagelang beisammen, ohne etwas anderes zu tun, als Siri zu kauen oder zu schwatzen. Hätte unser herrlicher Schiller in diesem Lande das Licht der Welt erblickt, er würde die Männer „das leer geschwätzige Geschlecht" genannt haben, und nicht uns Frauen.

Die Weiber arbeiten viel mehr als die Männer. Bei den Straßenausbesserungen zählte ich durchschnittlich drei Weiber auf einen Mann; in den Kaffeegärten haben sie die meisten Verrichtungen, auf dem Felde schneiden sie den Reis, treten und stampfen ihn aus den Ähren und tragen alle Lasten nach Hause. Ich sah manches Weib mit einer schweren Last auf dem Kopfe, einer zweiten unter dem Arme und einem auf den Rücken gebundenen Kinde mühsam einherschreiten, während der Mann leer daneben ging.

Ich will damit nicht sagen, daß die Männer gar nichts tun; aber sie arbeiten gewiß nicht halb so viel als die Weiber. Erstere pflügen mit Büffeln das Feld und pflanzen den Reis – allerdings eine beschwerliche Arbeit, da sie dabei bis über die Schenkel im Wasser stehen müssen.

An den Bauten der Straßen und Brücken, der Kaffeemagazine und der Wohnhäuser der Beamten darf auf Befehl der Regierung kein Weib teilnehmen. Dieser menschenfreundliche Befehl wurde in der Absicht gegeben, das schwache Geschlecht doch einigermaßen zu schützen.

Auf Sumatra schneidet man den Reis nicht Halm für Halm wie auf Java, sondern man nimmt mit einem sichelförmigen Messer so viel Halme auf einmal ab, als mit der Hand gefaßt werden können. Die Ähren werden auf dem Felde selbst ausgetreten; zu diesem Zwecke sind kleine Gestelle von Bambus errichtet, die neun Fuß hoch und fünf Fuß breit sein mögen. Zwei Fuß von der Erde ist an dem Gestell ein hölzerner Boden angebracht, mit kleinen Löchern, durch welche die Reiskörner durchfallen können. Auf diesem Boden werden die Ähren mit den Füßen ausgestampft. Ein Blätterdach an der Spitze des Gestelles schützt die Arbeiter vor der Sonne.

Man rechnet in Sumatra die Reisernte durchschnittlich auf sechzig bis achtzig Prozent, während sie in Java hundert bis zweihundert gibt.

28. Juli. *Rau*, 13 Paal. Ein ziemlich ausgedehnter Kampon mit einigen angestrichenen, mit Schnitzwerk versehenen Bretterhäusern und einem kleinen Fort. Die Lage dieses Ortes ist sehr ungesund; es herrschen böse, hartnäckige Wechselfieber, die bei den Europäern häufig in Auszehrung oder Wassersucht übergehen.

Hier beginnt die Provinz *Mandelling*, mit dem Distrik *Ulu* (von den Europäern „Lubu" genannt). Die Uluaner oder Lubuaner werden von manchen für ein Stammesvolk gehalten, von anderen für verwilderte Malaien. In diesem Distrikt fangen auch schon die Battaker an.

29. Juli. *Muara-Sipongie*, zehn Paal. Langweiliger Ritt durch wellenförmige, schmale, mit kurzem Alang-Alang bewachsene Täler. Man sah keine menschliche Wohnung, man hörte keinen Laut – alles war totenstill wie in den Sandwüsten Afrikas.

Ich befand mich nun schon mitten unter den Battakern; jedoch könnte man diese die „gezähmten" nennen, da sie unter der holländischen Regierung stehen (seit zehn Jahren) und daher natürlich ihrer Begierde nach Menschenfleisch entsagen müssen.

Zu Muara-Sipongie empfing mich Herr Kontrollor *Schoggers* auf die zuvorkommendste Weise: Er kam mir mehrere Paale entgegengeritten. Da ich früh eintraf und gerade großer Bazar gehalten wurde, ging ich mit ihm dahin. Man sieht bei solchen Gelegenheiten viel Volk; auch sagte mir Herr Schoggers, daß in den kleinen Flüssen dieses Distriktes viel Gold gefunden und zum Verkauf nach dem Bazar gebracht werde. Wir fragten nach dieser Ware. Die glücklichen Besitzer waren so lumpig gekleidet, daß ich keine Kupfermünzen, viel weniger Gold bei ihnen gesucht hätte. Sie brachten Päckchen zum Vorschein, so groß, daß man einige Pfund Goldes hätte vermuten können; allein da gab es der Umwicklungen so viele, daß am Ende ein winziges Säckchen mit etwas Goldstaub oder ein erbsengroßes Goldklümpchen zum Vorschein kam. Für das größte Stück, das ich sah, verlangte man siebzehn Spanische Taler. Jedermann hat das Recht, Gold zu suchen; nur muß er von dem Fund die Hälfte an seinen Rajah abgeben.

Neben dem Bazar (einer offenen Halle mit einem Blätterdach) war ein kleiner umzäunter Raum, wo Hahnenkämpfe stattfanden. Eine Menge Menschen standen gedrängt umher; es gab sehr viele Kämpfe und Wetten, und zwar wetteten die Leute keine Kupfermünzen, sondern Spanische Taler. Dieses Reichtums ungeachtet waren sie alle so armselig gekleidet, daß man sie für Bettler hätte halten mögen.

Die Vorbereitungen zum Kampfe, die Aufreizung der Tiere usw. gingen in derselben Art vor sich wie auf Java; nur machten hier die Hahnenbesitzer hinter ihren Hähnen schreckliche Grimassen mit Gesicht, Händen und Füßen. Einer unter ihnen blies während des Gefechtes auf seinen Hahn; die Wettenden wie die Zuseher nahmen dies sehr übel, und es entstand allgemeines Gemurmel. Nach kaum einer Minute verließ der eine Hahn das Schlachtfeld; der andere wurde als Sieger erklärt, obwohl er, zu Tode verwundet, bald zusammenstürzte und früher den Geist aufgab als der Besiegte. Andere Hähne ersetzten sogleich die Stelle der geopferten. Halbe Tage lang unterhalten sich die Menschen mit diesem grausamen Spiel und verlieren Summen, mit welchen sie ihrem häuslichen Elend vollkommen aufhelfen könnten. Unter den Battakern ist der Hahnenkampf viel weniger beliebt als unter den Malaien. Hier gibt es noch viele Malaien, daher auch viele Hahnenkämpfe.

Herr Schoggers hatte die Güte, nachmittags mehrere battakische Rajahs von den umliegenden Dörfern zusammen zu berufen, um mit ihnen über meine Reise zu sprechen. Er selbst hielt die Reise in das unabhängige Battakerland für höchst gefährlich und führte das gräßliche Schicksal der beiden Missionare an; doch fügte er hinzu, daß dieser Mord zum Teil aus Mißverständnis geschehen sei. Einige Zeit vor den Missionaren hatten nämlich mohammedanische Priester mit Kriegsgefolge einen Einfall in das Battakerland gemacht und die Leute auf die grausamste Weise mit Feuer und Schwert (gleich unsern edlen Vorfahren in Mexiko und Peru) zur Annahme ihrer Religion gezwungen. Als hierauf die amerikanischen Missionare als Religionslehrer in ihr Land kamen, gerieten die Battaker in große Wut, sahen in ihnen neue Religionsquäler, mordeten sie und fraßen sie auf.

Des Abends saßen wir in Gesellschaft mehrer Rajahs, umgeben von vielem Volke, denn weit und breit hatte man schon gehört, eine Frau sei hier, die sich in das verrufene Land wagen wolle. Die Rajahs sowie viele aus dem Volke rieten mir die Reise ab. Da ich jedoch fest dazu entschlossen war, fragte ich nur, ob es wahr sei (wie manche Reisebeschreibungen behaupten), daß die Battaker die Leute nicht gleich töteten, sondern lebend an Pfähle bänden, ihnen das Fleisch stückweise vom Körper schnitten und es warm mit Tabak und Salz verzehrten. Dieses langsame Hinmorden hätte mich doch ein wenig abgeschreckt. Aber man beteuerte mir einstimmig, daß dies nur mit jenen geschähe, die schwerer Verbrechen wegen zum Tode verurteilt seien. Die Kriegsgefangenen werden an einen Baum gebunden und enthauptet; dann fängt man ihr Blut sorgfältig auf und trinkt es warm oder verzehrt es mit gekochtem Reis gemischt. Hierauf geht es an die Teilung. Die Ohren, die Nase, die Leber und die Fußsohlen sind ein ausschließendes Vorrecht des Rajahs, der außerdem noch seinen Anteil an dem Körper erhält. Die schmackhaftesten Teile sind die Fußsohlen, das Innere der Hand, das Fleisch am Kopf, das Herz und die Leber. Gewöhnlich rösten sie das Fleisch und verzehren es mit Salz. Den Weibern ist es nicht erlaubt, an diesem Festessen teilzunehmen.

Die Rajahs versicherten mir mit höchst begehrlichen Mienen, daß Menschenfleisch sehr gut schmecke und daß sie es gerne essen würden.

Aus dem Baumstamm, an welchem die Unglücklichen ihr Leben enden, werden gewöhnlich vier bis sechs Fuß hohe Stöcke geschnitten, mit einer Figur oder einigen Arabesken verziert und mit Menschenhaaren oder Federn geschmückt. Ein solcher Stock heißt „Tungal-Panaluan", das ist Zauberstock. Sie legen ihm wunderbare Kräfte bei und besuchen keine Kranken, geben keine Arzneien, ohne ihn zur Hand zu nehmen.

Die Battaker beobachten gleich den Dayakern keine religiösen Gebräuche; sie beten nicht und haben weder Priester noch Tempel. Sie glauben an gute und böse Geister. Von ersteren nehmen sie eine sehr kleine, von letzteren eine sehr große Zahl an. Wird ein Mensch krank, so behaupten sie, der böse Geist sitze in ihm; jedes Unglück wird einem solchen Dämon zugeschrieben. Manchmal fährt, ihrer Meinung nach, der böse Geist auch in einen Menschen, ohne ihn krank zu machen; dieser wird dann hoch verehrt, da man fürchtet, in dem Menschen den Geist zu beleidigen. Alles, was ein solcher Besessener spricht, wird als Orakelspruch angenommen und getreu erfüllt. Gewöhnlich hat der Rajah die Ehre, vom Bösen besucht zu werden. Er zeigt dabei viele Grimassen und Zuckungen, gebärdet sich besonders bei den Tänzen wilder als alle übrigen und benützt in diesem Zustande die Leichtgläubigkeit des Volkes, seine Wünsche in Orakelsprüchen kundzugeben. Man zeigte mir unter den Anwesenden mit vieler Hochachtung einen Knaben, der „der Sohn des Bösen" genannt wurde, da sein Vater von diesem Unhold besessen war.

Bei Taufen, Vermählungen, Sterbefällen gibt es keine Zeremonien. Nur wenn ein bedeutender Rajah stirbt, werden die Rajahs der Umgegend zur Beerdigung eingeladen. Jeder kommt in Begleitung mehrerer Lanzenknechte und bringt ein Büffelkalb mit. Die Kälber schlachtet man, verteilt das Fleisch unter die ganze Gemeinde, und durch mehrere Tage, oft Wochen hindurch wird nichts als gegessen, *Suri* getrunken* und getanzt.

---

* Der Suri wird aus der Arengapalme gezogen. Auch Zucker wird aus dem Saft dieser Palme gewonnen.

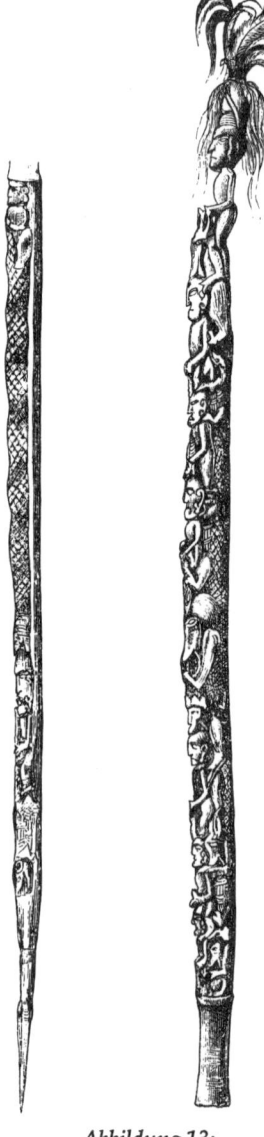

Abbildung 13:
Zauberstöcke der Battaker.

Ihre Regierungsform ist konstitutionell-monarchisch; der Rajah ist das Oberhaupt; doch geht jedermann, selbst der Sklave, mit ihm wie mit seinesgleichen um; auch seinen Bescheiden wird nicht immer strenger Gehorsam geleistet, obwohl seine Person hoch geachtet ist. Bei wichtigen Angelegenheiten kommen viele Rajahs zusammen, um Rat zu halten. Der älteste Sohn ist Haupterbe; er erbt alle Weiber seines Vaters, die er zu den seinigen machen kann.

Die Männer müssen ihre Frauen kaufen. Die Tochter eines Rajahs wird nicht selten mit 40 Piaster[61] in Gold und einigen Büffeln bezahlt. Die Männer kaufen ihre künftigen Frauen oft schon im zartesten Alter; sie nehmen sie in ihr Haus und behandeln sie wie ihre Kinder. Ist ein Mann zu arm, um sich eine Frau zu kaufen, so zieht er zur Familie seiner Frau und arbeitet da wie ein Sklave. Selten nimmt ein Mann mehr als eine Frau, weil ihm die Mittel zum Ankauf gewöhnlich fehlen.

Die Battaker sind in vielen Dingen andern wilden Völkern voraus: Sie lesen und schreiben, ihre Gesetze sollen im allgemeinen sehr gut und zweckmäßig sein – bei alledem aber sind sie Menschenfresser.

Herr Schoggers fügte diesen Berichten noch bei, daß die der holländischen Regierung unterworfenen Battaker jede Verpflichtung genau und willig erfüllen, daß man den Kulis Gut und Geld sicher anvertrauen könne und daß Diebstähle, Morde und überhaupt Verbrechen höchst selten vorkommen. Für einen Diebstahl ist die ganze Gemeinde, in welcher er vorfällt, verantwortlich; letztere muß das Gestohlene ersetzen oder den Täter überliefern. Morde finden nur aus Eifersucht statt. Ein Verbrecher wird nicht eingesperrt, sondern bis einige Tage vor Vollziehung der Strafe seiner Familie übergeben, die für ihn bürgt. Gerichtet werden die Battaker, auch unter der holländischen Regierung, noch nach ihren Gesetzen, die leider für den Reichen sehr vorteilhaft sind, da er sich sogar von der Todesstrafe loskaufen kann. Der größte Teil der Summe kommt in diesem Falle dem Beleidigten oder seiner Familie zu. Die zum Tode Verurteilten werden auf dem Bazar enthauptet. Sie gehen dem Tode nicht nur mit Mut, sondern sogar mit Fröhlichkeit entgegen. Sie schmücken sich aufs beste, bekränzen sich mit Blumen und kommen singend und tanzend in Begleitung ihrer Verwandten und Freunde auf den Richtplatz.

Diese Gleichgültigkeit für den Tod ist auch den Malaien und überhaupt den meisten rohen Völkern eigen. Viele schreiben sie ihrem Stumpfsinne zu.

30. Juli. *Kotto-Nopan*, elf Paal. Das Land fortwährend hügelig und größtenteils mit Alang-Alang bedeckt. An Kampons war kein Mangel, die Hütten aber elend, kaum fünfzehn Fuß im Geviert. Da kauert alles auf einer schmutzigen, zerrissenen Matte, in einer Ecke glimmt ein Feuer, an dem höchstens ein irdener Topf steht, der den ganzen Hausrat ausmacht. Die Bewohner sind sehr ärmlich in zerrissenes, dunkelblaues Zeug gekleidet. Die Kinder gehen ganz nackt, die Mädchen und Weiber häufig bis an den Gürtel. Zwei Hütten, wenig größer als Taubenschläge, sah ich sogar auf hohen Bäumen zwischen den Ästen – sie dienten ebenfalls zu Wohnungen.

Ich kam an vielen kleinen Bächen mit gelbem, trübem Wasser vorüber; in diesen suchen und finden die Leute das Gold. Gerade hier, wo die Leute an der Quelle des Goldes saßen, war die Armut am größten. Führt doch dieses Metall statt Segen überall nur Fluch mit sich.

Vier oder fünf Meilen von *Muara-Sipongie* besah ich abseits der Straße in einem Kaffeegarten einige battakische Grabmäler. Sie bestanden aus viereckigen Stein- oder Erdhügeln von drei bis vier Fuß Höhe, auf welchen ein einfacher, hölzerner Sarg stand. Die Ecken waren mit vier Fuß hohen, aus Holz geschnitzten Menschenfiguren geschmückt, die den jämmerlichsten Fratzen glichen. Jede Grabesstätte war mit einem Dach bedeckt und von einem hölzernen Geländer umgeben. Die Leiche liegt nicht in dem Sarg, sondern unter der Erde.

31. Juli. Fort *Elout* (*Panjabungan*), achtzehn Paal. Waldpartien, Gesträuche, junge Kaffeepflanzungen verdrängten an vielen Stellen das traurige, einförmige Alang-Alang. Fort Elout liegt in einem großen, hügeligen, von schönen Gebirgen umgebenen Tal und ist der Sitz eines Assistent-Residenten.

Noch in keinem Distrikt fand ich so nette, reinliche Kampons als in diesem. Man schreibt dies der Aufsicht und den Bemühungen des gegenwärtigen Assistent-Residenten Herrn *Godoon* zu. Die Hütten sind zwar klein, aber sehr rein gehalten, und stehen in langen, regelmäßigen Reihen, eine von der andern etwas getrennt. Der Unrat darf nicht unter die Hütte oder vor dieselbe geworfen werden, und das Hornvieh hat seinen Aufenthalt außerhalb des Kampons. Früher war diese Gegend sehr ungesund; seit aber die Menschen einigermaßen an Reinlichkeit gewöhnt sind, herrschen viel weniger Krankheiten.

Auch die Brücken und Straßen zeigen von der Sorgfalt des Residenten. Die Brücken sind alle gemauert, die Straßen sehr gut unterhalten. Letztere haben eine Breite von wenigstens zwanzig Fuß, was mir überflüssig erschien in einem Lande, wo noch kein Fuhrwerk im Gebrauch ist. Die holländische Regierung läßt aber alle Straßen so bauen für den Fall, daß Militärzüge hindurchzugehen haben.

Das Bauen der Straßen ist für die Eingeborenen eine harte Aufgabe, da ihre einfachen Werkzeuge zu derlei Arbeiten gar nicht geschaffen sind. Zum Brechen der Felsen haben sie eiserne Stangen, zum Graben in der Erde handbreite, unten scharf zugehauene Hölzer. Die Erde schaffen sie mit den Händen aus den Gruben. Das Alang-Alang, das die wenig benützten Wege fortwährend überwuchert, schneiden sie mit kleinen Messern ab. So mühsam wie die Straßen bauen sie auch die Wohnhäuser der Beamten und die Kaffeemagazine. Ich sah oft sechs bis acht Menschen an einem Balken oder einigen Brettern schleppen.

Wenn ich Bemerkungen über die Mangelhaftigkeit der Werkzeuge, über die Art des Arbeitens machte, gab man mir zur Antwort: „Die Leute sind es so gewöhnt." Warum sucht man sie denn in anderen Sachen von ihren Gewohnheiten abzubringen? An das Bauen der Straßen und Gebäude, an das Anlegen der Kaffeegärten, Zucker- und Gewürzpflanzungen waren sie, bevor die Europäer kamen, gewiß noch nicht gewöhnt. Aber leider wird in vielen Ländern auf die Gewohnheiten und Nicht-Gewohnheiten der Völker nur insoferne Rücksicht genommen, als sie der Regierung Nutzen oder Schaden bringen. Das Wohl der Untertanen selbst kümmert sie nicht viel. So ist es auch hier; die Straßen, die Brücken, die Gebäude müssen unentgeltlich hergestellt werden; ob fünfzig oder hundert Menschen, und auf welche Art sie daran arbeiten, ist der Regierung gleichgültig.

Ein anderer Druck für die Eingeborenen, in deren Nähe Beamte wohnen, ist, daß sie diesen viele häusliche Dienste, Gartenarbeiten, Botengänge und dergleichen überall unentgeltlich verrichten müssen. Die Zahl solcher Leute, auf welche der Beamte ein Recht hat, ist nicht bestimmt; es mißbrauchen daher gar manche ihre Macht und nehmen viel mehr Leute, als sie eigentlich sollten.

Der jetzige Gouverneur-General, Herr Deimar van Twist, soll eifrig bemüht sein, alle diese Mißbräuche und Bedrückungen so viel wie möglich abzustellen. Er hat den Taglohn sowie den Preis der von den Eingeborenen gelieferten Materialen erhöht und will es dahin bringen, daß niemand ohne Lohn zu arbeiten habe.

1. August. *Surumentingi,* 20 Paal. Obwohl sich der Charakter des Landes ziemlich gleich blieb, gab es doch einige hübsche Ansichten.

Ich kam durch große, äußerst rein gehaltene Kampons, durch viele Reispflanzungen und durch ein Wäldchen, das bloß aus Bambus, und zwar von außerordentlicher Größe und Höhe (70 bis 80 Fuß), bestand. Die Rohre sollen viel Wasser enthalten.

Zu Surumentingi fand ich nur ein einfaches Bambushäuschen mit der notdürftigsten Einrichtung, das den durchreisenden Beamten und Offizieren als Unterkunft dient. Da ich nicht, gleich den verwöhnten Europäern, meinen ganzen Haushalt mit mir führte, sondern nur so wenig Gepäck, daß ich es im Notfall selbst fortschaffen konnte, hätte ich mich heute mit einem höchst einfachen Mahle und einer harten Schlafstelle begnügen müssen, wenn nicht Herr Godoon so gefällig und aufmerksam gewesen wäre, mir alle Bedürfnisse nebst einigen Dienern vorauszusenden. Ich fand ein treffliches Mahl, Tee und Kaffee und konnte mich in einem weichen Bett ausruhen.

2. August. *Padang-Sidimpuang*, 20 Paal. Fortgesetztes Hügelland, jedoch von größeren Flächen unterbrochen. Die Gebirgskette nimmt stets an Höhe ab.

Padang-Sidimpuang liegt bereits in Ankola und besitzt ebenfalls ein kleines Fort. Ich traf hier die letzten Europäer; einige Offiziere und einen Kontrollor, Herrn *Hammers*, bei welchem ich abstieg.

Die letzten drei Tage hatte ich Pferde bekommen, die entsetzlich stießen; ich kam ganz erschöpft an und hatte nicht die geringste Eßlust. Bei Tisch konnte ich mich kaum aufrecht halten; mein Stolz gab aber nicht zu, diese Schwäche zu gestehen. Ich warf den Katzen, die den Tisch umschwärmten, heimlich einen Bissen nach dem anderen zu. Glücklicherweise war es auch hier, wie auf ganz Java, Sitte, nach dem Mittagsmahl eine kleine Siesta zu halten. Nie segnete ich diese Gewohnheit so sehr als heute – ich fiel auf mein Lager. Zwei Stunden Ruhe stärkten mich so, daß ich gänzlich erholt zur Teestunde erschien und abends mit den Herren sogar eine Partie Whist[62] spielte.

Ich sah hier ein neues Beispiel der Gefühllosigkeit einer Javanesin. An dem Tage, an welchem ich ankam, begrub man den Kapitän der Garnison. Er hinterließ eine sogenannte Wirtschafterin mit vier Kindern. Durch zehn Jahre hatte diese Person an

146

seiner Seite das bequemste Leben geführt – heute, da man den Vater ihrer Kinder ins Grab senkte, da sie nicht wußte, wie ihre und ihrer Kinder Zukunft sich gestalten würde, sah sie so fröhlich und heiter aus, lachte und scherzte so ungeniert, als ob in ihrem Schicksal nicht das geringste vorgefallen wäre.

Ich blieb drei Tage zu Padang-Sidimpuang. Auch hier kamen, als mein Vorsatz, das Battakerland zu betreten, bekannt wurde, viele Eingeborene, mich zu sehen. Sie warnten mich ebenfalls vor dieser Reise, um so mehr als erst noch im vergangenen Jahr einige Uneinigkeiten zwischen den Battakern und Holländern vorgefallen waren. Die Battaker hatten einen Einfall in das holländische Gebiet gemacht, einen Kampon zerstört und 27 Menschen mit sich fortgeführt. Die Holländer sandten zwar einige Truppen, die Schuldigen aufzusuchen; sie fanden aber die Kampons leer, die Bewohner waren, wie dies bei solchen Gelegenheiten bei ihnen üblich ist, in die unzugänglichsten Schluchten und Wälder entflohen. Die einzige Rache, welche die Verfolger nehmen konnten, bestand im Niederbrennen einiger Kampons. Herr Hammers erzählte mir, daß vor kaum zwei Jahren vier Menschen sogar von den Battakern, die unter der holländischen Regierung stehen, getötet und verzehrt worden seien.

Nichtsdestoweniger blieb ich bei meinem Entschluß stehen. Ich wollte durch das große Tal *Silindong* bis an den Landsee *Eier-Tau* (großes Wasser)[63] vordringen, welchen noch kein Europäer gesehen hat und von dessen Vorhandensein man bloß durch die Erzählungen der Eingeborenen unterrichtet ist. Von seiner Lage, Größe, von den an seinen Ufern wohnenden Stämmen hat man nur ganz unvollständige Begriffe. Ich konnte demzufolge keinen Plan dieser Reise machen und mußte alles dem Schicksal und meinem bisher stets treuen Glück überlassen. Herr Hammers war so gütig, mich mit Briefen für einige Rajahs, die mit den Holländern in Verkehr standen, sowie mit einem Führer zu versehen. Ich ordnete einige Papiere, die ich im Falle des Nichtwiedersehens für meine Familie zurückließ, und nahm recht herzlichen Abschied von den Europäern. Sie konnten vielleicht die letzten sein, die mir auf dieser Welt zu Gesicht kamen.

VII.

*Fortsetzung der Reise auf Sumatra * Die Fußreise * Das Nachtlager im Urwalde * Erstes Zusammentreffen mit den Kannibalen * Hali-Bonar * Opferung eines Büffelkalbes * Das Tal Silindong * Feindseliger Empfang * Gezwungene Rückkehr * Wiederholte wilde Szenen * Wiederkehr nach den holländischen Besitzungen * Paya-Kombo * Besteigung des Merapi * Rückkunft nach Padang*

Am 5. August trat ich diese gefahrvolle Reise an. Ich ging bis *Sipirok*, 20 Paal. Alles war Wald und Alang-Alang. Von einer kleinen Hügelkette, über welche der Weg führte, übersah ich eines der größten Täler Sumatras, das wellenförmige *Lawas-Tal*.

Ich war nun schon durch einen großen Teil Sumatras gekommen. Ich fand diese Insel, was Naturschönheiten anbelangt, ebenso reizend, wo nicht reizender als Java. Welch herrliches Land könnte nicht daraus werden! Bis jetzt ist es verhältnismäßig menschenleer und, die wenigen Pflanzungen ausgenommen, unkultiviert. Wilde Tiere (Elefanten, Rhinozerosse) bewohnen die mächtigen Waldungen des Innern, blutdürstige Tiger durchstreichen das ausgedehnte Alang-Alang.

Man sollte glauben, daß ein Teil von Sumatra ein günstiges Land für europäische Auswanderer wäre. Auf den großen Hochebenen, deren es so viele gibt, bleibt das Klima, obwohl der Äquator so nahe ist, sehr gemäßigt; die dichten, üppigen Wälder, das hohe Alang-Alang zeigen von der Fruchtbarkeit des Bodens. Gewiß würde hier, wo die Natur so reich ist, mit Nachhilfe der Kultur Großartiges zu schaffen sein. Allein die holländische Regierung begünstigt die Ansiedlung von Europäern, selbst von ihren eigenen Untertanen, durchaus nicht. Sie gibt vor (mit vollem Recht), daß die Eingeborenen durch das Beispiel der Weißen nur verdorben würden. Ich möchte noch einen zweiten Grund dahinter suchen, und zwar – die Furcht, daß die Weißen mit der Zeit dem kleinen Vaterlande gegenüber zu mächtig würden und, mit den Eingeborenen vereint, sich unabhängig erklären könnten.

Sipirok liegt in einem kleinen regelmäßigen Tale. Hier steht das letzte Kaffeemagazin, unter der Aufsicht eines eingeborenen

Schreibers. Ich kam gerade an, als eine große Lieferung stattfand, was mir Gelegenheit gab, viel Volk (meist Battaker) zu sehen. Der Anblick war eben nicht reizend. Derselbe Gesichtstypus wie bei den Malaien, nur noch häßlicher, das weibliche Geschlecht auffallend klein. In der Kunst, die Zähne zu feilen, schwarz zu färben, mit einem Worte, sich so häßlich als möglich zu machen, gebührt ihnen die Palme. Sie waren sehr wenig, höchst dürftig und überaus schmutzig bekleidet. Alle hatten die Backen mit Siri vollgestopft und spien rechts und links neben den ausgebreiteten Kaffee. Zum Zeitvertreib suchten sie das Ungeziefer von Kopf und Kleidung, und Kinder voll ekelhafter Hautausschläge bewarfen sich mit Kaffeebohnen.

Nachdem der Kaffee besichtigt, in Säcke gefüllt, in das Magazin abgeliefert war und die Leute das Geld empfangen hatten, verwandelte sich der Platz in einen Bazar. Aus dem Gemache des Schreibers wurden allerlei Waren herausgeschafft, Krämer, die schon stundenlang auf die Wegschaffung des Kaffees gelauert hatten, packten bunte Stoffe, Glasperlen, Messingreifen, Eßwaren und dergleichen aus. Mit gierigen Blicken sahen die glücklichen Geldbesitzer auf all die Gegenstände; die Armen wußten nicht, woran sie sich halten sollten – es gab der verführerischen Dinge gar zu viele, des Geldes gar zu wenig. Nach einer Stunde war der Bazar zu Ende, das heißt die Pflanzer waren ihr Geld los.

Zu Sipirok hörte das Reisen zu Pferde auf; ich mußte wieder wie in Borneo allen Bequemlichkeiten des Lebens auf einige Zeit entsagen und meine Fußwanderungen beginnen.

6. August. *Danau*, zwölf Paal. Der Weg führte durch lauter Waldungen über steile Berge und Hügel auf schlüpfrigen, schrecklichen Pfaden.

In Danau angekommen, wies man mich in eine halb verfallene Hütte, die zwei Schlafstellen enthielt. Ich war von nun an in jedem *Utta* (die Battaker nennen so ihre Dörfer) von Menschen umringt. Schon zu Muara-Sipongie hatte diese Begierde mich zu sehen begonnen, da noch keine Europäerin bis dahin gekommen war. Hier war es noch ärger, und die Hütte so voll Leute, daß ich im ersten Augenblick gar nicht gewahrte, mit welchen Bewohnern ich sie teilte. Ein Mörder und ein Sterbender waren ihre

Inwohner. Ersterer hatte einen seiner Nachbarn in einem Anfall von Eifersucht getötet und sollte in zwei Tagen auf dem Bazar enthauptet werden. Er lag nackt auf dem Boden, an einen Pfosten gebunden, die Füße durch einen Block gezogen und gebärdete sich wie närrisch; bald schrie, bald lachte, bald weinte er, dabei warf er sich, so viel er konnte, von einer Seite zur anderen – ein grauenvoller Anblick! Der Kranke, ein Jüngling von achtzehn Jahren, lag ebenfalls auf der Erde, ohne Matte, ohne Bedeckung; er litt an einem Brustübel und hatte schreckliche Anfälle von Husten. Leider konnte ich dem Armen keine Erleichterung verschaffen, da ich weder Arzneien noch sonstigen Bedarf für Leidende bei mir hatte.

Ich beobachtete bei dieser Gelegenheit, daß man mit dem Mörder viel mehr Mitleid hatte als mit dem Kranken. Die Weiber bereiteten das Siri für ihn, sie brachten ihm zum Mahle Reis und getrocknete Fische, fütterten ihn, da er die Hände gebunden hatte, gleich einem kleinen Kinde, wehrten ihm die Fliegen ab usw. Die Männer führten ihn zum nahen Fluß, damit er sich baden könne. Den armen Kranken beachtete niemand. Man ließ ihn liegen, husten und stöhnen, reichte ihm weder Speise noch Trank und schien ihn zu betrachten, als ob er nicht mehr unter die Lebenden gehörte. Ich konnte ihm auch nichts anderes geben als Reis und Wasser; dies war alles, was ich selbst erhielt.

Brustkrankheiten scheinen überhaupt in den hochgelegenen Gegenden Sumatras zu herrschen; die Leute husten viel und oft sehr heftig. Die Hitze ist am Tage groß, die Nächte sind beinahe kalt, es regnet viel, und die Eingeborenen gehen so leicht bekleidet wie in den heißen Gegenden, haben jedoch nicht einmal eine Bedeckung für die Nacht.

Ich wollte mit dem Mörder nicht in einem Gemache bleiben und ließ den Rajah ersuchen, mir eine andere Hütte anzuweisen. Er war so gefällig, den Gefangenen und den Kranken entfernen zu lassen. Das Volk aber konnte nicht abgehalten werden, mich zu umringen; ich war von nun an, selbst während der Nacht, nicht einen Augenblick allein. Bis Mitternacht brannten die Feuer und wurde geschwätzt; dann legten sich die meisten hin, wo sie

Platz fanden, zogen den Sarong über sich und schnarchten um die Wette.

Den 7. August mußte ich in Danau bleiben. Der Rajah, dem Namen nach noch unter holländischer Botmäßigkeit, versicherte mir, daß ich ohne seine Begleitung das freie Battakerland, welches einige Paal von hier beginnt, nicht betreten könne. Er wolle mit mir gehen und sich bei den Rajahs, mit welchen er bekannt sei, persönlich für meine Aufnahme verwenden.

Diesem Entschlusse zufolge ließ er mir zu Ehren ein Büffelkalb schlachten, um dabei die bösen Geister anzurufen, unserer gefahrvollen Reise keine Hindernisse, kein Unglück in den Weg zu legen.

Frühmorgens besuchte er mich mit einem Gefolge von einem Dutzend Weiber und vielen erwachsenen Mädchen, zum Teil seine Verwandten. Die Weiber und Mädchen traten in tief gebeugter Stellung, die Hände halb vor das Gesicht haltend, an mir vorüber. Es ist dies der Gruß der Niederen gegen die Höheren. Sie setzten sich im Hintergrund der Hütte zu Boden und packten aus schön geflochtenen Strohtaschen Siri, das für mich bestimmt war.

Die Mädchen trugen zehn bis fünfzehn bleierne Ringe in den Ohrläppchen, hatten auch die oberen Teile des Ohres durchstochen und mit einem Knopf oder einer kleinen Schnur von Glasperlen geziert. Am Hals, an den Armen und an den Füßen trugen sie Messingringe und Glasperlen. All dies Geschmeide legen sie ab, wenn sie heiraten. Die Mädchen gingen mit bedeckten Busen, die Weiber meistens entblößt. Weiber und Mädchen hatten die Haare in einen Knoten geschürzt, in welchen sie Strohwülste stecken, um ihn zu vergrößern. Auch die Männer lassen die Haare lang wachsen und binden sie ebenfalls in einen Knoten, tragen aber Strohkappen oder Tücher darüber. Diese Kopfbedeckung ist das einzige Zeichen, an welchem man den Mann von dem Weibe unterscheiden kann, da die Männer keine Bärte haben und beide Geschlechter die Sarongs auf dieselbe Weise um den Körper schlagen.

Unter den Mädchen gab es einige sehr beleibte, wie mir ähnliche unter den Malaien nicht vorgekommen waren; manche hatten die erste Jugendblüte schon abgestreift, ohne Männer gefunden zu haben. Dies rührt davon her, daß die Battaker ihre Weiber kaufen müssen.

Der Rajah war gekommen, um mich zu der feierlichen Schlachtung des Büffelkalbes einzuladen. Ich folgte ihm in seine Hütte. Die Zeremonie bestand in einem tollen Tanze, den der achtzehnjährige Sohn des Rajahs unter lärmender Musik aufführte. Die Hütte war so voll von Menschen, daß man sich kaum bewegen konnte. Jedermann wollte den Jüngling tanzen sehen, der, wie man mir sagte, vom bösen Geist besessen war. Er raste auch wirklich wie besessen umher, bis er vor Erschöpfung beinahe hinsank. Ein anderer, nicht besessener Tänzer nahm seinen Platz ein, bis sich jener wieder erholte, was sehr bald der Fall war. Dann begann er zum zweitenmal dieselbe Raserei. Man reichte ihm eine mit ungekochtem Reis gefüllte Schale, die er mehrmals über den Kopf erhob, als wolle er ihren Inhalt den Geistern opfern oder deren Segen darüber erflehen; hierauf nahm er einige kleine Portionen heraus, streute sie in die Luft, stürmte plötzlich aus der Hütte, streute vor derselben ebenfalls einen Teil des Reises in die Luft und den Rest über das Kalb, das, auf ein Gerüst gebunden, zum Schlachten bereitlag. Er kehrte hierauf wieder in die Hütte zurück und raste so lange fort, bis er am Ende ganz erschöpft den erbauten Zusehern in die Arme fiel. Das Kalb wurde nun geschlachtet, in viele kleine Stücke zerschnitten und größtenteils unter das Volk verteilt. Für mich ward die Leber, als das beste Stück, zur Seite gelegt. Ich erhielt sie abends zum Imbiß, aber leider ungenießbar; sie war zu einem Stein verbraten. Ich mußte daher mich auch heute, obwohl mir zu Ehren das Kalb geschlachtet worden war, mit Reis und Salz begnügen.

8. August. Ich verließ Danau mit einem Gefolge von mehr als zwanzig Personen, von welchen jedoch der größere Teil an der Grenze (drei Paal) zurückkehrte. Sie reichten mir beim Abschied die Hand und wünschten mir eine glückliche Wiederkehr. Alle betrachteten meine Reise als ein großes Wagestück, wiesen an den Hals und gaben mir durch Zeichen zu verstehen, daß sie befürchteten, man würde mir den Kopf abschneiden und mich auffressen. Obwohl diese Pantomime nicht sehr ermutigend war,

kam mir doch kein einziges Mal der Gedanke in den Sinn, von der Reise abzustehen.

Meine Begleitung bestand nur aus dem Rajah, aus fünf seiner Leute, meinem Führer, einem Kuli für mich und einem für den Führer.

Der Weg ging durch die sogenannte „Wildnis", durch finstere, beinahe undurchdringliche Wälder oder durch sechs Fuß hohen Alang-Alang. Wir sahen nirgends weder eine Hütte, noch einen Menschen, dagegen viele Spuren von wilden Tieren, besonders von Tigern. Bei einem Fluß angekommen, mußten wir auf einen Baum klettern und die überhängenden Äste, die sich mit jenen eines anderen am jenseitigen Ufer kreuzten, benützen, um hinüber zu kommen. Diese natürliche Brücke erhob sich gewiß an zwanzig Fuß über das Wasser.

Von Zeit zu Zeit gelangten wir an Waldausschnitte, von welchen wir die herrlichsten Überblicke großer, schöner Täler hatten, die von dem Fluß *Padang-Toru* in unzähligen Krümmungen durchschnitten waren. Ein kleiner See, wenig größer als ein Teich, schimmerte in schöner Sonnenbeleuchtung auf einer der Höhen. Dem Padang-Toru kamen wir oft ganz nahe; es ist ein schöner, breiter Strom, aber kein Boot schaukelte sich auf seinem Rücken; wohin der Blick fiel, war alles menschenleer – es schien, als wären wir die einzigen Bewohner der Erde.

In dieser Jahreszeit regnet es beinahe regelmäßig jeden Nachmittag, und leider traf uns der Regen stets auf dem Wege, denn hier wie in Borneo war an ein frühes Fortkommen nicht zu denken. Dieses schlechte Wetter belästigte mich um so mehr, als ich auf Kleider- und Wäschewechsel verzichten mußte – einerseits verließen mich die Leute weder bei Tag noch bei Nacht, andererseits hatte ich mein kleines Gepäck gewöhnlich nicht zur Hand, wenn ich es am notwendigsten brauchte. Mein Führer, der, gleich jenem von Sarawak, nur tat, was ihm beliebte, verlangte stets zuerst einen Kuli für sich, von welchem er sich vollkommen bedienen ließ; für meine Reisetasche ward der nächste beste Mensch genommen – fand sich keiner, so ließ er sie zurück, mit dem Bedeuten, sie nachzubringen.

Heute war der Regen schon über alle Maßen lästig. Wir mußten noch dazu im Walde unser Nachtquartier aufschlagen. Man errichtete zwar schnell ein kleines Blätterdach und bedeckte den Boden mit großen Blättern; allein ich war schon durch und durch naß, als wir ankamen, und bis über die Knie voll Schlamm und Morast; ich mußte an dem kleinen Fluß, an dem wir uns gelagert hatten, den Schmutz von den Füßen und Kleidern waschen, und von Wasser triefend, zitternd vor Kälte (die Abende und Nächte waren sehr kalt) das Feuer suchen, das aus Mangel an trockenem Holze mehr glimmte als brannte.

Meine Begleiter trugen Holz für die Nacht zusammen, fingen in dem Flüßchen einige kleine Fische und brachten einige ganz grüne Bambusrohre herbei, deren Nutzen oder Gebrauch mir nicht erklärlich war; bald sah ich, daß sie statt der Kochgeschirre dienten. Die Leute legten Reis nebst etwas Wasser auf Pisangblätter, machten lange Wülste daraus und schoben sie in die Rohre; dasselbe taten sie mit den kleinen Fischen. Die Rohre wurden auf das Feuer gelegt und so lange liegen gelassen, bis sie zu brennen anfingen, was eine sehr geraume Zeit währte, da sie viel Feuchtigkeit enthielten. Man spaltete dann die Rohre und nahm die köstlichen Gerichte heraus. Einige der größeren Fische wurden an kleine Holzstäbchen gespießt, die man neben dem Feuer in die Erde steckte, und ein wenig gebraten.

Das Mahl war schlecht und unsauber; den Reis hatte man nicht gewaschen, die Fische weder gereinigt noch gesalzen; allein den ganzen Tag hatte ich nichts genossen, meine Eßlust war überdies durch den mühevollen Marsch (achtzehn Paal) sehr gesteigert worden; ich fand daher das Essen dennoch vortrefflich.

Bevor wir uns zur Ruhe begaben, empfahl ich den Leuten, die Nacht hindurch ein tüchtiges Feuer zu unterhalten, um die Tiger von uns zu scheuchen. Aber bald fielen sie in tiefen Schlaf, mein Rufen erweckte sie nicht, ich konnte das Feuer nicht unterhalten, weil das Holz zu naß war, und so umgab uns bald undurchdringliche Finsternis. Ich schlief keine Minute, weniger einen Überfall von Menschen als von Tieren fürchtend. Sooft ich im Gebüsch ein Feuerkäferchen sah, meinte ich das glühende Auge eines Tigers zu erblicken, sooft es im Laube raschelte, dachte ich an Schlangen – es war eine schauderhafte Nacht!

9. August. *Soßor-Doluk*, siebzehn Paal. Wenig gestärkt durch das gestrige Mahl, erschöpft vom nächtlichen Wachen, ging ich ohne Imbiß fort und Mühen sondergleichen entgegen. Wege, wie mir noch keine ärgeren vorgekommen waren, führten durch undurchdringliche Waldungen, voll von dichtem Untergebüsch, durch hochaufgeschossenes Alang-Alang, durch Sümpfe und Flüsse, die oft der Länge nach durchwatet werden mußten. Die Bäume und Gebüsche troffen noch vom nächtlichen Regen. Ganz steil abfallende Hügel sperrten das Vordringen und waren gefährlich zu übersteigen, da alles so glatt und schlüpfrig war, daß man keinen festen Fuß fassen konnte. Zu diesen Übeln gesellte sich noch ein hochstämmiges Schilf (*Saccharum Koenigri*), das in einer Höhe von vier bis fünf Fuß so dicht ineinander verflochten war, daß man nur in gebückter Stellung durchkommen konnte. Der Pfad bestand an solchen Stellen aus einer schmalen Rinne mit Löchern und Gruben voll Schlamm und Morast. Man hatte kaum so viel Raum, um einen Fuß vor den anderen zu setzen. Glitt man in ein Loch, in eine Grube, und wollte man sich am Schilf oder am Gebüsch festhalten, so erging es einem noch schlimmer. Das Schilf brach, und unter dem Gebüsch gab es Stämmchen mit großen Stacheln, an welchen man sich die Hände blutig riß. Springende Blutsauger kamen in solcher Menge vor, daß ich am ganzen Körper, besonders an den Füßen, heftig blutete. Den größten Teil dieser Fußreise, besonders jenen durch die Wüstenei, mußte ich mit bloßen Füßen machen, da es unmöglich ist, sich auf diesen morastigen, teilweise tief unter Wasser stehenden Wegen irgendeines Schuhzeuges zu bedienen, das dem Fortkommen nicht hinderlich wäre. Meine Füße wurden infolgedessen von dem scharfkantigen Alang-Alang ganz zerschnitten, von Dornen zerstochen. Nach jeder vollbrachten Tagereise mußte ich mir von einem der Eingeborenen die Dornen ausziehen lassen. Sie machten die Sache gut, aber auf sehr schmerzhafte Weise; die großen, wenig spitzen Parangs dienten ihnen als Instrumente. Oft waren meine Füße so wund, daß ich dachte, am folgenden Morgen nicht fort zu können – dennoch ging es täglich weiter.

Als wir dem Ausgang der Wildnis nahe kamen, hörten wir ein heftiges Geschrei von vielen Menschenstimmen. Dies erschreckte uns sehr. Wir verhielten uns eine Zeitlang ganz ruhig und stille und schlichen endlich, gleich Dieben, mit großer Vorsicht dem Ausgang zu. Aus dem Walde tretend, befanden wir uns an dem Ufer des Flusses *Puli* und sahen die Schreier, vierzig bis fünfzig an der Zahl, beinahe im Naturzustande, im Wasser stehen und mit Fischen beschäftigt. Der Rajah hieß mich mit den Leuten zurückbleiben, ging allein zu dem fischenden Häuptling und ersuchte ihn um die Gnade, mir den Eintritt in sein Land zu gewähren. Nach vielen Fragen und Erläuterungen erhielt ich die Bewilligung. Wir gingen durch den ziemlich breiten Fluß und machten am jenseitigen Ufer unter dem Prachtexemplar eines Baumes aus der Familie der Dilleniaceen[64] (auch Colbertia genannt) Rast. Dieser Baum hat mehr als faustgroße Blütenknospen, die wie Früchte aussahen. Ich öffnete eine derselben und fand eine wunderschöne Blume darinnen. Wenn die Kapsel gereift ist, springt sie von selbst auf.

Außer dieser Gattung schöner Bäume fielen mir in Sumatras Wäldern wenige ihres besonderen Umfanges oder auch ihrer besonderen Höhe wegen auf. Ich habe wohl Bäume von hundert und vielleicht hundertzwanzig Fuß Höhe gesehen, aber gewiß nicht von zweihundert, wie manche Reisende behaupten wollen. Auch die wildwachsenden Blumen mußte ich emsig suchen; sie schaffen hier bei weitem nicht, wie in Brasilien, die Wälder zu natürlichen Gärten um.

Was den Weg anbelangt, so war nun wohl das Schlimmste der Reise glücklich überstanden; jetzt begann aber der ungleich gefährlichere Kampf mit den Menschen.

Wir setzten alsbald unsere Wanderung fort. Das Land war noch immer hügelig, doch freier und offener, und gute Pfade führten uns der Nachtstation zu. Wir kamen an einigen schrecklichen Erdspalten oder Rissen vorüber, in deren Tiefe sich der Blick mit Schaudern verlor.

Als wir in Soßor-Doluk anlangten, machte man einige Schwierigkeiten, uns, das heißt mich, aufzunehmen; endlich wies man uns doch eine Ruine von einer Hütte an, die so schief und krumm stand, daß ich jeden Augenblick ihres Einsturzes gewärtig war. Das Dach glich einem Siebe, ich konnte in der Nacht die Sterne über meinem Haupte zählen; allein es war ein herrliches Nachtquartier im Vergleich zu jenem in dem nassen, finsteren Walde.

Abends kam der Rajah des Ortes in Begleitung des Rajah von *Sigumpolang* (einem nahegelegenen Ort), der zufällig hier auf Besuch war, zu mir. Beide machten große Schwierigkeiten, mir die Erlaubnis zu erteilen, weiter in dem Lande vorzudringen. Am Ende verdankte ich diese Erlaubnis meinem Geschlecht; wäre ich ein Mann gewesen, so hätten sie mich ohne Zweifel für einen Spion gehalten und zurückgewiesen, wo nicht gar getötet.

Nahe bei Soßor-Doluk ist eine heiße Quelle, doch ohne Schwefelgeruch. Die Leute baden sich häufig darin und halten sie für jede Krankheit heilsam.

10. August. Sigumpolang (Klein-Toba), fünf Paal. Der Rajah dieses Uttas, Hali-Bonar, ein sechs Fuß hoher, kräftiger Greis, begleitete uns. Wir überschritten den Padang-Toru auf einer Hängebrücke, die aus einem einzigen, wenigstens siebzig Fuß langen Bambusrohr bestand, das kaum sechs Zoll im Durchmesser haben mochte. Dünne Stämmchen formten an den Seiten ein Geländer, welches jedoch, gleich jenem auf der Brücke zu Borneo, nicht als Stütze, sondern nur dazu diente, das Gleichgewicht zu erhalten. Ich konnte den einfachen Bau sowie die Stärke dieser Brücke nicht genug bewundern. Das Rohr schwebte vollkommen frei in der Luft, bloß die Endpunkte ruhten auf Baumstämmen. Je mehr man sich der Mitte näherte, desto mehr schwankte es – ich dankte Gott, als ich das jenseitige Ufer glücklich erreichte. Dieses einzige Rohr trug zu gleicher Zeit ungefähr ein Dutzend Menschen.

Die Landschaft war reizend, das Tal groß und wellenförmig; aber auch an Flächen fehlte es nicht, die reich mit Reis bepflanzt waren.

Hali-Bonar führte mich an seinem Utta vorüber, einen halben Paal weiter nach einem großen freien Platze, auf welchem Bazar gehalten wurde, um mich da dem Volke und mehreren Rajahs*

---

* Auch in den Battakerländern hat jedes Utta seinen Rajah. Dieser vielen Rajahs wegen ist das Reisen so beschwerlich; alle Augenblicke muß man den Schutz eines neuen zu erhalten suchen.

Abbildung 14: Eine Bambusbrücke.

vorzustellen. Er tat dies in der Absicht, daß, wenn ich im Laufe der Reise durch eines der Utta dieser Leute käme, sie mich freundlich aufnähmen. Die Rajahs, die sich auf dem Bazar befanden, setzten sich um mich auf den Boden, und ihre Lanzenträger, deren jeder Rajah ein halbes Dutzend mit sich hatte, schlossen einen Kreis um uns, eine höchst notwendige Vorsicht, da das Volk mit wildem Geschrei von allen Seiten herandrang. Die Verkäufer verließen ihre Waren, die Käufer vergaßen ihre Geschäfte; alles wollte mich sehen; Männer und Kinder, die nicht in meine Nähe kommen konnten, kletterten auf die Bäume. Es war ein Gewirre, ein Lärmen, von dem man sich keine Vorstellung machen kann. Ich verstand kein Wort von dem, was sie sprachen, und befand mich fast allein unter diesen wilden Menschen – der Rajah von Danau war mit seinen Leuten und meinem Führer im Utta zurückgeblieben.

Unter dem Volke sah ich viele sechs Fuß hohe, starke Männer; auch die Weiber waren kräftiger als alle, die ich bisher auf Sumatra gesehen hatte. Die Gesichtsbildung fand ich aber häßlich wie überall, die Zahnkiefer breit und ganz besonders hervorragend, die Hautfarbe nicht sehr dunkel. Gekleidet gingen beide Geschlechter in Sarongs. Die Weiber trugen in den Ohrläppchen große Messingbleche oder runde Stücke Holz; auf den Kopf legten sie ein, auch zwei große zusammengefaltete Tücher. Die Männer hatten hier die Ohrläppchen ebenso weit durchlöchert wie die Weiber, meistens aber nur eines. Die Rajahs trugen schwere Goldreifen daran, die übrigen steckten Strohzigarren durch. Eine zweite Auszeichnung des Rajah bestand in einer großen Tabakspfeife von Messing, die an einem schweren Messingrohr hing.

Ich bemerkte bei den Battakern dieselben aus weißen Muscheln geschnittenen Armbänder, dieselben Korbgeflechte, dieselbe Art Maultrommeln, dieselben aus Bast geschlagenen Zeuge wie bei den Dayakern.

Nachdem ich über eine Stunde unter diesem Volke zugebracht hatte, führte mich Hali-Bonar nach seinem Utta.

Die Häuser der Battaker sind auf Pfählen gebaut, gleich jenen der Malaien, aber ohne Vergleich größer, schöner und solider. Sie haben sehr hohe Dächer, die das Haus an fünf Fuß überragen. Die beiden Enden der Dächer gehen in hohen Spitzen aus. Ich möchte die Höhe der Häuser sowie ebenfalls das Geviert auf vierzig bis fünfzig Fuß annehmen. Sie bestehen aus Bretterwänden, die Dächer sind mit der Faser der Arengapalme[65] gedeckt. An manchen Häusern waren die Vorderseiten angestrichen und ebenso geschmackvoll ausgeschnitzt wie in dem Kampon Kotto-Godong nächst Fort de Kock. Man sieht weder Fenster noch Türen. Nur in der Höhe ist an der Außenseite eine kleine hölzerne Galerie angebracht, von dem Vorsprung des Daches gedeckt, auf welche nach der inneren Seite des Hauses eine Türe führt, zu der man auf Leitern steigen muß. Der Aufgang in das Haus ist unter demselben und mit einer Falltüre zu schließen. Das Innere besteht aus einem einzigen großen Gemach, in welchem meistens drei, auch vier Familien wohnen, jede in einer Ecke. In diesen Häusern ist es natürlich ganz finster, man gewahrt im ersten Augenblick nichts als einige Luftlöcher in der Höhe, die dem Rauch Ausgang gestatten, von welchem das Gemach stets voll ist, da, obwohl die Leute wenig zu kochen haben, doch in jeder Ecke das Feuer beinahe fortwährend brennt.

In dem Raum unter dem Haus werden Schweine, Geflügel, Kühe (alle schwarz), Büffel, Hunde, hie und da auch ein Pferd gehalten. Die Schweine sind von ganz eigentümlicher Art: Sie haben sehr spitz zulaufende Rüssel, einen etwas eingebogenen Rücken, kurze Füße, wenig Borsten, dagegen eine dicke, kurze Mähne wie Pferde.

Die Vorräte an Vieh und Reis fand ich bedeutend, ja sehr reich im Vergleich zu jenen der Javanesen oder der Sumatra-Malaien. Der Hausrat bestand aus eisernen Kesseln, irdenen Töpfen, Tellern, Näpfen, vielen Matten und Körben, einigen Spinnrädern, Holztruhen usw.

Beinahe jedem Hause gegenüber steht ein *Soppo*, das ist eine offene Hütte mit einem unterteilten Dach, auf welchem der Reis in Säcken und Körben aufgespeichert ist. Dieser Soppo ist der eigentliche Wohnplatz der Leute während des Tages. Hier weben die Weiber die Sarongs, die Männer versammeln sich, um die Zeit im Geschwätz und Nichtstun hinzubringen, denn auch unter den Battakern muß das Weib beinahe alle Arbeit verrichten. Abends finden hier die Zusammenkünfte der heiratsmäßigen Mädchen mit den jungen Leuten statt. Dem Fremden wird ebenfalls in den Soppos das Nachtquartier angewiesen. Auch ich schlug das meinige hier auf.

Hali-Bonar erbot sich, mich bis Silindong (Groß-Toba) zu begleiten, ein Anerbieten, das ich mit um so größerer Freude annahm, als mich der Rajah von Danau mit seinem Gefolge hier verließ.

Ich mußte gleichfalls wie zu Danau einen Tag verweilen, denn auch Hali-Bonar schlachtete am folgenden Morgen ein Büffelkalb, teils mir zu Ehren, teils um die bösen Geister anzuflehen, unserer Reise nichts in den Weg zu legen. Er holte mich persönlich zu dieser Feierlichkeit ab und führte mich in einen sauberen, mit Matten belegten Soppo, der seinem Hause gegenüber stand. Die Feierlichkeit fand hier unter freiem Himmel statt. Ein ganzes Musikcorps war versammelt; man schlug auf Trommeln und Gongs, man blies eine Art Dudelsack und lange Pfeife. Das Kalb wurde unter voller Musik geschlachtet, die Eingeweide (der größte Leckerbissen) in das Haus des Rajahs getragen und das übrige unter das Volk verteilt. Der Rajah von Danau bekam natürlich nebst seinen Leuten auch seinen Teil.

Ein Mann trat hierauf, einfach und dennoch malerisch gekleidet, auf den Schauplatz. Er trug einen schönen Sarong, der von den Hüften bis an die Füße reichte, ein weißes Tuch kranzartig um den Kopf geschlungen und eine Art von schwarzem Shawl, an den Rändern mit Glasperlen besetzt, um den Oberkörper in reichen Falten geworfen. Die Shawls, an fünf Fuß lang und zweieinhalb breit, werden nur von den Männern getragen und dürfen bei Feierlichkeiten, und wenn die Krieger zu Felde ziehen, nicht fehlen. Der Mann hielt in der einen Hand ein mit Wasser gefülltes Büffelhorn, in der andern ein Betelblatt. Nach einer langen Rede, die einem Gebet glich, fing er einen recht hübschen Tanz an, hob Horn und Blatt mehrmals gegen den Himmel und schlug seine Augen zu demselben auf. Er goß hierauf einiges Wasser gegen mich und die Musiker, den Rest über das Betelblatt. Das Horn wurde ein zweites Mal mit Wasser gefüllt und dieselbe Zeremonie wiederholt, worauf er einen Teller voll Reis nahm, mit welchem er nach einer abermaligen Rede dasselbe tat wie mit dem Wasser. Der Rajah trat nun auf den Schauplatz, gefolgt von einem Mann, der stets nahe hinter ihm blieb und ein Diener zu sein schien. Der Rajah ahmte den ersten Tänzer in allem nach, nur daß er das zweite Mal das Horn gegen einen Teller mit Reiskuchen vertauschte und es am Ende des Tanzes vor mich hinstellte. Zum Schluß begannen der Rajah und der Tänzer vereint einen artigen Tanz aufzuführen, bei welchem sie mehrmals die Hände wie bittend gegen den Himmel erhoben und diese Pantomime mit ehrfurchtsvollen Blicken begleiteten. Der Diener folgte auch hierbei dem Rajah stets wie sein Schatten. Wer nicht gewußt hätte, daß diese Anrufung dem Haupt der bösen Geister oder, wie wir sagen würden, dem Luzifer galt, würde das ganze für einen recht schönen, andächtigen Gottesdienst gehalten haben. Bei keinem Volk sah ich eine anscheinend so feierliche Zeremonie.

Nachdem die beiden Tänzer abgetreten waren, kamen andere, die einfache, langweilige, den malaiischen sehr ähnliche Tänze aufführten.

Bei diesem Fest waren die Weiber nicht gegenwärtig; sie erhielten jedoch ihren Anteil bei der Verteilung des Fleisches. Nach dem Fest wurde in dem Soppo, in welchem ich wohnte, das Festmahl bereitet und verzehrt. Man kochte Reismehl in dem Blut des Büffels und ließ Fleisch und Eingeweide an hölzernen Spießen braten. Ich bekam von allen Gerichten, von der Leber ein besonders großes Stück. Was ich übrig ließ, wurde mir so oft wieder vorgestellt, bis es aufgezehrt war – man gab mir nichts anderes. Manche von den Gästen tranken nach dem Essen sehr warmes, beinahe heißes Wasser, das gleich unserem schwarzen Kaffee die Verdauung fördern soll.

Nachmittags ersuchte ich Hali-Bonar, einige Volkstänze aufführen zu lassen. Der Schwerttanz glich zu meinem Erstaunen vollkommen jenem, den ich auf Borneo von den Dayakern hatte aufführen sehen. Dem Schwerttanz ganz ähnlich war der Messertanz; der einzige Unterschied bestand darin, daß die Messer nicht auf der Erde lagen, sondern in Scheiden staken, welche die Tänzer am Gürtel befestigt hatten und aus welchen während des Tanzes die Messer gezogen wurden. Ein hierauf folgender Faustkampf gab dem Publikum sehr viel zu lachen. Die beiden Kämpfer oder Tänzer schlugen und stießen sich auf höchst vorsichtige Weise unter grotesken Grimassen und Wendungen mit Händen und Füßen. Sehr wild und belebt war der Teufelstanz. Diese vier Tänze wurden von zwei Männern aufgeführt. Nun kam ein Tanz, an welchem vier Männer und ein Weib teilnahmen; letzteres machte jedoch nur einige Bewegungen mit den Händen und kauerte sich zeitweise auf den Boden; die Männer tanzten um sie herum. Alle diese Tänze waren lebhaft, mit abwechselnden, recht hübschen Figuren und Stellungen. Auch hier schlugen die Tänzer die Augen stets zu Boden.

Ich hatten nun alle Tänze gesehen, bis auf jenen, den sie bei der Tötung eines Menschen aufführen, der zum Verzehren bestimmt ist. Diesen Tanz wollte man mir nicht zeigen, gab aber am Ende doch meinen Bitten nach. Sie banden zu diesem Zwecke an einen Pflock ein großes Stück Holz, welches das Schlachtopfer vorstellte, und setzten ihm eine Strohkappe auf. Ehe sie zu tanzen anfingen, streuten sie sich etwas Erde auf den Kopf. Der Tanz selbst war sehr lebhaft und von vielen Grimassen begleitet; sie hoben dabei die Füße so viel sie konnten in die Höhe und zückten ihre Parangs nach dem Opfer. Endlich gab ihm einer den ersten Stoß, die anderen folgten sogleich seinem Beispiel, das Blut wurde sorgfältig aufgefangen. Sie hieben dann den Kopf (die Strohkappe) vom Rumpf, legten ihn auf eine ausgebreitete Matte, tanzten darum her und stießen dabei wildfröhliche Töne aus. Einige hoben den Kopf auch auf und führten ihn zum Munde, als leckten sie das Blut ab, andere warfen sich zur Erde, als saugten sie das vom Kopfe rieselnde Blut auf, oder sie tauchten die Finger in dasselbe und führten sie zum Munde. Alles dies geschah nicht so sehr mit wilden als mit fröhlichen Gebärden; auch ihre Gesichtszüge drückten eher Vergnügen als Grausamkeit aus. Freilich war dies nur ein Spiel; ganz anders mag es sich verhalten, wenn ein wirklicher Mensch getötet wird.

Nichtsdestoweniger machte dieses schauerliche Spiel einen großen Eindruck auf mich. Ich betrachtete unwillkürlich die wilden Gestalten, in deren Macht ich war; unheimliche Bilder drängten sich vor meinen Geist, und, in mein Soppo zurückgekehrt, fiel ich erst spät in einen unruhigen Schlaf mit aufgeregten, beängstigenden Träumen.

12. August. *Si-Pijarajah*, zehn Paal. Die klare Morgensonne verscheuchte die nächtlichen Visionen, und mit neuem Mut trat ich die Tagereise an. Wir mußten heute über den tiefen, reißenden Strom *Padang-Toru*, eine schwere Sache für mich, die nicht schwimmen konnte. Zwei Eingeborene reichten mir jeder eine Hand, ich hielt den Kopf über dem Wasser, und so zogen sie mich hinter sich her. Die Wege waren gut; wir kamen über einige niedrige Hügelketten und durch schöne Täler mit Hügeln. Die Gebirgskette, die wir selten aus dem Gesicht verloren, wurde stets niedriger, die höchsten Spitzen mochten 1.200 bis 1.500 Fuß hoch sein. Uttas sahen wir wenige; sie waren mit Erdwällen oder hölzernen Zäunen umgeben. Wir mußten am Eingang stets um die Erlaubnis des Eintrittes ansuchen. Ich litt heute sehr von der Hitze, da der größte Teil des Weges in der Sonne oder durch glühend heißes Alang-Alang ging. Der Thermometer zeigte vierzig Grad (Reaumur)[66].

In Si-Pijarajah brachte ich die Nacht wieder in einem Soppo zu. Ich wußte nie, welchen Wohnort ich wählen sollte, ob den Soppo oder das Haus des Rajah. Im ersteren war ich unausgesetzt wie auf offener Schau. Die Leute blieben nicht nur vor dem Soppo stehen, sie traten auch in denselben. Abends wurde Feuer angezündet, und man schwatzte bis tief in die Nacht. Jeder neu Hinzukommende wollte aus dem Munde meines Führers selbst vernehmen, „warum, woher ich käme" usw. Keiner traute den Überlieferungen seines Nachbars. Die Erscheinung einer Europäerin war ihnen zu außerordentlich, sie konnten sie nicht begreifen. Auch diese Barbaren taten mir die Ehre an, mich für ein außergewöhnliches Wesen zu halten. Viele unter den Neugierigen, die von anderen Uttas gekommen waren, streckten sich gleich auf dem Platz nieder, wo sie saßen, und verschliefen da den Rest der Nacht.

In dem Haus des Rajahs hatte ich einst nicht geringere Unannehmlichkeiten. Die Weiber, in Gegenwart der Männer scheu und zurückgezogen, mit ihren Kindern fliehend, wenn ich mich näherte, wurden, sobald ich allein in ihrer Mitte war, nicht nur gleich zutraulich, sondern so zudringlich, daß sie meine ganze kleine Habe forderten, die Kleidungsstücke nicht ausgenommen, die ich am Körper trug. Ich wußte nicht, wie ich mich ihrer erwehren sollte, denn der Anfang des Gebens wäre für sie das Signal des gewaltsamen Nehmens gewesen. Ich schob mein Ränzchen hinter mich und mußte einige Male die Weiber kräftig zurückweisen. Gewöhnlich zogen sie dann drohend und heftige Reden gegen mich ausstoßend ab. Ich hütete mich so viel als möglich, allein mit ihnen zu sein. Unter den Männern war ich viel sicherer: Sie gafften mich stundenlang an, schwatzten fortwährend über mich, verhielten sich aber im übrigen höchst anständig.

Eine weitere Unannehmlichkeit in den Häusern war während des Tages die Dunkelheit, abends, wenn die vier Feuer brannten, der Rauch; ich konnte die Augen kaum öffnen. Auch sah ich hier so viel Schmutz und Unreinlichkeit, daß ich die mir gebotene Mahlzeit nur mit dem größten Ekel verzehrte. Der Reis wurde ungewaschen in den Topf geschüttet, der Topf selbst gleichfalls nicht gereinigt, da die Leute glauben, daß, wenn stets etwas Reis in dem Topfe zurückbleibe, es nie daran fehle. Morgens kochten sie Milch, in die sie Kräuter und Blätter warfen, um sie in Käse zu verwandeln. Sie preßten mit ihren schmutzigen Händen den Käse aus, schütteten die Molken über den Reis und vermengten dies ebenfalls mit den Händen. Wurde für mich und meinen Führer ein Huhn getötet, so rissen sie es in vier Teile, die sie ins Feuer warfen, wo dieselben gewöhnlich zu Kohlen verbrannten; die Eingeweide wuschen sie ein wenig aus und bereiteten sie für sich. Sie aßen alles, was lebt, sogar Regenwürmer und alle Arten größerer Käfer. Ich konnte diese ekelhafte Gefräßigkeit um so weniger begreifen, als ich in allen Uttas Überfluß an Hornvieh, Geflügel, Schweinen, Reis usw. sah.

Die Weiber werden hier womöglich noch mehr als in Mandelling oder Ankola wie Lasttiere betrachtet. Die Männer bauen nur die Häuser und pflanzen den Reis; fast alles übrige fällt den Weibern zu. Am meisten war ich erstaunt zu sehen, wie lange die Weiber die Kinder säugten und auf dem Rücken trugen. Kinder von drei Jahren nahmen noch die Mutterbrust und stritten sich oft mit den jüngeren darum. Manches zweijährige kräftige Kind sah ich vom Spiel wegeilen, wenn es die Mutter gewahrte, und sich auf ihren Rücken hängen. Diese band es mittels eines alten Tuches oder Sarongs fest und verrichtete mit dieser Last ihre Arbeiten. Morgens rissen Mütter oft große Kinder aus dem Schlaf, banden sich selbe auf den Rücken und begannen ihre Hausgeschäfte.

13. August. Silindong, Groß-Toba, zwölf Paal. Die erste Hälfte der Reise ging, wie gestern, durch wenig bevölkerte, hügelige Täler; dann erstiegen wir einen niedrigen Gebirgskamm, und das überraschend schöne Silindong-Tal lag in seiner ganzen Größe zu unseren Füßen. Ich hatte bisher auf dieser Reise keine größeren Flächen als von einigen Paal Länge (das Lavas-Tal ausgenommen) gesehen. Hier erblickte ich eine Ebene, die gewiß über zwanzig Paal lang und acht Paal breit sein mochte; sie war von dem Padang-Toru in mehreren Armen durchschnitten und bewässert und mit üppig grünen Reisfeldern bedeckt. Eine unzählige Menge kleiner Boskette[67] lagen wie Blumen über den großen, grünen Teppich gestreut. Jedes Boskett barg, wie ich später sah, ein Utta.

Bevor wir in das Tal hinabstiegen, bedeutete mir Hali-Bonar, mich nicht von ihm zu entfernen und stets hinter seinem Rücken zu bleiben. Den Zug eröffneten seine sechs Lanzenknechte, dann kam er, dann ich, mein Führer und noch einige Leute von irgendeinem Utta. An dem ersten Utta angekommen, gab es schon Anstände mit dem Weiterkommen. Überall war es bereits bekannt, daß ich im Lande sei und wohin ich gehen wolle. Vor jedem Utta, an dem mein Weg vorüberführte, standen die Männer versammelt, mit Lanzen und Parangs bewaffnet, und versperrten mir den Durchzug. Doch am Ende wußte Hali-Bonar die Leute stets zu bewegen, mich weitergehen zu lassen.

An einem Ort aber schien es ernster zu werden. Mehr als achtzig bewaffnete Männer standen am Wege und erwarteten uns. Als wir an ihnen vorüber wollten, verstellten sie den Weg, und in einem Augenblicke hatten viele Lanzenknechte einen Kreis um mich geschlossen. Die Leute sahen über alle Beschreibung wild und fürchterlich aus. Sie waren groß und kräftig, viele an sechs Fuß hoch, die Gesichtszüge leidenschaftlich bewegt, was

sie noch viel häßlicher machte – das große Maul mit den hervorstehenden Zähnen glich wahrlich mehr dem Rachen eines wilden
Tieres als einem menschlichen Munde. Sie schrien und lärmten so
auf mich los, daß, wäre ich mit dergleichen Szenen nicht schon
vertraut gewesen, ich das äußerste hätte befürchten müssen. Ich
hatte zwar Angst – die Szene war zu entsetzlich –, doch verlor ich
nicht meine Geistesgegenwart und setzte mich, anscheinend ruhig und vertrauensvoll, auf einen Stein, der am Wege lag. Einige
Rajahs traten auf mich zu, mir mit Worten und Zeichen drohend,
daß, wenn ich nicht umkehre, man mich töten und verzehren
würde. Die Worte verstand ich nicht; aber die Zeichen ließen mir
keinen Zweifel, denn sie wiesen mit einem Messer an den Hals,
mit den Zähnen an die Arme und bewegten das Zahnkiefer, als
hätten sie den Mund schon voll von meinem Fleische. Ich war
natürlich schon seit dem Eintritt in dieses Land auf solche Szenen
gefaßt und hatte zu diesem Zwecke einen kleinen Satz in ihrer
Sprache gelernt. Mein Gedanke war, wenn ich etwas sagen könnte, was ihnen gefiele, was sie lachen machen würde, hätte ich
einen großen Vorteil über sie, denn die Wilden sind wie die
Kinder – eine Kleinigkeit ist oft hinreichend, sie zu Freunden zu
machen. Ich erhob mich also, klopfte dem Vordersten, der sich am
meisten an mich herandrängte, freundlich auf die Schulter und
sagte mit heiterer, lächelnder Miene, halb Malaiisch, halb Batta-
kisch: „Ihr werdet eine Frau nicht töten und auffressen, am wenigsten eine so alte wie ich bin, deren Fleisch schon hart und zähe
ist." Durch Zeichen und Worte gab ich ihnen ferner zu verstehen,
daß ich keine Furcht vor ihnen hätte, daß ich bereit sei, meinen
Führer zurückzulassen und allein mit ihnen zu gehen; sie sollten
mich nur bis *Eier-Tau* führen. Glücklicherweise fingen sie an, über
mein Kauderwelsch, über meine Pantomime zu lachen. Meine
Furchtlosigkeit, mein Zutrauen gefiel ihnen – ich hatte gesiegt. Sie
reichten mir die Hände, die Reihen der Lanzenknechte öffneten
sich, und froh und heiter, im Gefühl der überstandenen Gefahr,
setzte ich mit meinen Leuten die Wanderung fort. Wir kamen
unbelästigt bis *Tugala*, wo mich der Rajah Ompu-Soubun in seinem Hause aufnahm.

Abbildung 15:
Ein Battaker.

14. August. Nur sechs Paal zurückgelegt. Wiederholte wilde Szenen unterbrachen den Marsch. Nur mit der größten Mühe gelangte ich bis zu dem Rajah Ompu-nimar-longus, in dessen Utta ich diesen Tag und die Hälfte des folgenden bleiben mußte.

Hier fanden meinetwegen große Beratungen statt. Jeden Augenblick kam ein neuer Rajah mit einer kleinen Anzahl Lanzenknechte an; bald war das Utta voll von Männern und Bewaffneten. In dem hohen Rat wurde leider beschlossen, daß ich nicht weiter vordringen dürfe. So nah am Ziel, nach so vielen glücklich überstandenen Gefahren und Mühseligkeiten umkehren – das war doch sehr hart! Nach der Beschreibung der Eingeborenen war ich nicht mehr als zehn bis zwölf Paal von dem See Eier-Tau entfernt. Ich hätte nur eine niedrige Hügelkette zu übersteigen gehabt und wäre an seinem Ufer gestanden. Sie sagten mir, daß sich „das große Wasser", wie sie den See nannten, weit ausbreite, daß das umliegende Land sehr fruchtbar und von mächtigen Völkern bewohnt sei, die unter der Regierung einer Königin stünden. Vergebens war mein erneuter Antrag, meinen Führer zurückzulassen und allein mit einem ihrer Leute zu gehen, vergebens suchte ich sie durch Bitten zu bewegen, mich nur die Hügelkette ersteigen zu lassen, um doch wenigstens einen Blick auf den See werfen zu können. Sie erwiderten mir, daß sie mit den Battakern zu Eier-Tau beständige Uneinigkeiten hätten und daß keiner von ihnen es wagen würde, mit mir dahin zu gehen. Sie versicherten mir, daß bisher noch kein Holländer (bei ihnen ist jeder Europäer ein Holländer) so weit gekommen sei wie ich, ohne feindlich behandelt, das heißt getötet und aufgegessen worden zu sein.

Später hörte ich, daß die Königin von Eier-Tau einen Friedensbund mit den Silindongern unter der Bedingung geschlossen hatte, keinem Fremden zu erlauben, bis an die Grenze ihres Landes vorzudringen. Was an der Sache wahr oder falsch war, konnte ich nicht ergründen.

Den folgenden Tag ward der Zulauf des Volkes noch stärker; es schien, als versammelten sich alle streitfähigen Männer des Tales; man sah nichts als Lanzen, Parangs, die viele aus der Scheide gezogen hatten, sogar einige sehr lange Gewehre.

Das Ganze glich einer echt kriegerischen Szene, die ich mit großem Gefallen betrachtet hätte, wäre meine Lage weniger kritisch gewesen. Ich sah aus ihren Mienen und Gebärden, daß alles mir galt, und konnte keinen Augenblick sicher sein, daß nicht einem oder dem andern die Lust ankäme, mich zu morden, denn so wie es nur eine Kleinigkeit bedarf, die Wilden zu Freunden zu machen, ebenso bedarf es auch nur wieder einer Kleinigkeit, sie in die grausamsten Feinde zu verwandeln. Am unheimlichsten war mir der Gedanke, mich unter Kannibalen zu befinden. Ich begriff in solchen Augenblicken oft selbst nicht, woher ich den Mut genommen hatte, mich unter dieses Volk zu wagen.

Während der Nacht war in dem Hause neben jenem des Rajah, bei dem ich wohnte, ein Weib gestorben; ich ging morgens hin, um zu sehen, was mit der Leiche vorgenommen wurde. Sie lag ausgestreckt auf einer Matte und war in zwei Sarongs so eingeschlagen, daß man nur das Gesicht sah. Drei Weiber (wie man mir sagte die Töchter der Verstorbenen) bewegten sich langsam um die Leiche, stießen taktmäßig mit den Füßen auf den Boden, murmelten dabei einige Worte und kniffen sich mit den Nägeln in die entblößte Brust, bis hier und da etwas Blut zum Vorschein kam. Jeden Augenblick beugten sie sich über die Leiche und berührten sie. Die übrigen weiblichen Verwandten saßen an den Füßen der Toten und heulten von Zeit zu Zeit; der Mann saß abseits und zeigte eine sehr betrübte Miene. Vor dem Haus stand der Sarg, ein ausgehöhlter Baumstamm, der aber so schmal war, daß die Leiche mit aller Gewalt hineingepreßt werden mußte. Die Leichen begraben sie gewöhnlich am Saum der Wälder oder in Gebüschen; in einem einzigen Utta sah ich ein Grab neben einem Haus.

Im grellen Widerspruch zu den Umständen, welche die Leute mit den Verstorbenen machen, steht die Teilnahmslosigkeit, die sie für die Kranken haben. Ich sah in mehreren Uttas halb sterbende Geschöpfe, die sich mit größter Anstrengung über die kleine Hausleiter schleppten, um an die Sonne zu gelangen. Niemand sah nach ihnen, kein Mensch reichte ihnen Hilfe.

15. August. Gegen Mittag verließ ich mit meinen Begleitern das Utta. Man führte mich nun zurück, aber nicht auf demselben Wege, auf welchem ich gekommen war; im Gegenteil schleppte man mich im Zickzack von einem Utta zum andern; es war, als wollten mir die Battaker die Erlaubnis, ihr Land zu verlassen, noch schwerer erteilen, als jene, es zu betreten.

Die Uttas sind in diesem Tal mit acht Fuß hohen Erdwällen umgeben und mit so hohen und dichten Bambuspflanzungen umzäunt, daß man außerhalb derselben weder die Häuser noch die Wälle sieht. Manche sind noch überdies von einer Wasserpfütze umgeben. Jedes Utta hat nur einen ganz schmalen Eingang mit einer Türe, die nachts geschlossen wird.

Daß mein Leben, trotz meiner Verzichtleistung auf weiteres Vordringen und trotz des eingetretenen Rückweges, noch nicht in Sicherheit war, zeigte sich heute. Ein hoher, sehr wild aussehender Mann empfing uns, umgeben von bewaffnetem Volke, an dem Eingang eines Utta. Auch hier, wie tags zuvor, schloß man einen Kreis um mich. Der Wilde sprach mit großer Heftigkeit und ließ meine Leute kaum zu Wort kommen, ja einmal sah ich das gelbliche Gesicht meines Führers noch mehr erbleichen und die Worte auf seinen Lippen ersterben. Mich selbst stieß der Wilde mehrmals an und bedeutete mir gebieterisch, ihm in sein Haus zu folgen; er faßte mich sogar einmal am Arm. Hali-Bonar winkte mir mit den Augen, nicht von seiner Seite zu weichen und ja nicht jenem zu folgen. Erst nach langen Erläuterungen und lebhaftem Wortwechsel erwirkte Hali-Bonar den Durchzug. Hier schien mein Leben nur an einem Haar gehangen zu sein.

Als wir das Utta im Rücken hatten, hieß mich mein treuer Beschützer knapp vor ihm gehen; er mochte vielleicht befürchten, daß dieser blutdürstige Häuptling nachkommen und mir von rückwärts den Parang durch den Leib stoßen könnte. Auch befahl er uns, so schnell als möglich zu gehen. Wir liefen an fünf Stunden durch Wald und Alang unausgesetzt fort bis zu einem Utta, wo die Leute freundlicher und bereit waren, uns über Nacht aufzunehmen. Allein Hali-Bonar hielt die Entfernung noch nicht für groß genug, und weiter ging es auf beschwerlichen Kreuz- und Querwegen. Erst spätabends erreichten wir ein Utta, dessen Namen mir jedoch entfiel, denn auf der Rückkehr kamen wir durch so viele Uttas, daß ich ihre Namen nicht behalten konnte. Zu schreiben wagte ich nicht, um nicht für eine Spionin gehalten zu werden.

16. August. Diesen Morgen sah ich ein Mädchen aus einem der Häuser stürzen und sich heulend und weinend zur Erde werfen, als wäre ihr das größte Unglück begegnet. Dabei löste es ein Stück seines Schmuckes nach dem andern von Hals, Arm und Ohr und wickelte alles sorgfältig in ein Tuch. Es sprang dann auf, lief ein Haus weiter, warf sich da neuerdings unter Geschrei und Geheul nieder, raffte sich wieder auf und eilte in das Haus zurück, aus welchem es gekommen war. Ich hielt dieses Geschöpf für wahnsinnig; allein mein Führer sagte mir, daß es diesen Abend heiraten und daher allem Schmuck (Glasperlen und Messingringen) Lebewohl sagen müsse. Diesem Geschmeide weinte es bittere Tränen, während beim Abschied vom elterlichen Haus das Auge vielleicht trocken bleibt!

Auch heute kamen wir nur wenig vorwärts. Von einem Utta ging es zum anderen. Mitunter machten wir große Umwege, um irgendein Utta zu vermeiden, dessen Bewohner, wie Hali-Bonar schon unterrichtet sein mochte, feindselig gegen uns gestimmt waren. Ich konnte nie erfahren, warum wir zurück nicht denselben Weg nahmen, auf welchem wir gekommen waren.

In den Uttas, in welchen man uns über Nacht aufnahm, wurden wir stets auch gastfreundlich bewirtet und erhielten nebst Reis manchmal *Ubi* (süße Kartoffeln) oder wohl gar ein Huhn, morgens *Tadi*, die bereits beschriebene geronnene Milch. Das Huhn, die Ubi und den Tadi gab der Rajah, den Reis lieferte die Gemeinde. In jenen Uttas aber, in welchen wir nicht gastlich aufgenommen wurden, fiel es oft schwer, einen Trunk Wasser zu erlangen.

17. August. Wie gestern und vorgestern von einem Utta zum andern gezogen, mehr oder minder freundliche Aufnahme gefunden.

18. August. Endlich war das schöne Tal Silindong, dessen Anblick mir so viele Freude gemacht hatte, dessen Durchwandern von so gefährlichen, schrecklichen Szenen begleitet war,

glücklich im Rücken. Alle Gefahr war zwar nicht vorüber, doch wenigstens der bei weitem größere Teil.*

Ich zählte auf dieser meiner Treibjagd durch das Silindong-Tal mehr als fünfzig Uttas rings umher. Ebenso viele, wenn nicht mehr, mögen noch weiter im Tal gelegen haben. Manche der Uttas bestanden aus zwanzig bis vierzig Häusern, die kleinsten aus fünf bis sechs. In den großen Häusern zählte ich in den vier Ecken des Gemaches zwanzig bis fünfundzwanzig Personen (natürlich die Kinder mitgerechnet). Doch ist die Größe der Häuser nicht überall gleich, da in manchen nur eine Familie wohnt. Nimmt man, sehr gering gerechnet, auf jedes Utta durchschnittlich 150 Seelen an, so stellt sich für das ganze Tal eine Bevölkerung von 15.000 Seelen heraus, eine Berechnung, die gewiß nicht übertrieben ist. Auf keiner Insel des Indischen Archipels, Java nicht ausgenommen, sah ich eine ähnlich bevölkerte und reichbepflanzte Gegend.

Schade, daß gerade in diesem herrlichen Tal die Menschen so wild und kannibalisch sind. Ich fand die Leute im allgemeinen sehr groß und kräftig, was besonders von den Rajahs gilt, auf deren Wahl Größe und Stärke den meisten Einfluß haben sollen. Die Hautfarbe der Battaker ist lichtbraun oder bräunlichgelb. Die Männer tragen die Haare entweder lang und fliegend oder halb abgeschnitten und wie Borsten von dem Kopf abstehend. Männer und Weiber gehen in Sarongs gekleidet, die von schwarzer Farbe und mitunter an den Rändern mit Glasperlen besetzt sind. Ein mit Glasperlen besetzter Sarong kostet bis fünfunddreißig und vierzig Rupien. Die Männer tragen beständig eine Lanze und den Parang und verlassen selten das Haus ohne diese Waffen. Siri kauen, Tabak rauchen ist ihre Hauptbeschäftigung, der Mund ruht auch nicht einen Augenblick. Dies gilt ebensogut von den Weibern (die gleichfalls rauchen), ja sogar schon von den fünf- bis sechsjährigen Kindern. Ich glaube, die Kinder verwechseln hier die Mutterbrust mit der Zigarre und dem Siri. Ich sah Kinder von

---

* Einige Zeit später begaben sich drei französische Missionare in das unabhängige Battakerland. Während ich bis Klein- und Groß-Toba vorgedrungen war, kamen sie nur bis Tapanola. Sie wurden von den Kannibalen erschlagen und unter großen Freudenfesten verzehrt.

fünf Jahren, die ihre kleine Strohtasche mit allen Bestandteilen für Siri und Zigarre schon über den Schultern hängen hatten. Die Battaker sind, wie ich bereits bemerkt habe, über alle Maßen schmutzig und unrein. Der Sarong wird nie gewaschen, nie geflickt und nicht gewechselt, bis er in Stücken vom Leibe fällt. Sie baden sich wohl, das heißt sie schütten Wasser über sich, ohne sich zu waschen und abzutrocknen, wie die Malaien, und damit ist alles getan. Ihre Behausung, ihre Matten und Kochgeschirre werden nie gereinigt. In letztere greifen sie mit schmutzigen Händen, die Kinder nehmen daraus und halten sich darüber, wobei oft ein Teil der Nahrung aus dem Mund in den Topf zurückfällt. Zuweilen kommt wohl auch ein Hund geschlichen und spricht den Töpfen verstohlen zu. Ich will nur eine Szene erzählen, die ich gesehen habe. Meine Leser werden sich vielleicht wundern, wie man Ähnliches niederschreiben kann; allein sie ist zu charakteristisch, um verschwiegen zu werden.

Ich saß in einem Soppo neben einem Weibe, das mit Weben beschäftigt war und ein Kind von etwa zehn Monaten auf den Rücken gebunden hatte. Das Kind fing zu weinen an, und die Mutter legte es an die Brust. Es mochte jedoch kurz zuvor mit einer guten Portion Reis vollgestopft worden sein, denn die Muttermilch war ihm zuviel – es entleerte sich von allen Seiten in der Mutter Schoß. Diese blieb gelassen sitzen, rief einen Hund herbei, schlug den Sarong auseinander und ließ den Hund alles aufzehren. Sie hielt ihm dann das Kind von allen Seiten hin, daß er es rein lecke. Das Kind ward wieder auf den Rücken gebunden, und das Weib fuhr in seiner Arbeit fort. Unter einem solchen Volk brachte ich einige Wochen zu, mit diesen Leuten mußte ich aus einer Schüssel essen! Man wird mir gern glauben, daß dies das größte Opfer war, welches ich meiner Reiselust bringen konnte, daß ich alle übrigen Beschwerden und Mühseligkeiten, ja die Gefahren selbst, leichter ertrug als diese unbeschreibliche Unreinlichkeit.

Wir brachten die Nacht ungefähr sechs Paal von der Grenze des Silindong-Tales in dem Utta *Kassan* zu.

19. August. *Bolanahito.* Hier nahm ich Abschied von meinem wackeren Freund Hali-Bonar, dessen kräftigem Schutz ich wohl

mehr als einmal das Leben dankte. Es hieß nun abermals den Wald, die „Wüstenei" durchziehen, die als natürliche Grenze das Land der freien Battaker von den holländischen Besitzungen trennt. Als letzten Dienst gab mir Hali-Bonar noch vier seiner Leute mit, die mich bis Danau begleiten sollten.

20. und 21. August. Gewöhnt, wie ich es war, an alle Mühen und Entbehrungen, an Regen und Hitze, an die ermüdendsten Märsche, überfiel mich dennoch fast ein Fieberschauer, als ich an den Wald gelangte, der fürchterlichen Wege, der Gefahren, der schlaflosen Nacht gedachte, die ich das erstemal da zugebracht hatte. Doch glücklich kamen wir abends am zweiten Tag zu Danau an, wo mich die Leute mit großer Freude und Herzlichkeit begrüßten. Jeder drängte sich an mich, mir die Hand zu drücken. Sie wiederholten einstimmig, daß sie nicht gedacht hatten, mich wiederzusehen.

Auf dieser Reise unter den Battakern hatte ich stets nach dem Kampferbaum[68] gefragt, der, wie man mir sagte, im Norden Sumatras bis zu einer Höhe von 120 Fuß vorkommen soll. Man zeigte mir einige, die aber kaum 70 Fuß haben mochten. Der Kampfer sitzt zwischen der Rinde und dem Bast. Die Rinde wird abgelöst und der Kampfer wird mittels eines großen Besens her-abgekehrt; dies muß mit großer Sorgfalt geschehen, denn wenn der Besen zu tief eingreift, geht der Baum zugrunde. Manche hauen den Baum um, um für den Augenblick mehr Kampfer zu gewinnen. Der stärkste Baum liefert auf die erste Art höchstens ein Pfund Kampfer, auf die letztere das doppelte. Der Pikul dieses Kampfers kostet sechs- bis zehntausend Rupien. Er kommt als Arznei in dem Handel gar nicht vor,* da ihn die Chinesen begierig aufkaufen, von diesen die Japaner, welche ihn mit dem japanischen Kampfer vermengen und zur Bereitung ihres durch seine außerordentliche Feinheit bewährten Lacks verwenden. Als Arznei soll der Kampfer von Sumatra um nichts besser sein als jener von Japan oder China.

Sagopalmen sah ich ziemlich viele in Sumatras Waldungen; sie sollen aber viel weniger Mark enthalten als jene auf den Molukken, wo ihr eigentliches Vaterland ist.

---

* Ganz Sumatra liefert, wie bereits erwähnt, jährlich höchstens zwei Pikul.

22. August. In Danau ließ ich meinen Führer zurück, der mir wo möglich noch unausstehlicher war als jener von Sarawak. Ich forderte nur einen Kuli, um mein kleines Gepäck zu tragen; man wies mir einen zehnjährigen Knaben an. Ich weigerte mich, das Kind zu nehmen, und wich nicht vom Platz, bis mich mein Führer mit einem kräftigeren Träger versehen hatte. Kaum aber waren wir einen Paal im Wald, so kam der Junge nachgelaufen, der Träger setzte sein Ränzchen ab und ging davon. Dies war, wie mir der Junge sagte, zwischen dem Träger und meinem Führer so abgemacht. Ich erwähne diese Geringfügigkeit nur, um zu zeigen, wie man oft mit den Führern hintergangen und der Willkür und Bosheit derselben ausgesetzt ist. Ich beschwerte mich wohl, als ich zu Herrn Hammers zurückkam, über die schlechten Dienste jenes Mannes. Ich hatte ihn auch sehr im Verdacht, daß er die Ursache war, warum man mich nicht bis Eier-Tau ließ, und ich vermute, er hat die Leute ersucht, mir Hindernisse in den Weg zu legen, damit es schneller an die Heimkehr ginge. Allein, was nützten meine Klagen! Der Mensch hütete sich wohl, während meiner Anwesenheit zum Vorschein zu kommen. Erst lange nachdem ich fort war, ließ er sich sehen und gab vor, infolge der großen Mühen in Danau schwer erkrankt gelegen zu haben.

Ich ging diesen Tag bis *Sipirok*, wo die Fußreise ein Ende hatte. Im ganzen war ich an 150 Paal gegangen, was auf guten Wegen gerade nicht so anstrengend gewesen wäre; so aber war es einer wahren Herkulesarbeit zu vergleichen.

23. August. Padang-Sidimpuang. Nachmittags vier Uhr kam ich glücklich, aber ausgehungert bei Herrn Hammers an – ich hatte seit gestern drei Uhr nicht die geringste Nahrung gegessen. Meine erste Bitte war um eine Tasse Kaffee mit guter Büffelmilch und um ein tüchtiges Stück Brot. Man kann sich gar keine Vorstellung machen von dem angenehmen Gefühl, das ich empfand, als ich mich wieder in voller Sicherheit sah, mich an eine reinliche Tafel mit guten Gerichten setzte, in ein herrliches Bett zur Nachtruhe ging. Wer keine Mühen und Gefahren ausgestanden hat, vermag das Gute nie in solchem Maße zu schätzen und zu würdigen.

Abbildung 16: Landschaft im Innern Sumatras.

Ich verweilte einige Tage bei Herrn Hammers, und auch auf dem Weg nach Fort de Kock ruhte ich hie und da einen Tag aus. Erst am 9. September traf ich sehr leidend in Fort de Kock ein, wo ich in ein heftiges Fieber fiel. Allein der trefflichen Pflege der liebenswürdigen Gemahlin des Residenten, der ärztlichen Hilfe und meiner guten, wirklich unzerstörbaren Natur hatte ich es zu danken, daß ich bald wieder hergestellt war. Die Sumatrafieber (Wechselfieber)[69] sind sehr hartnäckig und bösartig, wie es die Folge leider auch an mir zeigte. Man verliert sie oft jahrelang nicht; sie gehen häufig in Auszehrung und andere Krankheiten über und sind vielen sogar tödlich.

Kaum fühlte ich meine Gesundheit zurückgekehrt, so richteten sich meine Gedanken schon wieder auf einen kleinen Ausflug. Doktor *Bauer*, ein Deutscher, ausgezeichnet durch seine medizinischen und botanischen Kenntnisse, war zu *Paya-Kombo* stationiert. Ich wollte die Bekanntschaft dieses Mannes machen und zugleich diese Gegend Sumatras sehen, die einen ganz eigentümlichen Charakter haben soll.

Am 18. September saß ich wieder zu Pferde und ritt zweiundzwanzig Paal nach *Paya-Kombo*. Das wellenförmige Hügelland verschwindet allmählich und gibt schönen Tälern, großen Ebenen Raum. Herrliche Gebirgsketten steigen in mehrfachen Reihen auf: der *Merapi*, der *Singallang*, die höchsten, der *Sago*, minder hoch, aber seiner besonderen Form wegen in die Augen fallend. Sein Sattel zieht sich ziemlich in die Länge, viele Felskuppen und Felspartien zieren ihn und bewirken einen schönen Kontrast zu den üppigen Waldungen, die seine Nachbarn bekleiden.

Wahrhaft pittoresk wird die Gegend in der Nähe des Kampon *Titti*. Einzelne Felsstücke, bedeutende Felsgruppen liegen wie auf die Erde geworfen – welch fürchterliche Revolution mag sie von den Bergen so weit weggeschleudert haben!

Unfern von Titti stürzt sich der *Pattang-Agam* wild brausend und schäumend durch einen tiefen, engen Felsspalt. Eine hoch gemauerte Brücke führt darüber, welcher gegenüber sich eine wunderbar malerische Felsgruppe, teilweise mit schönen Gewinden von Schlinggewächsen und anderen Pflanzen übersponnen, auftürmt. Lange weilte ich auf der Brücke, um das grause Bild des tobenden Stromes, die ruhig milde Landschaft um mich her, die Gebirgswelt in der Ferne mit einem Blicke zu überschauen.

Die letzten Paal von Paya-Kombo geht es unausgesetzt zwischen Alleen von Kokospalmen, viele Kampons liegen am Wege oder in den umliegenden Reisfeldern. Die ganze Gegend von Fort de Kock bis Paya-Kombo ist sehr belebt und reich kultiviert.

Dieser kleine Ausflug machte einen höchst angenehmen Eindruck auf mich, alles, was mich umgab, war lieblich – eine Landschaft in rosigem Lichte.

Zu Paya-Kombo stieg ich bei *Dr. Bauer* ab. Auch er hatte schon manches von mir gehört; wir waren uns daher gegenseitig nicht fremd. Die Tage, die ich in dieses hochgebildeten Mannes Gesellschaft zubrachte, werden mir unvergeßlich bleiben.

Ich fand bei Dr. Bauer zufällig einen zweiten Deutschen, Leutnant Freiherrn *von Bülow*, der von *Fort de Kapellen* auf Besuch gekommen war. Wir sprachen viel von den Naturschönheiten Sumatras. Unter anderem kam die Rede auch auf den *Merapi*, seine Krater und seine schönen Aussichten. Herr von Bülow, der Berg und Krater schon oft besucht hatte, machte uns davon eine so reizende Schilderung, daß wir sogleich den Entschluß faßten, ihn gemeinschaftlich zu besteigen. Herr von Bülow ritt denselben Tag nach Fort de Kapellen, um den Assistent-Residenten Herrn *Netscher* zu ersuchen, auf dem Berg eine kleine Laubhütte für unser Unterkommen errichten zu lassen.

Am nächsten Tag verweilte ich noch zu Paya-Kombo, den folgenden Tag, 20. September, ritten wir, Dr. Bauer und ich, nach Fort de Kapellen, auf malaiisch *Pagar-udjong,* im Distrikt *Tanar-Dater,* zwanzig Paal.

Herr Netscher nahm mich nicht nur auf die freundlichste Weise bei sich auf, er war auch so überaus gefällig gewesen, den Rajah von *Sungi-djambu* zu ersuchen, die auf den Berg führenden Pfade ein wenig in Ordnung zu bringen sowie auf halber Höhe die erwähnte Laubhütte errichten zu lassen.

Abends machten wir einen Spaziergang nach dem Kampon *Pugger-zuijong,* in welchem mehrere große Steine mit eingehauenen Inschriften liegen, die bisher noch von niemandem entziffert werden konnten. Mich erinnerte die Form dieser Steine an die Runensteine, die ich in Island und Norwegen gesehen hatte.

21. September. Von Fort de Kapellen konnten wir noch sieben Paal reiten bis an die Kaffeegärten, die an den Abhängen des Merapi angepflanzt sind. Unterwegs verweilten wir einige Zeit in dem Kampon *Sungi-djambu*, der gleich jenem von *Kotto-Godong* seiner Wohlhabenheit wegen bekannt ist. Ich fand hier wie dort die Häuser mit Ölfarben angestrichen, mit Holzschnitzwerk geziert und bei den Bewohnern schwerseidene Sarongs, Kopftücher mit Gold durchwirkt und viel echtes Geschmeide. Wir mußten bei dem Rajah ein kleines Mahl einnehmen.

Bei den Kaffeegärten, die so wie die Wege besonders gut angelegt und gehalten waren, begann die Fußreise. Ein schöner Steig, zum Teil für uns ausgebessert, führte bis zur neugeschaffenen Hütte, die so bequem und solid gemacht war, als sollte sie für Monate und nicht für Tage dienen. Mehr als siebzig Menschen hatten gestern und heute am Steig und an der Hütte gearbeitet; sie waren, als wir anlangten, noch im vollen Schaffen begriffen. Jeder von uns fand sein eigenes, winzig kleines Schlafkämmerchen. Da Herr von Bülow Diener, Koch, Lebensmittel usw. vorausgesandt hatte, so erfrischten wir uns sogleich an Speise und Trank.

Die Reise ging diesen Tag nicht weiter; dessenungeachtet gönnten wir uns aber nicht die geringste Ruhe. Wir suchten Blumen und Insekten, wir kletterten auf freie Punkte, um die Gegend zu überschauen. Die dreifache Gebirgskette, welche Sumatra von Süden nach Norden durchschneidet, lag mit allen ihren mehrwürdigen pittoresken Spitzen und Zacken, Kuppen und Einsenkungen vor uns aufgebaut. Die klare Spiegelfläche des *Sinkara-Sees** schimmerte gleich einem Silberflor aus der Mitte des ihn umgebenden Hügelkranzes, das Meer begrenzte in weiter Ferne den wolkenlosen Himmel, und große, fruchtbare Täler breiteten sich aus zwischen Berg, Hügel und Meer. Lange hielt uns dieses Rundgemälde fest gebannt, wir waren so in der Anschauung von Gottes schöner Natur vertieft, daß jedes Wort auf unseren Lippen erstarb. Die Natur selbst schien uns in der Be-

---

* Dieser See ist 15 Paal lang, 5 Paal breit, und liegt 1.300 Fuß über der Meeresfläche.

trachtung, in der Bewunderung nicht stören zu wollen: Kein Laut schlug an unser Ohr, kein Lüftchen bewegte sich. Zu früh erstarb der letzte Strahl der Sonne, zu schnell verblich ein Gegenstand nach dem andern in der schnell heranrückenden Dämmerung.

Als sich die Nacht gänzlich herabgesenkt hatte, ward ein tüchtiger Holzstoß angezündet, um Herrn Netscher unsere Anwesenheit auf der Höhe kundzumachen. Nach kurzer Zeit loderte auch in der Tiefe ein Feuer als Antwort auf.

22. September. Nur drei- bis viertausend Fuß hatten wir heute zu steigen – eine geringe Mühe, hätte sich ein Pfad hinaufgeschlängelt; allein so weit konnte die Arbeit in diesen zwei Tagen nicht gefördert werden. Es galt daher, steil aufgetürmte Stein- und Erdwälle zu erklimmen. Zuerst dachten wir an einen Krater, der schon lange ausgetobt haben mochte – seine Tiefe schlief ruhig unter einer Wasserdecke. Dr. Bauer sah an dem Wassersaume einige Blumen und wäre gerne hinabgeklettert; allein die Wände fielen etwas zu steil ab, waren mit losem Geröll bedeckt, und die Führer versicherten uns, daß ohne Stricke und Leitern an ein Hinabsteigen nicht zu denken sei.

Ein zweiter Krater von bedeutendem Umfang, doch nicht so tief, lag in einiger Entfernung vom ersten. Auch dieser war schon lange erstorben; aber gewaltig mag einst die Wut und Kraft seiner Elemente gewesen sein, denn weit und breit war alles mit großen Steinen überdeckt. Noch wagte es beinahe kein Grashalm, keine Blume, in dieser ausgebrannten Werkstätte Wurzel zu fassen.

Endlich gelangten wir an den Hauptkrater. Ich hatte schon viele Krater, besonders auf Island, gesehen; aber keiner ließ sich mit diesem vergleichen. Eine regelmäßigere, man könnte sagen, kunstgerechtere Trichterform, als die Natur hier gebildet hat, kann sie nicht mehr schaffen. Die Tiefe, die der Krater im gegenwärtigen Augenblick hatte, mochte 400 Fuß betragen, der obere Durchmesser 300 Fuß. Aus zwei Öffnungen stiegen unausgesetzt dicke, schwarze Rauchsäulen. Ein beständiges Zischen und Brausen verriet die große Tätigkeit des nie ruhenden Feuerherdes. An ein Hinabklettern war nicht zu denken: Wir mußten uns damit begnügen, diese großartige Naturszene von dem Rande zu betrachten. Der Krater liegt 8.500 Fuß hoch.

Wir hielten uns lange bei jeder Gelegenheit auf und kamen erst spät nach unserer Laubhütte zurück, viel zu spät, um noch nach Fort de Kapellen gehen zu können; wir blieben also auch diese Nacht auf der Höhe und gaben, wie gestern, der Gesellschaft zu Fort de Kapellen durch Anzünden eines großen Feuers unser Dasein kund.

Am 23. September waren wir frühmorgens auf Fort de Kapellen, und am folgenden Tag ritt ich, ohne Paya-Kombo zu berühren, in gerader Richtung nach Fort de Kock.

Ich sah auf diesem Ritt eine seltsame Naturerscheinung, die hauptsächlich nur Sumatra eigen sein soll. Ein weißer, undurchdringlich dicker Nebel lag über einer Fläche und deckte dermaßen alles, das nicht der geringste Umriß irgendeines Gegenstandes durchschien. Man könnte wetten, einen See vor sich zu sehen, so ruhig und silberweiß ist der Nebel und so scharf abgegrenzt. Ich wußte, daß ich ein Nebelmeer vor mir hatte und wollte es doch nicht eher glauben, bis ich hineinritt. Diese Nebel bleiben viele Stunden unbeweglich liegen.

Am 30. September verließ ich Fort de Kock, um nach Padang zurückzukehren. Ich änderte jedoch unterwegs meinen Entschluß und machte einen Abstecher nach *Priaman* und *Tiku* an die See, um meine noch sehr unbedeutende Fischsammlung zu vermehren.

Fünf Paal von Priaman führt eine 360 Fuß lange, gedeckte Brücke über den *Mangui*; diese Brücke ist die längste auf Sumatra.

In Priaman stieg ich bei den Assistent-Residenten Herrn *Godin* ab, ritt aber gleich den folgenden Tag weiter nach Tiku (24 Paal), mit der Hoffnung, eine reiche Ernte zu machen. Beständiges Regenwetter verdarb mir jedoch nicht nur die Ernte, sondern überhaupt den ganzen Ausflug, der mir bei schönem Wetter gewiß großes Vergnügen gemacht hätte, denn das Land war angenehm; viele Kokos-Alleen umschatteten schöne Wege, und zahlreiche, sehr reinliche Kampons belebten sie. Ich fand keine Gegend auf Sumatra, das Tal Silindong ausgenommen, so bevölkert wie diese längs des Seegestades.

Die Weiber hatten hier die Ohrläppchen mehr durchlöchert als irgendwo. Ich war stets froh, diese häßliche Zierde mit einer

Messingplatte oder einer Holzscheibe verdeckt zu sehen. Leider muß das weibliche Geschlecht auch hier mit der Heirat allem Schmuck und somit dieser dem Auge wohltuenden Messingplatte oder Holzscheibe entsagen.

Nachdem ich zwei Tage vergebens auf besseres Wetter gewartet hatte, ritt ich unter Regen wieder nach Priaman. Ich mußte nun bald an meine Rückkehr nach Padang denken, um das Dampfboot nicht zu versäumen, das jeden Monat nach Batavia geht. Ich blieb daher zu Priaman ebenfalls nur zwei Tage.

Herr Godin brachte mir das große Opfer, mich unter dem heftigsten Regen nach einem nahen, kleinen Eilande zu begleiten, welches Priaman gegenüber liegt. Wir gingen in die See und suchten mehrere Stunden hindurch zwischen den Riffen und Korallen nach Fischen und Crustaceen[70]; zuletzt kamen wir von Wasser triefend, zitternd vor Kälte, aber auch reich beladen nach Hause. Obwohl ich mich abends etwas unwohl fühlte, hielt mich dies doch nicht ab, den Besuch nach diesem Eiland, das meiner Sammlung so reiche Beiträge lieferte, am nächsten Tag zu wiederholen.*

Am 7. Oktober langte ich in Padang an. Unterwegs erfaßte mich ein so heftiges Fieber, daß ich Wellkom nicht mehr erreichen konnte und in Padang selbst die höchst erfreuliche Einladung des Herrn *van Genepp*, in seinem Hause abzusteigen, mit vielem Dank annahm. Freundliche, sorgfältige Pflege, für welche ich dieser liebenswürdigen Familie aus vollem Herzen danke, und ärztliche Hilfe bekämpften auch hier wie auf Fort de Kock das Fortschreiten meiner Krankheit, und als nach acht Tagen das Dampfschiff nach Batavia segelte, war ich schon so weit hergestellt, um mitzugehen.

Ich habe auf Sumatra an 700 Paal zu Pferd und 150 zu Fuß gemacht. An allen Orten wurde ich von den holländischen Beam-

---

* Schon bei meinem früheren Aufenthalt in Batavia hatte ich das Vergnügen, die Bekanntschaft des Herrn Doktor *Blecker* zu machen, der unter die ersten Ichthyologen unserer Zeit zu zählen ist. Herrn Bleckers Sammeln beschränkt sich hauptsächlich auf Indien; er hat in dieser Beziehung gewiß die reichste Sammlung, die bisher besteht. Ich war so glücklich, ihm mehrere neue Gegenstände von Borneo, Sumatra und von den Molukken zu bringen. Er beschenkte mich dagegen reichlich mit Fischen von Java und anderen Plätzen.

ten und Offizieren auf die gastfreundlichste und liebevollste Weise aufgenommen, ich mochte mit oder ohne Empfehlungsbrief kommen. Man half mir überall fort, man gab mir Leute und Pferde – mit einem Wort alles, was ich benötigte.

Sowohl in Hinsicht der herrlichen Naturszenen, die ich gesehen, der interessanten Ereignisse, die ich erlebt, als auch wegen der überaus zuvorkommenden Aufnahme, die ich bei den Europäern gefunden, gehört diese Reise zu meinen liebsten und schönsten Erinnerungen.

VIII.

*Java * Samarang * Die Schlammquellen von Grobogan * Besuch der freien Fürstentümer Djogokarta und Surukarta * Der Tempel Boro-Budoo * Die heilige Schildkröte * Audienz bei dem Sultan * Solo * Fürstliches Leichenbegängnis * Audienz bei dem Susuhunan * Rückkehr nach Samarang * Reise nach Surabaya*

In Batavia angekommen wollte ich die Güte des Residenten Herrn van Rees nicht mißbrauchen und stieg bei der Familie des Herrn Obrist Steuerwald ab.

Meines Bleibens war aber nicht lange; ermutigt durch die gute Aufnahme, die ich auf Java und Sumatra gefunden, durch die Bereitwilligkeit, mit welcher man mir überall das Reisen so viel als möglich zu erleichtern gesucht hatte, wünschte ich nun auch das Innere Javas sowie Celebes, die Molukken usw. zu besuchen.

Es gibt auf Batavia zwei Dampfschiffahrtsgesellschaften, deren Schiffe alle Inseln und etwas bedeutenderen Punkte der holländisch-indischen Besitzungen berühren. Ich ging zu den Direktoren beider, den Herren *Cores de Vries* und *Fraser*, um sie zu ersuchen, mir die Überfahrtspreise etwas billiger zu stellen. Wer stellt sich meine Überraschung, meine Freude vor, als mir die Herren die Erlaubnis erteilten, von ihren Schiffen unentgeltlich überall, wohin sie gingen, Gebrauch zu machen!

Schon am 18. November verließ ich wieder Batavia auf der „Königin der Niederlande", Kapitän Chevalier, mit der Bestimmung für Samarang auf der Ostküste Javas[71] (210 Meilen). Wir hatten herrliches Wetter und legten die Reise in 37 Stunden zurück. Das Land verloren wir selten aus dem Gesicht. Es breitete sich als unübersehbare Ebene längs dem Seegestade aus; erst nahe bei Samarang kam wieder ein Teil der Gebirgswelt zum Vorschein, dabei der 5.000 Fuß hohe *Ungarang*.

In Samarang fand ich bei *Dr. Schmitz* die herzlichste Aufnahme. Er wie seine Gemahlin waren Deutsche, hatten mir, der ihnen ganz Fremden, nach Batavia geschrieben und mich in ihr Haus eingeladen für den Fall, daß mich mein Weg nach Samarang führe. Von der Frau hatte ich schon viel in Batavia als von einer ausgezeichneten Sängerin sprechen gehört.

Die Stadt Samarang liegt in einer sehr fruchtbaren Ebene und ist von prachtvollen Alleen von Tamarindenbäumen[72] umgeben, die hier zu einer seltenen Höhe und Üppigkeit gelangen. Die Europäer wohnen auch hier, wie zu Batavia, außerhalb der Stadt.

Zu den ausgezeichnetsten Gebäuden gehört das Haus des Residenten.* In früheren Zeiten, als auch auf der Ostküste Javas ein Gouverneur residierte, war es dessen Palast. Ein großer, schöner Garten umgibt es.

Nach diesem Gebäude ist das Hospital, die ehemalige Wohnung des Residenten, zu erwähnen.

Ich besuchte die Hospitäler beinahe in allen holländischen Niederlassungen und fand sie überall, selbst in den kleinsten Orten, ausgezeichnet, vollkommen gut eingerichtet und die Kranken trefflich gehalten. Ich müßte von jenen herrlichen Anstalten nur immer wiederholen, was ich von der ersten geschrieben habe. In dieser Hinsicht scheinen mir die Holländer alle übrigen Nationen zu übertreffen.

In der erwähnten Anstalt hatten es die Irrsinnigen vorzüglich gut: Sie wohnten zu vier oder sechs gemeinschaftlich in hohen, geräumigen Zimmern. Als ich in ihre Abteilung kam, hatte ich gar keine Ahnung, mich unter Irren zu befinden. Früher wurden die Unglücklichen bei starken Ausbrüchen gebunden; unter der Leitung des Dr. Schmitz hat diese Behandlung aufgehört. Er bestraft sie wie ungezogene Kinder und beschränkt sie auf einen oder mehrere Tage in der Kost, was stets den besten Erfolg hat.

Das Merkwürdigste in der Residentschaft Samarang sind die aufbrodelnden Schlammquellen in der Nähe des Distriktes *Grobogan*. Herr Resident *Potter* gewährte mir Postpferde dahin (66 Paal), Frau Schmitz war so liebenswürdig, mich zu begleiten, und gut ausgerüstet verließen wir am 22. November Samarang.

Man kann leicht in einem Tag nach Grobogan kommen; da aber unterwegs zu *Pennwangan* (36 Paal) eine bedeutende Tabak-

---

* Die Gebäude, in welchen die Gouverneure und Residenten wohnen, gehören alle der Regierung; der Resident von Batavia allein muß eine Wohnung mieten.

fabrik lag, mit deren Inhaber, Herrn *Klein*, Frau Schmitz bekannt war, fuhren wir am ersten Tag nur bis dahin. Herr Klein zeigte uns die ganze Anstalt. Der Tabak ist auf Java nicht gänzlich Monopol; man ist nicht gezwungen, ihn gegen festgesetzte Preise an die Regierung zu liefern. Man mietet nur die Ländereien auf zwanzig Jahre von ihr, mit welchem Pacht zugleich das Recht auf eine gewisse Anzahl Arbeiter zu bestimmten Preisen verbunden ist.

Herr Klein hat auf den von ihm gepachteten Ländereien acht große Trockenhäuser von Holz aufgeführt, jedes 750 Fuß lang, 106 breit und 42 hoch. Die Tabakblätter werden hier nicht gepflückt, sondern die Pflanze wird an dem Stengel abgeschnitten und so aufgehangen. Wenn die Blätter trocken sind, werden sie abgenommen, in große Haufen aufgeschichtet und so lange liegengelassen, bis sie durch ihre eigene Wärme zu gären beginnen. Die Verfertigung der Zigarren ist höchst einfach. Die großen, schönen Blätter werden mit feinem Reiskleister bestrichen, kleinere Blätter dareingerollt, die Zigarren oben und unten nach einem Maß abgeschnitten, nochmals getrocknet und verpackt.

Den 23. November ging es weiter durch die Distrikte Damak und Grobogan bis zu den Schlammquellen. Der Weg führte gestern wie heute durch große, unübersehbare Ebenen, deren Einförmigkeit mir etwas langweilig wurde. In weiter Ferne nach dem Inneren zu sah man den *Ungarang, Merapi, Merbabu*, längs der Seeküste die niedrigen Vorgebirge von *Sumbing* und *Sindoro*.

Diese Gegend wird ihrer Fruchtbarkeit wegen die Reiskammer von Java genannt, und doch fand hier im Jahre 1849 eine furchtbare Hungersnot statt. Die Reisernte war mißglückt, und Tausende von Menschen starben dahin. Augenzeugen erzählten mir, daß man sich von dem Elend, von den schauderhaften Szenen dieser Zeit gar keine Vorstellung machen könne. In jeder Hütte lagen Tote, Sterbende, Halbverweste; die Lebendigen waren oft nicht mehr imstande, die Verstorbenen hinwegzuschaffen. Überall begegnete man nur Gerippen; ausgehungerte Kinder, die Eltern und Freunde verloren hatten, irrten jammernd umher und schrien nach Brot. Männer und Weiber fielen auf den Straßen nieder und gaben den Geist auf. Man beraubte die Kokospalmen

ihrer Kronen, um die Blätter zu kochen und zu essen. Und so groß
war dabei der Glaube dieser Unglücklichen an ihre Bestimmung,
daß sie neben den vollen Reissäcken, die in und vor den Kauflä-
den standen, hinsanken und mit dem Hungertode kämpfend
ausriefen: „Gott hat dieses Schicksal über uns verhängt!" – Kein
Kaufladen wurde geplündert.

Mehrere Privatleute sandten Berichte über diese grenzenlose
Not an die Regierung und selbst an den Gouverneur-General
(Herr Deimar van Twist war zu dieser Zeit noch nicht in Indien;
er kam erst im Jahre 1851). Die Regierung schien aber nur ihren
eigenen Organen glauben zu wollen und forderte offizielle Berichte von dem Residenten zu Samarang, Herrn Be.... Sollte man
es glauben, daß dieser Mann die Grausamkeit hatte, alles für
unwahr zu erklären? Er wollte sogar die Namen jener wissen,
welche die Berichte geschrieben hatten, um sie zu bestrafen.* Als
die Regierung hinter die Wahrheit kam, war es für Tausende und
Tausende schon zu spät.** Viele der Unglücklichen waren schon
so schwach, daß sie die Nahrung nicht mehr vertragen konnten.
Die Straßen, die Dörfer lagen voll Leichen; bösartige Seuchen
entstanden infolge der verpesteten Luft und 120.000 Menschen
starben in der Zeit von 13 Monaten (September 1849 bis Oktober
1850); außerdem wanderten über 20.000 aus. Und was geschah
mit dem Residenten und dem Assistent-Residenten? – Ersterer
wurde pensioniert, mit einem jährlichen Gehalt von 6.000 Rece-
pissen, letzterer als Resident in eine andere Provinz versetzt.

Noch jetzt sah es in dem Bezirk Grobogan, wo die Not am
größten war, düster und traurig aus. Obwohl die nie ermüdende
Natur mit ihrem grünen Teppich die Leichenfelder überdeckt
hatte, konnte sie weder die Hütten beleben noch vor dem Einsturz bewahren, noch den Bäumen ihre Kronen wiedergeben.
Alang-Alang und Gestrüpp wucherten auf dem größten Teil des

---

* Hätte man nicht schnell und leicht einen zuverlässigen Beamten abschicken
können, um sich von dem wahren Bestand zu unterrichten? Freilich handelte es
sich bloß um Menschenleben und nicht um Frondienste oder Rückstände von
Steuern.

** Ich führe dies natürlich nur auf Grundlage der Aussagen vollkommen
zuverlässiger Männer, deren Wort über jeden Zweifel erhaben ist, hier an.

Bodens, zahllosen Herden von Wildschweinen zum Tummelplatz dienend. In wenig Jahren wird freilich wieder alles reich ersetzt sein; die Geflüchteten kehren bereits zu ihren verfallenen Hütten zurück, der ausgeruhte Boden wird doppelt tragen, und der Reisende durch die Ebene ziehen, ohne im geringsten zu ahnen, von welchen Schreckensszenen sie Zeuge war. Wird auch Herr Be... diese Szenen aus seiner Erinnerung streichen können?

Das Aufbrodeln der Schlammquellen sieht man schon einige Paal weit von der Straße aus; es gleicht der Brandung des Meeres. Der Schlamm steigt wie eine Woge in die Höhe, und der Dampf ist mit dem feinen Staubregen der schäumenden Welle zu vergleichen. Wir fuhren den Quellen bis einen halben Paal nahe. Tragstühle, durch die Vorsorge des Herrn Assistent-Residenten, der uns begleitete, bereitgehalten, brachten uns an Ort und Stelle.

Auf gelegten Brettern konnten wir bis an den Rand der Hauptquelle gehen. Ihr Becken mag über 100 Fuß im Durchmesser haben. Das ganze Becken ist zwar mit Schlamm gefüllt; allein nur ein kleiner Teil brodelt gleich einer Woge auf, das übrige ist halb verhärtet. Die Schlammquelle in diesem Becken hat 15 Fuß im Durchmesser; sie brodelte höchstens vier Fuß auf; bei anhaltendem Regenwetter soll sie einige Fuß höher aufsteigen. Unbedeutende Aufbrodelungen von Schlamm gibt es an vielen Stellen in dem Becken; Gas- oder Luftblasen steigen beinahe überall auf. Ein zweites, kleines Schlammbecken, von sechs bis sieben Fuß im Durchmesser, liegt unfern dem großen. Man kann ihm ganz nahe kommen; der kaum fußhoch aufwirbelnde Schlamm ist lauwarm. Wir steckten ein sehr langes Bambusrohr in das Becken, welches von der unterirdischen Kraft alsbald gehoben und über den Rand geworfen wurde. Die große Schlammquelle ist viel heißer als die kleine. Der Schlamm schmeckt sehr salzig. Viele Leute aus der Umgebung tragen davon nach Hause und ziehen durch Abwässerung die Salzteile heraus. Diese Quellen verdienen allerdings besucht zu werden; für mich waren sie jedoch nicht so überraschend, da ich auf Island viel Wunderbareres der Art gesehen hatte.

In der Nähe der Schlammquellen sind auch Salzquellen, oder besser gesagt Salzbrunnen, denn vierkantige Öffnungen von vier

Fuß Breite und 40 Fuß Tiefe leiten zu ihnen. Sie haben in der trockenen Jahreszeit eine Wärme von 45 Grad Reaumur[73], in der Regenzeit von 39. Die Öffnungen sind mit Balken ausgezimmert, um das Einstürzen des Erdreichs zu verhindern. Das Wasser wird herausgeschöpft und in große Becken geleitet, wo es so lange bleibt, bis sich der wenige Schlamm, den es mit sich führt, gesetzt hat. Man läßt es dann in ganz seichte, auf drei Fuß hohen Gestellen ruhende Rinnen laufen und an der Sonne verdampfen. Das Salz bleibt in kleinen, weißen Kristallen zurück und wird mit Muscheln zusammengefaßt.

Es gibt viele solche Salzbrunnen in dieser Gegend. Der Reingewinn im Jahr beträgt 10.000 Pikul Salz. Man konnte mir nicht sagen, wieviel Prozent reines Salz dieses Wasser liefert.

Von den Salzquellen kehrten wir mit dem Herrn Assistent-Residenten nach Grobogan zurück und nahmen seine freundliche Einladung, die Nacht in seinem Haus zuzubringen, gern an.

Am 24. November zogen wir wieder in Samarang ein, um sogleich Vorbereitungen zu einer bedeutenderen Reise nach dem Inneren des Landes zu treffen. Herr Resident Potter gestattete mir Postpferde für seinen ganzen Distrikt und versicherte mir, daß die übrigen Residenten gewiß dasselbe tun würden. Er riet mir besonders, die herrlichen Hindutempel sowie die freien Fürstentümer *Djogokarta*[74] und *Surakarta* zu besuchen.

Auf dieser Reise begleiteten mich Herr und Frau Schmitz. Wir verließen Samarang am 26. November und fuhren 48 Paal bis *Magelang* in der Residentschaft *Kadu*. Zu diesen 48 Paal benötigten wir neun Stunden, denn stets ging es über Gebirge von mehr als 2.000 Fuß, ja zwischen *Salatiga* und Magelang über eine Höhe von 4.550 Fuß. Unserem Sechsgespanne wurden häufig tüchtige Büffel zugesellt.

Diese langsame Fahrt war uns allen höchst angenehm, denn die Ansichten waren überaus reich und wechselnd. Das Meer mit seinem endlosen Spiegel lag tief unter uns, ein zweites Meer von Bergen, Hügeln und Tälern umgab uns. Im Westen prangte der *Sumbing* (10.770 Fuß), im Osten der *Merapi* (8.240 Fuß), der *Merbabu*, im Norden der *Onclong*, das *Telo-mayo-* und *Jambu-*, im Süden das *Minore-Gebirge*. Unter den Tälern war das schönste jenes von *Ambarawa*; es ist mit herrlichem Grün, mit lieblichen Bosketten bedeckt. Leider ist diese Schönheit zum Teil nur Larve, da der größte Teil dieses Tales einen trügerischen Sumpf bildet, der an manchen Stellen unergründlich tief sein soll.

Einige Paal früher kamen wir an dem kleinen Fort *Ungarang* vorüber, welches seiner hohen Lage wegen so gesund ist, daß viel krankes Militär hierhergesandt wird. Auch für Privatleute ist ein geräumiges Hotel errichtet.

In dem Tal Ambarawa liegt die Festung „Wilhelm der Erste"; sie bildet ein regelrechtes Viereck und ist die größte auf Java.

Um drei Uhr nachmittags kamen wir in Magelang an (1.200 Fuß hoch gelegen). Herr Resident *Gaillard* war so gütig, mich aufzunehmen. Dr. Schmitz mit seiner Frau stieg bei einem Freund ab. Das Gebäude, welches der Resident bewohnt, gehört zu den sehr schönen, die Lage zu den reizendsten, da sie das großartige Rundgemälde der herrlichen Gebirgswelt beherrscht. Der dazugehörige große Garten verdiente den Namen eines Parks; er ist sehr geschmackvoll angelegt und mit vielen Altertümern aus den nahen Hindutempeln ausgeschmückt, unter welchen auch der heilige Stier nicht fehlt.

Ganz nahe bei Magelang liegt ein einzelner Hügel, von welchem die Eingeborenen behaupten, daß er gerade den Mittelpunkt Javas bezeichne; sie nennen ihn deshalb „den Nabel von Java".

In Magelang wurde mir das große Vergnügen zuteil, meinen lieben Landsmann Herrn Wilson kennenzulernen, dessen Arbeiten ich in Batavia gesehen und bewundert hatte.

Herr Wilson war von der holländischen Regierung beauftragt worden, die Hindudenkmäler und ganz besonders den Tempel Boro-Budoo[75] von innen und außen auf das genaueste aufzunehmen. Diese kolossale Aufgabe hatte er soeben beendet, und in wenig Tagen sollte er nach Batavia zurückkehren.

Wir blieben einen Tag in Magelang; den nächsten Morgen begleitete uns Herr Wilson nach dem zwölf Paal entfernten Tempel Boro-Budoo und war so gefällig, unsern Führer und Erklärer abzugeben.

Der Tempel, als Gebäude betrachtet, hat gar nichts Kunstvolles oder Schönes an sich. Er besteht aus zehn bis zwölf Fuß hohen Steinwänden, die an einem kleinen Hügel, den sie ganz einnehmen, stufenweise aufgeführt sind und ein regelmäßiges Viereck von 362 Fuß Durchmesser bilden. In fünf Galerien erheben sich die Wände eine über der andern bis zu einer kleinen Fläche, von welcher wieder drei Terrassen aufsteigen; den Schluß bildet das Sanktuarium, eine große Glocke (leider schon größtenteils eingestürzt), unter welcher ein Buddha sitzt, der vorsetzlich unvollendet blieb, denn die Hindu sagen, daß das Allerheiligste von Menschenhänden nicht vollendet werden kann.*

Abbildung 17: Tempel von Borobudur.

Die Höhe der ersten fünf aufsteigenden Terrassen beträgt 90 Fuß, des ganzen Tempels mit den letzten drei Terrassen und der obersten Glocke 120 Fuß. Auf der obersten Terrasse stehen 24 durchbrochen gebaute Glocken, auf der zweiten 28, auf der dritten 32, jede mit einem sitzenden Buddha. Im ganzen enthält der Tempel 505 große Statuen des Buddha und 4.000 Basreliefs, die an den In-

---

* Auf der höchsten Spitze des Tempels ersuchte ich Herrn Wilson, seinen Namen in mein Album zu zeichnen.

und Außenseiten der Galerien ausgehauen sind. Kein leeres Plätzchen zeigt sich an den Wänden; alles ist mit menschlichen Figuren, Arabesken usw. bedeckt.

Zu dem Zeichnen dieser ungeheuren Menge von Statuen, Basreliefs, Figuren und Arabesken hat Herr Wilson nur vier Jahre verwendet. Der ganze Tempel ist mit seinen unzähligen Einzelheiten auf 400 große Velinbogen[76] mit der Feder gezeichnet und auf diese Weise für die Nachwelt bewahrt, wenn er selbst schon lange in Schutt gefallen sein wird.

Aus den Basreliefs kann man die ganze Schöpfungsgeschichte der Inder, die Erschaffung des ersten Menschen, die nach und nach sich vervollkommnende Heiligkeit des Buddha usw. ersehen. Diese Schöpfungsgeschichte hat sehr viel Ähnlichkeit mit der unsrigen.

Die Figuren und Gruppen auf den Basreliefs kommen mir hier viel richtiger, geschmackvoller und kunstreicher in Ausführung und Zusammenstellung vor, als ich sie an den Tempeln zu *Elora, Adjunta*[77] und anderen in Britisch-Indien gesehen habe; dagegen fand ich dort die Arabesken ungleich zierlicher, die Glocken und Figuren bei weitem kolossaler. Was den Tempel als Gebäude anbelangt, kann man ihn natürlich mit den großartigen hindostanischen Tempeln nicht vergleichen, da er, wie gesagt, nur aus parallel laufenden Steinwänden besteht. Die Bauart ohne Mörtel, die Wölbung durch Vorschiebung der übereinandergelegten Steine ist hier wie dort dieselbe.

Man vermutet, daß der Tempel Boro-Budoo, wie auch die übrigen Hindutempel auf Java, im achten Jahrhundert nach Christi Geburt erbaut worden seien. Welche Unzahl von Künstlern muß es zu jener Zeit gegeben haben, um solche Riesenkunstwerke zustande zu bringen!

Obwohl der Hindugottesdienst schon im 15. Jahrhundert von dem Mohammedanismus verdrängt und ausgerottet wurde und ganz Java seit dieser Zeit mohammedanisch ist, so kommen doch Tausende von Javanesen zu gewissen Zeiten im Jahr nach den Tempeln, um Gebete zu verrichten. Die Buddhas in dem Tempel Boro-Budoo werden besonders von dem weiblichen Geschlecht hoch verehrt. Viele Mütter pilgern hierher, um vor ihrer Niederkunft zu bitten, nach derselben zu danken; Bräute tragen ihre geheimen Anliegen vor. Ein Teil des alten Gottesdienstes ist auf diese Art in den neuen übergegangen und hat sich mit ihm verschmolzen.

Der Tempel Boro-Budoo ist leider schon ziemlich in Verfall; ein starker Erdstoß – und das Ganze kann ein Schutthaufen werden. Viele Wände und Steine hängen in so losen Fugen und Geschieben über- u.. l aneinander, daß man mit Angst bei denselben stehenbleibt oder vorübergeht – ein Luftzug scheint hinlänglich zu sein, sie umzuwerfen. Nur der begeisterte Künstler konnte die Gefahr vergessen und jahrelang hier verweilen. Häufig fielen Steine aus ihren Fugen neben ihm zu Boden, ja kürzlich bei einer schwachen Erderschütterung eine ganze Nische. Auch hatte Herr Wilson von der glühenden Hitze viel zu leiden, die sich zwischen den engen Wänden bildete und von keinem Lufthauch gemildert wurde.

In der Entfernung von nur einem Paal steht der zierliche Tempel *Mendut*. Er mag zwanzig Fuß im Durchmesser und fünfzig in der Höhe haben und geht in einer Kuppel aus; die Steine halten sich durch ihre eigene Schwere, wie in den Glocken zu Boro-Budoo. Sachverständige erteilen diesem Tempelchen ein besonders großes Lob; sie bewundern die Wölbung, die Zierlichkeit der Arabesken, die drei darinsitzenden Figuren, welche, wenn in aufrechter Stellung, sechzehn Fuß hoch wären. Die Rundung der Formen, das höchst richtige Ebenmaß der Glieder, die edlen Gesichtsbildungen dieser Statuen sollen das Vollendetste sein, was man bisher von der Bildhauerarbeit der Hindu gesehen hat. Die mittlere Figur stellt einen Buddha, die beiden anderen stellen Könige vor.

An diesem Kleinod der Kunst nahmen wir Abschied von Herrn Wilson und fuhren noch 18 Paal weiter nach *Djogokarta*, der Hauptstadt des freien Fürstentums gleichen Namens.

Die beiden Fürstentümer *Djogokarta* und *Surakarta* bildeten vor etwas mehr als hundert Jahren ein mächtiges Reich unter dem Namen *Mataran*[78]. Zwei Brüder führten zu dieser Zeit einen Krieg um dasselbe, welcher fünfzehn Jahre währte.

Im Jahre 1752 schlossen sie Frieden und teilten das Reich unter sich. Beide standen zwar damals schon unter dem Schutze (?) der Holländischen Kompanie, genossen aber ungleich mehr Freiheit und Selbständigkeit als heutzutage, bis sich im Jahre 1825 der Prinz *Diepo Negoro* zu Djogokarta teils aus Ehrfurcht, teils beleidigt durch die zurücksetzende Behandlung der holländischen Beamten empörte und die beiden Reiche in einen Krieg mit den Holländern verwickelte, welcher fünf Jahre dauerte, sechstausend Menschenleben und viele Millionen Rupien kostete. Die Folge war für die eingeborenen Fürsten, daß die Holländer ihnen einen großen Teil der Ländereien abnahmen und sie gänzlich abhängig machten. Sie führen zwar noch den Titel „selbständige" Fürsten, haben aber einen holländischen Residenten zur Seite, der sie ebenso beschränkt und überwacht, wie die Engländer ihre „freien Könige" in Hindostan. Sie dürfen ohne Vorwissen des Residenten keinen Besuch, keinen Brief empfangen, ja nicht einmal ihre Paläste verlassen; dafür bekommen sie aber von der holländischen Regierung einen jährlichen Gehalt oder eine Entschädigung, und zwar der Sultan von Djogokarta 480.000 Rupien, der Susuhunan* von Surakarta 648.000 Rupien.

Ich stieg in Djogokarta, einer gütigen Einladung des Residenten Herrn *Hasselmann* zufolge, in seinem Hause ab. Eine schönere Residenz als diese (höchstens jene von Samarang ausgenommen) ist mir noch nicht vorgekommen. Vermutlich hat man sie absichtlich in einem so großartigen Stil erbaut, um den javanesischen Fürsten Achtung vor den Europäern einzuflößen, um so mehr, da der Sultan dem Residenten einige Male im Jahr feierliche Besuche abstattet und bei dieser Gelegenheit mit einem Gefolge von drei- bis vierhundert Personen kommt, von welchen mehr als hundert an die Tafel gezogen werden.

Außer den zeremoniellen macht der Sultan auch viele Privatbesuche, nicht nur bei dem Residenten, sondern auch in anderen europäischen Häusern. Er kommt sogar in den Club und nimmt gern teil am Billard- und Kartenspiel, wie überhaupt an jeder europäischen Unterhaltung. Wenn er die europäische Welt zu

---

* Susuhunan ist ein höherer Titel als „Sultan".

sich ladet, wird nicht selten getanzt. Seine Gemahlin und Töchter sind von diesem Vergnügen nicht ausgeschlossen. Dies mag vielleicht der einzige Ort in der Welt sein, wo man die Gemahlin, die Töchter eines mohammedanischen Sultans in den Armen europäischer Herren und Offiziere walzen sehen kann. Die Sultanin soll dem Whist- und L'hombre-Spiel[79] ebenfalls nicht abhold sein.

29. November. Wir brachten den ganzen Tag mit Besehen des Merkwürdigen, mit Besuchen usw. zu. Die Mutter der Frau Hasselmann, Frau *Parvé*, eine muntere, sehr gefällige Dame, übernahm es, uns die Sehenswürdigkeiten von Djogokarta zu zeigen. Wir begannen mit dem Lustpalast des Sultans. Jeder seiner Paläste wird „*Kraton*" genannt und ist mit hohen Mauerwällen umgeben, welche die Gärten, Badehäuser, alle möglichen Nebengebäude, ja oft einen kleinen Kampon in sich schließen. Dieser Palast heißt auch „Wasserpalast" (*Tamansari*), weil er bis an das erste Stockwerk unter Wasser gesetzt werden konnte. Von portugiesischen Baumeistern im Jahre 1754 gebaut, zeichnet er sich weniger durch große, schöne Gemächer, als durch feste kasemattierte[80] Wölbungen und Gänge aus, die, wie man glauben sollte, Jahrhunderten widerstehen können. Dennoch fängt er schon zu verfallen an; er wird nicht mehr bewohnt, und ein unbewohntes Gebäude bessert der Malaie so wenig wie jeder Orientale aus. An Einrichtung findet sich nichts vor, als eine alte hölzerne Bettstelle, die man gewarnt wird, nicht zu berühren, da derjenige, der es täte, alsbald sterben müßte. Dies mag vielleicht wohl nur gesagt werden, um die Europäer auf höfliche Weise abzuhalten, ein Bett zu berühren, welches die Eingeborenen für heilig halten, da der erste der dieses Reich regierenden Sultane darin geschlafen hat.

Von dem Tamansari fuhren wir nach *Gédé*, dem Begräbnisplatz der Familie des Sultans wie auch der Vornehmsten des Reiches. Dieser Ort ist ebenfalls, gleich dem Kraton, mit hohen Mauern umgeben. Die Gräber sind mit einfachen Steinplatten bedeckt, an deren beiden Enden zwei bis drei Fuß hohe Steine aufrecht stehen. Über manche sah ich winzig kleine hölzerne Hütten gebaut, vielleicht um die Steine vor dem Einfluß der Witterung zu schützen. Die Gräber der Sultane sind in einem großen hölzernen Haus; mehrere davon waren mit Betthimmeln und weißen Vorhängen geschmückt.

In einem der Nebenhöfe wird in einem Teich ein sehr merkwürdiges Tier, eine große weiße Schildkröte, gehalten, welche die Eingeborenen als heilig verehren. Sie ist so zahm, daß sie, wenn man sie ruft und sie Hunger hat, sogleich erscheint, um die Gabe, die man ihr reicht, aus der Hand zu nehmen. Dies Kunststück wurde natürlich auch von uns aufgeführt, damit wir sie zu sehen bekämen. Sie erschien zweimal an der Oberfläche des Wassers, ohne jedoch die Speise zu berühren, die man ihr dicht vor den Mund hielt. Die Führer und die wenigen Eingeborenen, die uns begleiteten und die von Frau Parvé gehört hatten, daß ich in Stambul und andern ihnen heiligen und interessanten Plätzen gewesen war, sahen nach mir und sagten, daß ich eine ganz besondere Person sein müsse, da die Schildkröte zweimal erschienen sei, ohne Hunger zu haben. Es sei gerade, sagten sie, als wollte sie mich sehen und von mir gesehen werden. Ich erzähle dergleichen geringfügige Dinge, weil ich glaube, daß sie zur Charakteristik des Volkes gehören.

Die Auszeichnung, welche mir die Schildkröte erwies, wurde sogleich in der ganzen Gegend als ein Wunder erzählt. Als ich nachmittags dem Sultan und seiner jungen, neunzehnjährigen, kinderlosen Gemahlin vorgestellt wurde, faßte letztere, dieser Begebenheit wegen, ein solches Vertrauen zu mir, daß sie mir leise ins Ohr flüsterte: „Oh, bete für mich zu Deinem Gott, daß er mich segnet und den Baum nicht ohne Früchte dahinwelken läßt!" – Dies war doch der schönste und rührendste Beweis von Zutrauen, der mir als Christin von einer Mohammedanerin werden konnte.

Die Schildkröte war zwar bei zwei Fuß lang, Schale und Körper ziemlich weiß, erstere nicht horn-, sondern lederartig, die Augen rot. Sie hatte mehrere Junge, die alle ebenfalls weiß waren. Durch die besondere Verwendung von Frau Parvé erhielt ich eines, das ich sogleich in Spiritus verwahrte.

Man hat die Behauptung aufgestellt, daß diese Tiere hier deshalb weiß seien, weil der Wasserplatz, in welchem sie leben, nie von der Sonne beschienen würde. Es wäre belehrend, einen Versuch mit einer dunklen Schildkröte zu machen; ich glaube kaum, daß ihre Nachkommenschaft die Farbe wechseln dürfte.

Ein zweiter fürstlicher Begräbnisplatz, auf welchen auch die Susuhunans von Surukarta neben ihren Familien kommen, liegt
drei Paal von hier entfernt; er heißt *Imo-Giri*. Die Gräber ziehen
sich längs eines Hügels von einigen hundert Fuß in die Höhe. Die
Verwandten der fürstlichen Häuser werden je nach dem Grad
ihrer Verwandtschaft höher oder tiefer auf dem Hügel begraben.

Bei der Rückkehr nach Hause fuhren wir über den großen Platz,
auf welchem Bazar gehalten wurde, der durch die vielen und schönen Kupferarbeiten im ganzen Land berühmt ist; sie werden in der
Umgegend verfertigt und hierher zum Verkauf gebracht.

Nachmittags wurden wir von dem Sultan in seinem Palast empfangen. Wir kamen durch drei Höfe, in welchen baufällige Häuschen, erbärmliche hölzerne Hütten, Pferdeställe usw. standen.

Der Palast eines javanesischen Fürsten oder Sultans besteht aus
dem *Pendopo, Dalem* und *Probojekso*. Der Pendopo ist eine ganz offene Halle, über die sich ein hohes Dach wölbt und zu welcher einige
Stufen führen. Er ist für die Festlichkeiten bestimmt und nur mit
Tischen und Stühlen möbliert. Dem Pendopo gegenüber steht der
Dalem, ebenfalls eine große Halle, die aber allein von vorne offen
und daher etwas finster ist, denn sie hat gewöhnlich keine oder wenige niedrige Fensterchen. Der Dalem ist der Aufenthaltsort des
Fürsten und zugleich der Empfangssaal; er ist mit Kanapees, Stühlen, Spiegeln, Uhren, Gemälden usw. meistens überladen. Mehrere
Türen, im Hintergrund angebracht, führen in den Probojekso, den
inneren Aufenthaltsort des Fürsten, seiner Frauen und Familie. Er
besteht aus einem kleinen Saal mit vielen Kämmerchen und Win-
kelwerk, alles düster und eng; einige Bettstellen, Matten, Polster
und Kissen bilden die ganze Einrichtung.

Alle fürstlichen Paläste, die ich auf Java sah, waren von Holz.
Sie sind nicht im entferntesten mit der Pracht, dem Reichtum, der
Kunst und dem Aufwand der bengalischen und hindostanischen
Fürstensitze zu vergleichen.

Der Sultan kam uns bis einige Schritte vor dem Dalem entgegen; er reichte jedem von uns die Hand, führte uns in den Saal
und wies uns neben sich Plätze zum Sitzen an. Er zählte 32 Jahre,
war von mittlerer Größe, etwas beleibt, das Gesicht hübsch. Er
hatte eine Art Schlafrock an, darüber einen Sarong, beide, so wie

Abbildung 18:
Der Sultan
von Djogjakarta.

das Kopftuch, von Seidenstoffen. An Schmuck trug er eine Brosche und einige Diamantringe.

Ich war sehr erstaunt, in dem Dalem lauter weibliche Diener zu sehen; zu Dutzenden kauerten sie halb nackt überall umher. Sie hatten nichts als einen Sarong an, der kaum die halbe Brust deckte. Daß sich die mohammedanischen Fürsten in ihren innersten Gemächern nur von Weibern oder Eunuchen bedienen lassen, ist weltbekannt; aber sie auch in den Empfangssälen nur von Weibern umgeben zu sehen, kam mir gar zu unmännlich vor.

Nachdem sich der Sultan einige Zeit mit uns unterhalten hatte, führte er uns in den Probojekso. Er ist so loyal, selbst den europäischen Herren das Betreten des innersten Heiligtumes zu gestatten. Wir wurden seiner Gemahlin vorgestellt, einer Frau von 19 Jahren, dem schönsten Geschöpf, das ich bisher unter den Malaien oder Javanesinnen gesehen hatte. Ihr Näschen war allerliebst, der Mund ziemlich klein, mit glänzend weißen, schön geformten Zähnen, die Augen groß und feuersprühend; die etwas breiten, hervorstehenden Backenknochen allein erinnerten an die javanesische Abkunft. Der Sultan verbietet seiner Familie das Sirikauen sowie das Schwärzen und Feilen der Zähne. Außer der Sultanin sahen wir noch zwei Töchter des Sultans aus anderen Ehen, hübsche Mädchen von zwölf bis dreizehn Jahren.

Die Sultanin, wie die beiden Mädchen, waren nach der Sitte des Landes in Sarongs und Kabays gekleidet. Sie trugen viele Haarnadeln, Ohrgehänge, Ringe und dergleichen mit Diamanten. Die Sultanin sprach nie mit ihrem Gemahl, ohne die Augen zu Boden zu schlagen und die Hände wie bittend gegen die Stirne zu erheben.

Nachdem wir Tee getrunken hatten, zeigte uns der Sultan seine Waffen und Kostbarkeiten; auch die golddurchwirkten Kleider seiner Gemahlin bekamen wir zu sehen. Auf seinem Bett lagen vier der schönsten Krise*, in der Ecke des Bettes am oberen Teil stand die Büste des Königs von Holland. Das wird doch ein getreuer Verehrer seines europäischen königlichen Bruders sein!

---

* Kris, ein schlangenförmiges Messer in einer Scheide von 10 bis 15 Zoll Länge, die gewöhnliche Waffe des Malaien und Javanesen.

Die höheren Diener und Beamten dieses sowie auch anderer javanesischer Fürsten zeichnen sich durch eine eigentümliche Kopfbedeckung aus: Sie besteht in einer zehn Zoll hohen Kappe von Strohgeflecht, Seide oder Goldstoff, je nach dem Rang der Person.

Am 30. November fuhren wir nach *Solo*, der Hauptstadt von Surakarta (40 Paal). Auf dem Weg dahin kommt man den „tausend Tempeln" nahe vorüber, die unweit des Örtchens *Brambanang* liegen. Sie bilden eine ganze Gruppe. In der Zahl ist man nicht übereingekommen; die einen geben 170, die anderen 300 an, auf jeden Fall weit weniger als tausend. Die Tempel sind klein, im Stile des Mendut. Der Haupttempel soll 67 Fuß hoch gewesen sein, ist aber schon beinahe zu einem Schutthaufen verfallen. Wir kletterten bis an die obere Abteilung, von welcher wir in das Innere sehen konnten. In einer kleinen, gewölbten Halle stand noch ein Buddha und hie und da entdeckte man einige Arabesken. Die übrigen Tempel sollen nicht höher als 24 Fuß gewesen sein, und in jedem soll ein Buddha gestanden haben.

In Solo konnte mich der Resident Herr *Büschkens* nicht aufnehmen: Man war gerade beschäftigt, seine etwas baufällige Residenz herzustellen. Ich ward in das Haus des Herrn *Göreke*, Missionar und Bibelübersetzer, gebracht, eines überaus gemütlichen und menschenfreundlichen Mannes. Ganz besonders gefiel mir seine Toleranz: Er war einer jener leider so seltenen Geistlichen, die den Menschen mehr nach seinen Handlungen schätzen, als nach dem Glauben, zu welchem er sich bekennt.

Die Lage von Solo ist nicht so hübsch wie jene von Djogokarta. Die Ebene ist zu groß, die Gebirge sind zu fern, den 10.400 Fuß hohen *Lawas* ausgenommen, dessen Formen man ziemlich deutlich sieht.

Ich fand in den freien Fürstentümern Grund und Boden durchgehend gut kultiviert. Dies mag wohl daher kommen, daß die Fürsten ihre Ländereien verpachten und die Pächter fleißig arbeiten müssen, um den hohen Pacht herauszubringen. Man baut in beiden Fürstentümern ziemlich viel Indigo. Die Hütten der Eingeborenen sowie ihre Kleidung fand ich nicht schlechter und ärmlicher als im übrigen Java. Es gibt unter den Reisenden viele, die in den holländischen Besitzungen alles besser bebaut und kultiviert finden wollen. Ich kann indes nur so schildern, wie mir die Sache erscheint, und bemühe mich stets, mein Urteil so viel als möglich vor Parteilichkeiten zu bewahren. Wege und Brücken sind gleichfalls gut unterhalten. Hierzu werden die freien Fürsten freilich von der holländischen Regierung verhalten, die in den beiden Städten Solo und Djogokarta bedeutende Forts hat.

Man macht einen Unterschied zwischen den Malaien und Javanesen. Letztere leben mehr in dem Inneren von Java und den beiden freien Fürstentümern. Man behauptet von ihnen, daß sie schöner und von besserem Charakter als die Malaien und einer größeren Anhänglichkeit fähig seien. Ich hatte zufällig Gelegenheit, das Volk in großer Menge zu sehen, da während meiner Anwesenheit in *Djogokarta* Bazar gehalten wurde und hier in *Solo* zwei Feierlichkeiten stattfanden. Ich muß jedoch aufrichtig gestehen, daß mir das Volk ebenso häßlich vorkam wie auf Batavia. Man rühmt ihre kleinen Hände und Füße. Es ist wahr, der Malaie wie der Javanese haben kleine Hände und Füße; aber in der Kleinheit allein besteht nicht die Schönheit. Die Hände sind so mager, daß jeder Knöchel hervorsteht, die Fingerspitzen ein wenig aufwärts gebogen. Finger, Hände und Arme können sie so verdrehen, daß es häßlich anzusehen ist. Diese Schlappheit in den Gliedern und Muskeln ist auch den Europäern eigen, die in diesen Ländern geboren und erzogen werden. Die Füße sind nicht minder häßlich, sehr platt und die Fußzehen stehen weit auseinander.

Unter den Hochgeborenen sowie unter der Dienerschaft in den Harems der Fürsten sieht man wohl mitunter hübsche Leute, schöne Kinder; das darf aber nicht als Maßstab angenommen werden. Alles, was schön ist, Männer wie Weiber, sucht man in die Fürstenhäuser zu bringen. Will ein Javanese seine Tochter vor dem Harem schützen, so muß er sie sehr jung verheiraten oder eine öffentliche Tänzerin aus ihr machen; als solche ist sie für jeden Mann, den sie nicht selbst begünstigt, ein Heiligtum. Dieser sonderbare Gebrauch geht so weit, daß, wenn eine Frau sich von ihrem Manne gegen dessen Willen scheiden will, sie nur eine öffentliche Tänzerin zu werden braucht. Dann hat der Mann keine Ansprüche mehr auf sie. Gewöhnlich schätzen es sich jedoch die Eltern zur Ehre, wenn ihre Töchter in den Harem eines Sultans aufgenommen werden.

In keinem Land sah ich so viel Blinde und Lahme wie in Surakarta; auch an Leprakranken soll es nicht fehlen, für welche unfern von Solo ein eigenes Hospital errichtet ist.

Man erzählt hinsichtlich dieser Gebrechen eine sehr grausame Sage von einem der letztregierenden Susuhunans: Eine europäische Dame machte eine Reise durch Surakarta. Zu Solo wurde sie dem Fürsten vorgestellt, der sie fragte, wie ihr das Land gefallen habe. Sie erwiderte: „Sehr wohl, bis auf die vielen Blinden, Lahmen und Leprakranken, welchen man überall begegnet." „Dieser Anblick", rief der Susuhunan aus, „soll in Zukunft niemanden mehr stören." Er ließ die Unglücklichen zusammenrufen, sie auf Boote laden, in die Mitte des Flusses führen, die Boden der Boote, die besonders dazu eingerichtet waren, wurden geöffnet und alle die Armen ertränkt.

Der jetzt regierende Susuhunan, *Paku* der Siebente, hat den allgemeinen Ruf eines höchst edlen und gerechten Fürsten; er soll, gleich Titus, jeden Tag für verloren halten, an welchem er nicht etwas Gutes ausgeübt hat.

Unter seinen Vasallen zeichnet sich der Fürst *Mangku-Negoro* besonders aus, welcher der Unabhängige genannt wird, weil er doch einige Freiheit genießt; er darf zum Beispiel seinen Palast verlassen, ohne erst bei dem Residenten um Erlaubnis anzufragen. Er hält 800 Mann Fußvolk und 400 Mann zu Pferde – eine größere Anzahl als der Susuhunan selbst. Ferner ist er Oberst in holländischen Diensten und Ehrenadjutant des Gouverneur-Generals. Er bekommt den Gehalt eines Obersten neben einer bedeutenden Zulage für die Unterhaltung seiner Truppen, muß aber dagegen auch jeden Augenblick zum Ausrücken bereit sein.

Alle diese Auszeichnungen wurden ihm als Belohnung für seine Treue verliehen, die er den Holländern in dem letzten Krieg bewiesen hatte. Er hielt sich nämlich auf ihrer Seite und war ihnen mit seinen wohleingeübten Truppen von großem Nutzen. Inländische, gut eingeschulte Truppen sind den europäischen weit vorzuziehen. Das Klima ist ihnen nicht schädlich, sie begnügen sich mit wenig und höchst einfacher Nahrung und ertragen die Märsche und Mühen ohne großen Nachteil.

Unsere erste Bitte an den Residenten war, dem Susuhunan sowie einigen der vornehmsten Prinzen vorgestellt zu werden. Wir erhielten auch die Zusage einer Audienz für den folgenden Tag; sie fand aber leider nicht statt, da kaum eine Stunde, bevor wir kommen sollten, die einzige Schwester des Fürsten starb, die er, wie man sagte, überaus liebte.

In den wenigen Tagen, die wir zu Solo zubrachten, waren wir so glücklich, zwei Feierlichkeiten zu sehen. Die erste bestand in der Überreichung eines Briefes, den der Sultan von Djogokarta an den Susuhunan von Surukarta geschrieben hatte. Nachdem sich der Resident zuerst mit dem Inhalt bekanntgemacht, wurde der Brief in schöne Seidenzeuge gewickelt, auf einen silbernen Teller gelegt und von dem ersten Adjutanten des Susuhunans in einem sechsspännigen Wagen abgeholt; in einem zweiten Wagen folgte der Resident. Dreizehn Kanonenschüsse begleiteten diese Zeremonie.

Die zweite Feierlichkeit war die Fortschaffung der verstorbenen Schwester des Susuhunans nach dem Begräbnisplatz Imo-Giri. Die Farbe der Trauer ist hier, wie bei den Chinesen, weiß. Alles, was zu dem Zug gehörte, Wagen, Pferde usw., war mit weißem Kattun überhangen. Jedermann, der ihn begleitete, mit einem weißen Kopftuch, Sarong, Schürze oder sonst einem Lappen weißen Zeuges angetan.

Den Zug eröffneten Träger, die mit Balken, Brettern, Stangen und dergleichen beladen waren. Diese Gegenstände gehörten zur Errichtung eines Daches über dem Sarg der Verstorbenen auf den Stationen der Reise. Hierauf kam berittenes Militär* mit weißen Binden und Schürzen. Diesem folgte des Susuhunans leerer Staatswagen, das Leibpferd der Verstorbenen, der Betthimmel für den Sarg und endlich der Sarg selbst, der mit einer weißen,

---

* Das Militär der freien Fürsten trägt holländische Uniform, die Offiziere haben Schuhe, die Soldaten nicht. Letztere tragen unter dem Helm das landesübliche Kopftuch, manche schlingen das Haar rückwärts in einen großen Knoten zusammen.

golddurchwirkten Atlasdecke überhangen war. Der Sarg wurde bis an die äußerste Pforte des Kraton von den kaiserlichen Prinzen getragen; hier übernahmen ihn die Minister und so abwärts bis zu den Dienern. Viele Lanzenträger, deren Lanzen mit weißem Kammertuch umwickelt waren, umgaben den Sarg; große Schirme wurden über ihn sowie über die Köpfe der Prinzen gehalten, und von den Knöpfen der Schirme flatterten weiße Tücher. Hinter dem Sarg kam ein großer viereckiger Kasten, welcher die Speisen enthielt, die abends, der Sitte gemäß, auf den Sarg der Verstorbenen gesetzt werden. Den Schluß dieses Zuges machte ein großer Haufen Volkes. Der Gemahl, die Kinder der Verstorbenen sowie ihre Verwandten, den Susuhunan ausgenommen, waren bis zur ersten Nachtstation vorausgefahren. Wie man mir sagte, brauchte der Zug drei Tage, um nach Imo-Giri zu gelangen (40 Paal).

Es war allerdings interessant, diesen Trauerzug gesehen zu haben; allein ebensogern hätte ich den guten, ehrwürdigen Susuhunan kennengelernt, woran nicht mehr zu denken war, da wir schon am folgenden Morgen abreisen sollten. Zu meiner größten Überraschung brachte mir Herr Göreke die Nachricht, daß uns der Fürst diesen Abend ausnahmsweise empfangen wolle. Diese Gunst verdankten wir einzig und allein dem guten Missionar, den der Susuhunan hoch schätzt und dessen Bitte ihm hinlänglich war, unseren Wunsch zu erfüllen.

Bevor wir zu dem Susuhunan fuhren, statteten wir noch zwei Besuche bei anderen Prinzen ab.

Der erste galt dem Fürsten Mangku-Negoro, dessen ich schon erwähnt habe. Ich war im höchsten Grade über den edlen, feinen Anstand erstaunt, mit welchem sich dieser Prinz zu benehmen wußte; er stand hierin dem gebildetsten Europäer nicht nach. Seine Gesichtszüge drückten Verstand, Scharfblick und Güte aus. Er nahm großes Interesse an meinen Reisen und machte Fragen und Bemerkungen, die von vielen Kenntnissen zeigten. In seiner orientalischen Artigkeit verglich er mich mit einer leichten, schwebenden Wolke.

Der zweite Besuch galt dem Fürsten *Ngabchi*, einem natürlichen Bruder des Susuhunans, den man, da letzterer keinen Sohn hat, den „wahrnehmenden Kronprinzen" nennt. Diesen Fürsten trafen wir nicht zu Hause, da er von dem Leichenzug noch nicht zurückgekommen war.

Um halb acht Uhr war unsere Stunde, bei Hof zu erscheinen. Die Etikette ist hier ungleich größer als zu Djogokarta; die Herren Schmitz und Göreke hielten die Uhren stets in der Hand, um nicht eine Minute zu früh oder zu spät zu kommen.

An dem Eingang des innersten Hofes kamen uns zwei Hofdamen entgegen, uns meldend, daß der Susuhunan bereit sei, uns zu empfangen. Im Dalem kam er uns selbst zwei Schritte von seinem Lehnstuhl entgegen, reichte uns die Hand und wies uns die Plätze zum Sitzen an. Der Dalem wie der Pendopo waren schön erleuchtet; europäische Militärmusik, von den Eingeborenen ziemlich gut aufgeführt, erschallte bei unserem Eintritt und ward während unserer Anwesenheit öfter wiederholt. Einige Schritte im Hintergrund zur Linken des Fürsten saßen drei Hofdamen, gleich den übrigen Dienerinnen bloß in einen Sarong gekleidet, welche die Insignien des Reiches hielten, ein Schwert, einen Schild und ein Szepter. Sie standen so steif und unbeweglich wie Statuen. Unter den vielen Weibern, die überall umherkauerten, befanden sich auch zwei Neffen des Susuhunan, Jünglinge von 14 bis 15 Jahren. Ich hielt sie für recht hübsche Mädchen, denn sie trugen wie diese einen einfachen Sarong und hatten die Haare zurückgekämmt, in einen Knoten geschlungen und mit einem Kamm befestigt.

Wir hatten kaum Platz genommen, so kam ein Weib (vermutlich auch eine Hofdame) auf den Knien hergerutscht und rezitierte eine lange, ununterbrochene Rede, die ich für ein Gebet hielt; später erfuhr ich, daß es ein Bericht über den Leichenzug war, der ungefähr lautete, „daß die Prinzessin bis an den und den Ort gegangen sei, daselbst unter dem Schatten eines Baldachines so und so lange ausgeruht und hierauf die Reise wieder an den und den Ort fortgesetzt habe, wo sie die Nacht zubringen werde". Von einer so vornehmen Person wird nämlich, solange sie nicht begraben ist, ebenso gesprochen, als ob sie noch am Leben wäre; auch für ihre leiblichen Bedürfnisse und Bequemlichkeiten wird mit derselben Aufmerksamkeit gesorgt.

Alles, was sich dem Susuhunan nahte, seine Neffen nicht ausgenommen, rutschte auf den Knien. Die Leute standen vermutlich erst auf, wenn sie aus seinem Gesichtskreise kamen, denn ich blickte ihnen nach, so weit als ich konnte, und sah sie nicht aufstehen.

Die Züge des Fürsten sprachen vollkommen aus, was man mir von ihm gesagt hatte: Ich sah nicht bald ein ehrwürdigeres, gutmütigeres Gesicht als das seine. Nur wunderte es mich, keinen Kummer an ihm wahrzunehmen über den schweren Verlust, der ihn so kürzlich betroffen. Er hörte den Bericht über den Leichenzug seiner Schwester mit derselben Ruhe an, als hätte man ihm eine ganz gleichgültige Sache verkündet. Nachdem er sich eine Weile mit uns unterhalten und uns mit Tee bewirtet hatte, der zu meiner Verwunderung nicht von Dienerinnen, sondern von Dienern serviert wurde, bot er Frau Schmitz und mir an, seiner Gemahlin einen Besuch zu machen. Wir fanden in ihr eine noch junge Frau von vielleicht 25 Jahren; sie saß in einer wenig erleuchteten Kammer auf einem Stuhl, ihr zur Seite eine achtzehnjährige Stieftochter auf der Erde. Beide waren minder hübsch als die fürstlichen Frauen zu Djogokarta, doch für Javanesinnen schön genug. Die Kämmerchen in dem Probojekso fand ich sehr klein, dürftig eingerichtet und erleuchtet. Nach einer halben Stunde kehrten wir in den Dalem zurück.

Beim Abschied hielt der Susuhunan eine sehr lange Rede an mich, während welcher er mich bei der Hand nahm; am Ende derselben zog er einen Ring von seinem Finger und steckte ihn mir an. Herr Göreke saß leider zu weit entfernt, um etwas von dieser Rede zu hören; sie ging daher für mich verloren, da der Susuhunan Hoch-Malaiisch sprach, das ich nicht verstand. Der Besuch währte über zwei Stunden.

Die Tracht des Susuhunans, seiner Frau und Tochter war sehr einfach, ungefähr wie die an dem Hof zu Djogokarta; der Susuhunan trug zwei reich mit Brillanten besetzte Orden.

Am 3. Dezember fuhren wir den kürzeren Weg über Salatiga nach Samarang zurück (66 Paal), wo ich in dem Haus meiner liebenswürdigen Begleiter noch eine Nacht zubrachte. Am folgenden Tag, um ein Uhr nachmittags, saß ich schon wieder auf dem Dampfer, um nach *Surabaya* zu gehen (180 Meilen).

An Bord des Dampfers „Ambon" wurde ich von Kapitän Bergner als alte Bekannte herzlichst begrüßt. Ich war mit ihm von Batavia nach Sumatra gefahren, und er hatte kurz darauf den „Makassar" mit dem „Ambon" vertauscht. Es ist immer eine große Freude, auf einer Reise Bekannte zu finden, und eine um so größere, wenn es so gute, gefällige Menschen sind wie Herr Bergner.

Von der Reise ist nicht viel zu sagen; wir hielten uns der Küste Javas fortwährend nahe, die abwechselnd eben und bergig ist. Vier Hügel, die näher an Surabaya als an Samarang liegen, werden ihrer Form wegen die vier Särge genannt; sie stehen voneinander abgesondert mitten in der Ebene. Zwölf Meilen von Surabaya sieht man, an eine freundliche Hügelkette gelehnt, das Städtchen *Grisée*; hier gehen die nicht-europäischen Schiffe gewöhnlich vor Anker.

Am 6. Dezember morgens warfen wir Anker auf der Reede von Surabaya.

Alle Ankerplätze Javas, die ich gesehen, Batavia, Surabaya und Samarang, liegen auf drei bis vier Paal von den Städten entfernt; man muß nach letzteren in Kähnen die Flüsse stromaufwärts fahren; in Surabaya kann man von der Mündung des Flusses bis zur Stadt auch zu Wagen fahren.

Herr Resident von *Perez* war so gütig, mich aufzunehmen. Dieser überaus gefällige Herr wußte von meinem Kommen; er hatte jedoch gehört, daß ich zu Grisée vor Anker gehen würde und sandte mir sogar bis dorthin einen Wagen entgegen.

Die Residenz, ein prächtiges Gebäude, leider mit einem ganz kleinen Garten, liegt drei Paal von der Stadt. Eine herrliche Wiese breitet sich davor aus, an deren Ende ein großes, wohlerhaltenes Steinbild eines Hindugötzen steht, welches von den Malaien noch sehr verehrt wird.

Ich blieb bis 14. Dezember in Surabaya, ohne das geringste zu sehen. Die Regenzeit war eingetreten, und durch sie wurden alle meine Projekte vereitelt. Es blieb mir nichts anderes übrig, als die Reise nach Celebes und den Molukken fortzusetzen und mich mit der Hoffnung zu trösten, bei der Wiederkehr glücklicher zu sein.

IX.

Am 14. Dezember schiffte ich mich auf dem Dampfer „Banda" nach *Makassar* ein (440 Seemeilen), der Hauptniederlassung der Holländer auf Celebes.

Von Surabaya bis an die Küste von Celebes sah ich wenig. Das Schiff war sehr klein, die See höchst stürmisch, und obwohl ich viele Jahre gereist, Tausende von Meilen auf Segel- und Dampfschiffen gemacht, ohne dem Meer meinen Tribut zu bezahlen, ward ich nichtsdestoweniger so seekrank, wie es nur immer ein Neuling werden kann.

Erst am 17. Dezember am frühen Morgen kam ich auf das Deck, um die Küste von Celebes zu begrüßen, eine einförmige Ebene, im Hintergrund von niedrigen Bergen begrenzt.

Makassar (Udjang-Pandang), der Sitz des holländischen Gouverneurs auf Celebes, ist ein kleines, dem Ansehen nach beinahe europäisches Städtchen mit einem Fort. Die Europäer wohnen in erbärmlichen Steinhäuschen nahe beisammen, längs des schönen Wiesenplatzes *Hendrikspad*. Auch das Haus des Gouverneurs ist klein und unbedeutend.

Domine *Mathes* (der protestantische Geistliche) nahm mich gastfreundlich auf.

Ich war hier ebenfalls so unglücklich, gerade zum Beginn der Regenzeit einzutreffen, und konnte nichts als den Bazar besuchen, auf welchem ich eine ziemliche Menge Volkes sah. Ich fand die Eingeborenen, Makassaren und Buginesen[81], obwohl auch zur malaiischen Rasse gehörig, minder häßlich als die Javanesen, groß und kräftig gebaut, das Gesicht etwas besser geformt, die Hautfarbe lichter.

Da wenige Tage später der Dampfer „Ambon" von hier nach *Banda*, einer der Molukken, ging und während der Regenzeit an Ausflüge in das Innere von Celebes nicht zu denken war, entschloß ich mich, diese Gelegenheit zu benützen und meine Reise fortzusetzen, mich wie zu Surabaya der Hoffnung hingebend, auf der Rückfahrt günstigeres Wetter zu finden.

Am 21. Dezember war ich schon wieder an Bord bei meinem guten Kapitän Herrn Bergner. Wir machten die Reise nach der Insel Banda (690 Meilen) in dreieinhalb Tagen. Außer einigen kleinen gebirgigen Eilanden kam uns nichts zu Gesicht.

Am 24. Dezember tauchte der *Gunong-Api* vor uns auf, der höchste Berg Bandas (1.800 Fuß), dessen nordwestlicher Seite beständig Rauchsäulen entsteigen. Abends um neun Uhr liefen wir bei herrlichem Mondschein in die Bai ein, die auf der einen Seite von dem Feuerberg, auf der andern von einer freundlichen Hügelkette begrenzt wird, welch letztere ganz mit Muskatbäumen bepflanzt ist. Das kleine Städtchen Banda liegt so gefährlich an dem Abhang des Gunong-Api, daß ein Ausbruch es unausbleiblich zertrümmern würde; sonderbarerweise raucht der Berg beständig, ohne daß je ein Ausbruch stattgefunden hätte. Ist aber wohl diesem Frieden immer zu trauen?

Da wir so spät angekommen waren, ging der Kapitän allein mit dem Postpaket ans Land. Wir Reisende verweilten auf dem Deck und sprachen viel von der Freude, die in den Kreisen unserer Lieben diesen Abend (Christabend) herrschen werde, von den fröhlichen Spielen der über die Geschenke so freudig überraschten Kinder. Da kam ganz unerwartet ein Araber an Bord. Erstaunt über den späten Besuch umringten wir ihn, um zu hören, was die Ursache hiervon sei. Ach, wie ward so plötzlich unsere heitere Stimmung in Wehmut und Schrecken verwandelt! Der Araber erzählte uns, daß am 26. November morgens acht Uhr ein fürchterliches Erdbeben auf dieser Insel stattfand, infolge dessen mehrere Häuser zusammenstürzten und alle dermaßen beschädigt wurden, daß niemand mehr darin wohnen könne. Glücklicherweise ereignete sich dies bei Tage, wo jedermann gleich fliehen konnte, und es ging daher wenigstens kein Menschenleben verloren; aber alle gebrechlichen Güter, Spiegel, Lampen, Gläser, Geschirre, die in Flaschen gefüllten Getränke usw. gingen zugrunde. Noch war man unter dem Eindruck dieser furchtbaren Szene, als um halb neun Uhr die Erde ein zweitesmal erbebte, das Wasser in der Bai zurückwich und dann mit unwiderstehlicher Gewalt an die Küste stürzte, sie 24 Fuß hoch übersteigend. Zweimal sah man den Boden der See bloßgelegt; alle kleinen Boote und Barken wurden an die Küste geschleudert, wo sie als Trümmer liegenblieben. Bei dieser Gelegenheit ertranken mehr als achtzig Menschen. Ein großes Schiff, das in der Bai vor Anker lag, geriet zweimal auf den Grund und wurde nur durch die Geistesgegenwart des Kapitäns gerettet, der das Ankertau sogleich nachließ; allein vor einem bedeutenden Leck konnte er es doch nicht bewahren. Es lag noch zur Ausbesserung in der Bucht. Dieses zweite Erdbeben zerstörte ebenfalls viele Gebäude und vernichtete Tausende von Muskatbäume, die durch das sie überflutende Salzwasser abstarben.

Die Erzählung des Arabers war schrecklich. Leider wurde sie Wort für Wort von dem Kapitän bestätigt, als er zurückkam. Auf einige der Reisenden machte sie einen so großen Eindruck, daß sie morgens gestanden, die ganze Nacht nicht geschlafen zu haben; sie fürchteten ein wiederholtes Erd- oder Seebeben.

Morgens gingen wir ans Land und konnten uns persönlich von den stattgehabten Verwüstungen überzeugen. Mehrere Häuser lagen in Schutt, alle waren mehr oder minder beschädigt, die Einrichtungen zum Teil zertrümmert, zum Teil vor den Häusern unter freiem Himmel in Haufen aufgeschichtet; die Leute wohnten daneben in kleinen Bambushütten, die sie eilig aufrichten ließen. Die Kasernen und Wohnungen der Offiziere allein, einige hundert Schritte von dem Städtchen entfernt gelegen und von Holz gebaut, blieben beinahe unbeschädigt. Sonderbar, daß auf dieser Insel, wo starke Erdbeben nicht selten vorkommen, alle Häuser von Stein gebaut sind.*

Der Resident konnte mich nicht aufnehmen, da auch sein Haus zu sehr beschädigt war; ein Deutscher, der Militärarzt Herr *Krause*, beherbergte mich in seinem hölzernen Häuschen.

Ich machte denselben Tag noch einen Spaziergang um den Feuerberg „Gunong-Api". Ich wollte ihn selbst besteigen; allein

---

* Als ich später nach Java zurückkam, las ich in den Zeitungen, daß infolge dieses Erdbebens die Hälfte der Molukken zerstört worden sei. Welche Übertreibung!

Dr. Krause, der schon mehrmals oben war, um zu botanisieren, widerriet es mir, indem er mir versicherte, daß es nicht der Mühe lohne: Der Berg ende in einer geschlossenen Kegelform und habe an den Seiten einige Spalten, aus welchen starker Schwefeldampf aufwirble.

Am folgenden Tag besuchte ich die große Muskatpflanzung des Herrn *Meyer*, welche 15.000 Muskatbäume zählt. Die Muskatpflanzungen werden „Perken", die Besitzer „Perkenier" genannt. Eine solche Pflanzung gleicht vollkommen einem Walde. Die Bäume sind vierzig bis fünfzig Fuß hoch, umfangreich und nicht in Reihen gepflanzt. Große Nanarinenbäume* schützen die Muskatbäume, die keine tiefen Wurzeln schlagen, vor den starken, häufig wehenden Winden.

Die Insel Banda ist das eigentliche Vaterland des Muskatbaumes. Dieser Baum bedarf hier gar keiner Pflege und wird bei weitem stärker und höher als auf Singapore. Er fängt mitunter im zwölften, gewöhnlich aber erst im fünfzehnten Jahr an, Früchte zu tragen, und erreicht ein Alter von 80 Jahren. Das Jahr vor seinem Absterben soll er außergewöhnlich viel tragen. Man rechnet durchschnittlich auf jeden Baum im Jahr 2.500 Nüsse. Es gibt auch einige, die bis 4.000 liefern. Die Ernte währt das ganze Jahr hindurch. Man geht jeden Morgen in die Perken, pflückt die reifen Nüsse, löst die Blüte, von der sie ganz umsponnen sind, ab und läßt Nuß und Blüte an der Sonne trocknen. Die Nüsse, welche von selbst abfallen, sind nicht halb so viel wert als die gepflückten. Ungefähr hundert Nüsse samt den Blüten gehen auf ein Pfund; fünf Pfund Nüsse geben ein Pfund Blüten. Der Perkenier erhält von der Regierung für ein Pfund Blüten und vier Pfund Nüsse einen Kupfergulden.

Die Muskatnuß ist auf Banda und den dazugehörigen kleinen Eilanden Monopol. Der Eigentümer kann die Perken verpachten oder verkaufen; allein er darf keinen Baum ohne Bewilligung des Regierungsaufsehers umhauen. Letzterer besucht jedes Jahr die Perken, bezeichnet die Bäume, welche auszurotten sind, und

---

* Der Nanarinenbaum gehört zum Geschlecht der Kanarienbäume; er trägt eine sehr fette Mandel, aus welcher Öl gepreßt wird, das viel feiner als Kokosöl ist und auch zum Kochen verwendet wird.

bestimmt die Zahl der neu zu pflanzenden. Um die Leute zu den Muskatpflanzungen anzuregen, gibt die Regierung das Land umsonst und unterstützt die Pflanzer mit billigen Arbeitern, die aus den Verbrechern bestehen, welche von Java und anderen Orten hierher verbannt und per Monat vermietet werden.

Am 27. Dezember segelte der Dampfer wieder ab. Da es auf dieser kleinen Insel wenig zu sehen gab und ich, wollte ich das Schiff nicht benutzen, einen Monat auf ein anderes hätte warten müssen, so besann ich mich nicht lange und begab mich an Bord.

Wir verließen nachmittags Banda, um nach der ebenfalls kleinen Insel *Ambon* (144 Meilen) zu segeln. Das Wetter war herrlich, so daß wir schon am 28. Dezember morgens vor Ambon lagen.

Die Bucht von Ambon ist sechzehn Meilen lang, an der Einfahrt sechs, bei Ambon, das ungefähr in der Mitte liegt, eine Meile breit. Die ganze Bucht ist von niedrigen Hügelketten und Gebirgen umgeben. Die höchsten Punkte, der *Sytham* und der *Sirymohu* werden auf 3.000 und 4.000 Fuß geschätzt. Die Hügelketten zeichnen sich durch reiche Vegetation aus; Wälder wechseln mit Wiesenplätzen und Gewürzpflanzungen; die schöne gefiederte Sagopalme drängt sich überall hervor; die schlankstämmige Arekapalme, die Kokospalme überragen die umfangreichen Blätterbäume.

Ich hörte behaupten, daß die Einfahrt von Banda, besonders aber die von Ambon, an Schönheit mit jener von *Rio de Janeiro* wetteifern könne. Die Einfahrt von Banda ist reizend, die von Ambon wohl noch etwas reizender, aber eine wie die andere sind in keiner Beziehung mit der großartigen, einzig schönen Einfahrt von Rio de Janeiro zu vergleichen. Eher könnte man eine Ähnlichkeit mit jener von *Santos* (400 Meilen von Rio de Janeiro) aufstellen.

Das Städtchen Ambon, Sitz des Gouverneurs der Molukken, zählt nur 1.500 Einwohner und sieht mehr wie ein Dorf aus. Es ist von dem Fort *Viktoria* beschützt. Die Residenz des Gouverneurs, einen Paal von dem Städtchen entfernt, zu *Batugadja* gelegen, besteht aus einem ganz unbedeutenden kleinen Bambushaus. Der Gouverneur, Herr *Vischer*, konnte mich gar nicht aufnehmen, da das einzige Fremdenkämmerchen schon besetzt war; ich kam zu Herrn *Roskolt*, dem Direktor des Instituts zur Bildung der Volksschullehrer.

Herr Roskolt wurde im Jahre 1835 von der holländischen Regierung nach Ambon gesandt, um dieses Institut zu errichten, welches zur Aufnahme von zwölf eingeborenen Jünglingen bestimmt war, die hier Unterricht, Kleidung, Kost usw. erhalten sollten. Die zu diesem Zweck angewiesene Summe wurde in die Hände des Herrn Roskolt gegeben, und zwar ohne daß die Regierung eine Verrechnung verlangte. Schon am Ende des ersten Jahres fand Herr Roskolt, daß die Summe für achtzehn Jünglinge ausreichen würde, und stellte das Ersuchen, sechs Zöglinge mehr aufnehmen zu dürfen. Neben diesen bestimmten Zöglingen erlaubt Herr Roskolt auch noch zehn bis fünfzehn jungen Leuten, an dem Unterricht teilzunehmen, aus welchen er dann immer die fähigsten zur gänzlichen Aufnahme wählt. Der Unterricht besteht in richtiger Kenntnis und Schreibung der malaiischen Sprache, in Religion, Arithmetik, Geographie und im Gesang der Psalmen.

Die Eingeborenen auf Ambon und den nahen Inselchen sind Christen; zu den Zeiten der Portugiesen waren sie Katholiken, jetzt sind sie Protestanten. In jedem größeren Dorf (hier *Negeri* genannt) ist ein Schullehrer angestellt, der zugleich die Stelle des Priesters vertritt und in dem Gotteshaus die Gebete und Gesänge abhält. Es gibt mitunter so große Dörfer, daß ein Schullehrer bis 250 Kinder unter sich hat. Ich besuchte auf meinen Ausflügen auf Ambon, Saparua und Ceram mehrere Dorfschulen, deren Schullehrer Zöglinge des Herrn Roskolt waren. Die Kinder schrieben recht hübsch, rechneten richtig, sangen die Psalmen ganz gut usw. Unwillkürlich stieg der Wunsch in mir auf, daß alle europäischen Dorfkinder so gut unterrichtet sein möchten, als es diese malaiische Jugend war. Herr Roskolt hat sich nicht erfolglos bemüht; seine Arbeiten tragen jetzt schon gute Früchte.

So wie Banda das Vaterland des Muskatbaumes, so ist Ambon das des Gewürznelkenbaumes. Die Pflanzung desselben ist daher auch ein Hauptaugenmerk der Regierung und zugleich Monopol. Jedes Familienhaupt muß, je nach der Güte des Bodens, dreißig bis achtzig Bäume pflanzen und vollzählig unterhalten.

In früheren Zeiten wurde der Muskatbaum ausschließlich auf Banda und den dazugehörigen kleinen Inseln, der Gewürznelkenbaum ausschließlich auf Ambon und Saparua gepflanzt; auf den übrigen Molukken wurden beide Bäume ausgerottet. Jetzt können sie auf allen Inseln gepflanzt werden und sind nur auf den obengenannten Monopol.

Der Gewürznelkenbaum beginnt im zwölften bis fünfzehnten Jahr zu tragen und stirbt erst mit hundert Jahren. Er liefert ein bis zwanzig Pfund. Die Ernte hat nur einmal im Jahr statt, von November bis Januar. Die Nelken werden im Schatten getrocknet. Der Pflanzer erhält seit kurzem dreißig Deut per Pfund, während er sich früher mit vierundzwanzig begnügen mußte. Diese Erhöhung ist dem jetzigen Gouverneur, Herrn Deimar van Twist, zu danken.*

Die Eingeborenen wissen aus den Gewürznelken ganz hübsche Gegenstände zu machen: Vasen, Schiffe, Körbchen usw. Die Gewürznelken müssen sie hierzu von der Regierung kaufen, und zwar zu einem unmäßig hohen Preis. In Holland soll das Pfund dieses Gewürzes eine halbe Rupie kosten, hier bezahlen die Leute zwei Rupien dafür. Außerdem ist noch die Ausfuhr von dergleichen Spielzeug sehr hoch besteuert.

Auch der Muskatbaum wird auf Ambon ziemlich häufig gepflanzt; vorzüglich gut gedeiht der Kakaobaum; der Pikul Bohnen wird mit sechzig Rupien bezahlt. Der wichtigste Baum jedoch für die Eingeborenen, nicht nur auf Ambon, sondern auf allen Molukken, ist die Sagopalme. Das Mark derselben macht die Hauptnahrung der Eingeborenen aus; es ist ihnen, was den Chinesen und den Indern der Reis, was anderen Völkern das Getreide. Diese Palme wird gewöhnlich im fünfzehnten Jahr reif; man haut sie dann um, spaltet den Baum und arbeitet das Mark mittels einer einfachen Haue von Bambus heraus. Der ganze

---

* Bei dieser Gelegenheit muß ich bemerken, daß unter diesem Gouverneur-General auch die Abgaben aufgehoben wurden, welche die Kleinverkäufer auf allen holländisch-indischen Besitzungen von den Lebensmitteln bezahlen mußten, die sie zu Markte brachten. Dieses Gesetz war um so drückender, als der Bazarpacht meistens in den Händen der Chinesen war, die unglaublich geldgierig und hartherzig sind und das Volk schrecklich quälten, ja nicht selten betrogen.

Stamm besteht aus Mark, das kaum von einer zolldicken Rinde umgeben ist. Das Mark wird teilweise in eine Art Trog gelegt, der aus dem ausgehöhlten Sagostamm verfertigt ist und dessen Endseiten man mit Stücken geschlagenen Bastes verstopft. Durch Waschen und Kneten des Markes sondern sich die mehligen Teile von den faserigen ab. Das von dem Mehl geschwängerte Wasser läuft durch den Bast, welcher die Stelle des Siebes vertritt, in einen zweiten Trog, in welchem mit dem Waschen so lange fortgefahren wird, bis sich alle Mehlteile von den Fasern gesondert haben. Sobald sich das Mehl gesetzt hat, läßt man das Wasser ab, und die Arbeit ist beendet. Das Mehl wird in nassem Zustand zu fünfundzwanzig bis dreißig Pfund in Körbe verpackt, die gleich an Ort und Stelle von den grünen Blättern der Sagopalme gemacht werden. Eine besondere Eigenschaft dieses Markes oder Mehles ist, daß es nie trocken werden darf; man muß die Körbe mit dem Mehl von Zeit zu Zeit in Wasser stellen.

Abbildung 19: Waschen des Sago.

Man bereitet aus diesem Mehl Brot und *Papeta*. Zur Bereitung des ersteren bedient man sich eiserner oder irdener Geschirre mit kleinen Abteilungen, die man erst glühend erhitzt, dann von innen mit etwas Wasser befeuchtet. Man füllt sie hierauf ganz mit dem Mehl an, bedeckt sie mit Blättern, legt ein Blättchen darauf, das mit einem Stein beschwert wird, und läßt sie so lange stehen, bis sich Dunst entwickelt, ein Zeichen, daß die Brötchen gar sind. Noch einfacher ist die Bereitung der Papeta. Man schüttet anfänglich etwas kaltes Wasser auf das Mehl, rührt es zu einem dicken Teig, gießt dann so viel heißes Wasser zu, bis es sehr flüssig wird, und läßt es erkalten. Die Papeta gleicht einer Sulze oder einem steifen Kleister. Beide Gerichte, ohne andere pikante Ingredienzen genossen, schmecken überaus leer und fade.

Aus diesem Nahrungszweig ist ersichtlich, daß das Volk für Leben und Unterhalt wenig zu tun braucht. Familien, die wenig oder keine Sagobäume besitzen, können sich leicht mehrere hundert Pfund Mehl mit wenig Arbeit erwerben. Es ist nämlich Sitte, daß, wenn ein Mann zu dem Eigentümer eines reifen Sagobaumes geht und ihm sagt, daß er einen reifen Baum habe, den er (der Mann) für ihn umhauen wolle, der Eigentümer stets seine Einwilligung gibt. Der Mann kommt dann mit einigen Gehilfen, schlägt den Baum, bereitet und packt das Mehl, eine Arbeit von drei bis vier Tagen; dafür erhält er die Hälfte des Mehles neben der Verköstigung während der Arbeit.

Die Sagopalme, der Pisang (Bananenbaum) gedeihen ohne alle Nachhilfe, das Meer ist überreich an Fischen, es wird daher begreiflich, daß das Volk auf den Molukken träger ist, als irgendwo. Wenn man zum Beispiel mit dem Dampfer ankommt, ist der Landungsplatz voll von müßigen Gaffern; keiner würde aber, selbst für übertrieben gute Bezahlung, das Reisegepäck nach dem Städtchen tragen. Man muß erst in das Haus gehen, in welchem man absteigt, und von dort aus nach Trägern suchen. Oftmals ging ich nachmittags in mehr als ein Dutzend Hütten, um einiges von den aus Gewürznelken gefertigten Arbeiten zu kaufen – überall fand ich die Leute entweder Karten spielend oder schlafend.

Den Neujahrstag (1853) feierten wir mit einem Spaziergang nach dem nahen Wasserfall „Batu-Gontung". Der Wasserfall ist höchst unbedeutend, ebenso eine dabei gelegene Grotte. Ein kaltes Bad im Flüßchen und der Spaziergang durch die schönen Waldungen waren jedoch sehr lohnend.

Um die Insel Ambon ein wenig kennenzulernen, durchschnitt ich sie von Norden nach Süden und ging nach der Negeri *Emma*, ungefähr acht Paal. Man bedient sich auf Ambon zum Reisen einer Art Tragstühle, da die Wege zum Fahren oder Reiten nur einige Paal um das Städtchen gut sind. Ich wollte keinen Tragstuhl nehmen, indem mir nichts unangenehmer ist, als mich von Menschen tragen zu lassen; allein man behauptete, daß die Berge zu schroff seien, um von Europäern überklommen werden zu können.

Ich nahm also zur Vorsorge einen Tragstuhl mit, lief aber daneben her. Es ist wahr, die Berge und Hügel steigen sehr schroff und steil auf, man muß wirklich schwindellos sein, um hinüberzukommen; ich hatte jedoch ungleich Ärgeres auf Borneo und Sumatra erlebt. In drei Stunden war ich in Emma.

Die ganze Gegend zwischen den Städtchen Ambon und Emma besteht aus Schluchten und trichterförmigen Vertiefungen; man mußte stets auf- und niederklettern oder auf äußerst schmalen Bergkanten fortschreiten. Alles war mit schönen Waldungen, mit üppigem Untergesträuch bedeckt. Man sah viele *Dusons** mit Gewürznelkenbäumen; in den Wäldern gab es viele Sagopalmen. Von den Höhen erblickte man das Meer dies- und jenseits der Insel. Die Berge bestehen zum Teil aus Sand, den man sehr leicht herabarbeiten kann.

Die Negeris liegen an den Kanten der Schluchten oder auf den Spitzen der Berge. Die Leute haben im Dorf oft nicht einen Schritt ebene Fläche. Die kleinsten Kinder hier würden manchen Erwachsenen aus den Ebenen im Bergklettern beschämen. Das läuft und springt auf und ab gleich Gemsen.

Ich blieb vier Tage auf Emma, um Insekten zu sammeln. Die Hitze war zwar sehr drückend, ich ertrug sie jedoch so gut, als hätte ich mein ganzes Leben unter dem Äquator zugebracht.

Nach Ambon zurückgekehrt, unternahm ich einen etwas größeren Ausflug nach *Saparua* und der Insel *Ceram*, einer der größten von den Molukken. Letztere wollte ich vorzüglich ihrer Bewohner, der wilden Alforen[82], wegen besuchen.

---

* Jede Pflanzung, jeder Garten wird auf Ambon „Duson" genannt.

Am 11. Januar nachts fuhr ich zur See nach dem Örtchen *Paseo,* welches östlich von Ambon an dem kaum einige hundert Fuß breiten Isthmus liegt, der diese Insel in zwei Teile teilt. Ich kam um zwei Uhr nachts an. Die Prauhs wurden hier bei der Flut über den Isthmus gezogen und die Reise frühmorgens nach *Ihamahu* (35 Meilen), einer Negeri auf Saparua, fortgesetzt. Von da ging ich zu Fuß nach der Negeri Saparua (sieben Paal), wo ein kleines Fort und der Sitz eines Assistent-Residenten ist.

Einen angenehmeren Spaziergang als von Ihamahu nach Saparua kann es nicht leicht geben. Das ganze Inselchen gleicht einem freundlichen Garten. Der Weg ist trefflich und führt durch kleine Waldungen von Fruchtbäumen, durch bedeutende Negeris, in welchen die Häuser in Reihen stehen, aber durch Bäume und grüne Plätze voneinander geschieden und mit lebendigen Hecken eingezäunt sind. Die Aussichten, die man von den kleinen Höhen genießt, sind über alle Beschreibung herrlich. Man sieht Ambon, Ceram, Haraku und viele andere Eilande; man sieht das Meer bald als Bucht, bald als Bai oder Kanal und über Saparua hinaus als endlosen Wasserspiegel. Ich fand viel Ähnlichkeit mit den *Kykladen* in Griechenland. Nur sind die Inselgruppen hier durch ihre üppige Vegetation ungleich schöner als dort.

In Saparua traf ich den Gouverneur, Herrn Vischer, der auf einem Kriegsschiff von Ambon hierhergekommen war, weil man einen Aufstand der Eingeborenen befürchtete. Letztere sind in den entfernteren Kolonien oft den Eigenmächtigkeiten und Bedrückungen harter und eigennütziger Beamter ausgesetzt. Auch hier schien dies der Fall zu sein, und der Gouverneur wollte die Sache persönlich untersuchen. Ich habe bereits bei der Erwähnung der Hungersnot in dem Gebiet von Samarang bemerkt, daß die Beamten, die sich Vergehungen oder Eigenmächtigkeiten zuschulden kommen lassen, meistens wenig, mitunter gar nicht bestraft werden. In den Streitigkeiten mit den Eingeborenen erhält fast immer der Beamte, selten der Eingeborene recht. Bei der kleinsten Unachtsamkeit werden die Leute oft angefahren und ausgescholten, als hätten sie das größte Verbrechen begangen. Ich selbst sah einst einen Eingeborenen an einen Pflock gebunden; er sollte mit einem Rohr 50 Hiebe auf den nackten Rücken bekommen. Als ich nach dem Verbrechen des Sträflings frug, wich man der Antwort aus, worauf zu schließen war, daß die Strafe dem Verbrechen nicht angemessen war. Zuverlässige Männer versicherten mir, daß nicht selten bis 100 Stockschläge ausgeteilt würden, obwohl die von der Regierung erlaubte höchste Zahl 30 sei. Die armen Leute erzittern manchmal so, wenn sie von Beamten oder Offizieren gerufen werden, daß ihnen das Wort im Munde erstirbt. Auch in Britisch-Indien hatte ich häufig Gelegenheit, dasselbe zu bemerken. Sollten Beamte und Offiziere, die auf Außenposten angestellt sind, wo ihr Tun und Lassen nicht so überwacht werden kann, nicht ungleich strenger bestraft werden, wenn sie ihre Pflichten überschreiten, als der Eingeborene, dem die Gesetze mit Waffengewalt aufgezwungen wurden? Aber so ist es fast in der ganzen Welt. Der gemeine, arme Mann, der oft aus Unwissenheit, aus Unkenntnis der Gesetze fehlt, wird für das geringste Vergehen streng bestraft; der Vornehme, der Gebildete findet Nachsicht und Milde. Verdiente letzterer, gerade weil er gebildet ist, weil er volles Bewußtsein seines Vergehens hat, nicht doppelte Strafe?

Eine für den Reisenden sehr unangenehme Sache, die mich an Neapel sowie auch an mein liebes Vaterland Österreich erinnerte, ist auf den holländischen Besitzungen das ewige Abverlangen des Passes. In Batavia ließ ich den Paß für die Reise nach den Molukken visieren, in Samarang mußte dasselbe geschehen, in Surabaya, Ambon ebenso, ja beinahe in jedem Nest, wo nur ein Beamter residierte. Auf Saparua soll die Passomanie so weit gehen, daß kein Fischer ohne Paß auf den Fischzug ausgehen darf. Wahrlich, eine unerhörte Plackerei!

Schon auf Ambon hatte ich den Gouverneur ersucht, meine Reise nach *Wahai* an der Nordküste Cerams zu unterstützen. Ich wollte zu Lande durch das Innere dieser Insel gehen, die von den wilden Alforen bewohnt ist, welche auf Köpfe noch gieriger sind als die Dayaker. Bisher wagten es nur zwei Europäer, diese höchst gefährliche Reise zu unternehmen, von welchen der eine 150 Mann zum Schutze mitnahm. Ohne Hilfe der Regierung kann man gar keine Leute als Begleiter finden, da sich ein Stamm vor dem anderen fürchtet. Ich wollte mich dessenungeachtet mit vier

Leuten begnügen; allein der Gouverneur versicherte mir, daß ich wenigstens 20 haben müßte, weil unter dieser Zahl niemand mit mir ginge. Er fügte bei, daß, wenn eine dringende Nachricht zu Lande nach Wahay zu senden sei (gewöhnlich geschieht dies zur See), stets 20 Mann geschickt werden.

Mit Briefen an einige Regenten, die auf Ceram ungefähr so viel wie Dorfrichter sind, und den herzlichsten Glückwünschen trat ich am 17. Januar nachmittags die Reise zu Fuß an. Ich ging nur bis nach der Negeri *Noloth* auf *Saparua* (sieben Paal).

Am folgenden Tag, 18. Januar, fuhr ich in einem Prauh über die See nach *Makariki* auf der Insel Ceram (32 Meilen). Ich kam da so spät an, daß ich die Nacht in dem Prauh zubrachte.

Den 19. Januar mußte ich in Makariki bleiben. Der eingeborene Häuptling hatte die zwanzig Leute zusammenzusuchen, die mich begleiten sollten. Den Rest des Tages brauchten die Leute, meistens Alforen und einige Malaien, dazu, sich für die Reise mit Lebensmitteln zu versehen. Wir nahmen nichts als Sagobrote, Pisangs und kleine getrocknete Fischchen mit.

20. Januar. Morgens begann die beschwerliche und gefahrvolle Reise. Die Leute in Makariki machten mir von den Wegen eine schauerliche Beschreibung: Sie sagten, daß ich beständig über Steingerölle, durch Wasser, über sehr schroffe Gebirge zu gehen, die Nächte in den Wäldern unter freiem Himmel zuzubringen hätte, und prophezeiten mir, ich würde gewiß bald umkehren.

Kaum waren wir eine Stunde gegangen, so begegneten wir schon einem Hindernis, das für mich wenigstens sehr unangenehm war: Der breite, tiefe und ziemlich reißende Fluß *Ruata* mußte durchschwommen werden. Wie bei Sigumpulang auf Sumatra kam ich mit Hilfe zweier Eingeborenen, die mir die Hand reichten und mich nach sich zogen, glücklich hindurch. Diesen ersten Tag verließen wir zwar die Ebene nicht, deshalb war jedoch der Weg nicht minder schrecklich: Er führte beständig in einem breiten Strombett fort, das jetzt in der trockenen Jahreszeit nur von einem schmalen, seichten Flüßchen eingenommen war. Wir hatten fast immer großes Steingerölle zu überklettern und unzählige Male den Fluß nicht nur zu durchkreuzen, sondern mitunter lange Strecken in ihm zu gehen. Gewiß ein Drittel dieser

Tagereise (18 Paal) ging durch Wasser. Dabei litt ich viel mehr von der Hitze, denn obwohl von Waldungen umgeben, war das Strombett, in dessen Mitte wir uns halten mußten, zu breit, als daß der kühlende Schatten bis zu uns hätte gelangen können. An Aussichten war der Tag arm, da wir stets zwischen Waldungen und Schluchten wandelten.

Nachmittags um vier Uhr machten wir halt.* Das Nachtlager wurde im Flußbett aufgeschlagen. Die Alforen errichteten schnell drei Laubdächer, unter die wir uns verteilten, und lustige Feuer, an denen es leider nichts zu kochen gab, loderten bald empor. Der Anblick der finstern Waldungen, deren schwarze Schatten durch den aufgehenden Mond noch mehr herausgehoben wurden, war wohl etwas unheimlich; allein es halten sich auf dieser Insel keine wilden Tiere auf, und vor dem Überfall eines Alforenstammes hatte ich keine Furcht. Ruhig legte ich mich auf das harte Steinlager und ließ mich von dem Gemurmel des Flusses bald in schöne Träume wiegen.

21. Januar (19 Paal). Heute hatten wir die erste Gebirgskette, *Nothlong-Batai*, zu übersteigen; die Höhe des Übergangs mochte 800 bis 900 Fuß betragen. Obgleich kein Pfad durch die Waldungen führte, so gehörte der Weg dennoch nicht zu den schlechtesten: Das Untergebüsch war dünn, man konnte sich leicht überall durchwinden, auch waren die Berge nicht so schroff und steil wie jene von Ambon. Ich bewunderte sehr die Ortskenntnis der Leute: Sie fanden durch das Labyrinth der Bäume den Weg so sicher, als wären wir auf einer gebahnten Straße gegangen.

Auf den Höhen sah man hie und da kleine Gruppen verfallener Alforenhütten, die aus weiter nichts als Laubdächern bestanden, unter welchen fußhohe Schlafstellen errichtet waren. Die Bewohner hatten da wahrscheinlich schon allen Sago aufgezehrt und ihre Wohnsitze nach einer neuen, fruchtbareren Gegend verlegt.

Nachdem die Gebirgskette überstiegen war, ging es beständig in engen Klüften, in schmalen, stein- und wasserreichen Flußbet-

---

* In Gegenden, die nahe am Äquator liegen, muß man frühzeitig Haltmachen, da die Sonne um sechs Uhr untergeht und die Dunkelheit plötzlich ohne vorhergehende Dämmerung eintritt.

ten fort, ja wie gestern so häufig im Wasser selbst, daß unsere Füße gar nicht trocken wurden. Gegen Mittag ruhten wir ein halbes Stündchen aus, um den mageren Imbiß zu verzehren. Das harte Sagobrot mußte erst einige Minuten im Wasser erweicht werden, um es genießbar zu machen; dazu ein Paar Pisangs (Bananen), und die Tafel war mittags wie morgens oder abends fertig. Mein Hunger zeigte sich jedoch infolge der gehabten Anstrengung stets so groß, daß ich die Entbehrung besserer Gerichte nicht im geringsten fühlte.

An Rehen und Wildschweinen muß diese Insel überreich sein; von ersteren sahen wir viele, von letzteren fast nur die Spuren. Einige meiner Leute hatten Gewehre mit; es ging aber keines los. Ich sah bei dieser Gelegenheit, wie die Eingeborenen die flüchtigsten Rehe im schnellsten Lauf so zu erschrecken oder stutzig zu machen wußten, daß die Tiere eine halbe Minute wie angewurzelt stehenblieben und das Auge von ihnen nicht abzogen. Die Leute schwenkten nur ein hochrotes Tuch und spannten es plötzlich auf. Trotz des sicheren Zielpunktes, den die Tiere derart abgeben, mußten wir uns doch die Lust auf einen Rehbraten vergehen lassen, da, wie gesagt, die unglücklichen Gewehre stets versagten. Dagegen fingen meine braven Alforen ein junges Wildschweinchen und ein Kussu[83] (Baum- oder wilde Katze). Ersterem liefen sie über Stock und Stein so behende und flink nach, bis sie es ermüdeten und erhaschten. Letzteres holten sie von einem gewiß über hundert Fuß hohen Baum herab. Es war ängstlich und zugleich bewunderungswürdig zu sehen, mit welcher Leichtigkeit sie bis auf die höchste Spitze des Baumes kletterten. Das Tier selbst war nicht schwer zu erlegen: Bei Tage sieht es nicht und bleibt ganz ruhig sitzen. Sie gaben ihm einen Schlag auf den Kopf und warfen es zur Erde, wo es gänzlich getötet wurde.

Gestern wie heute begegneten wir keiner Seele. Das Nachtlager wurde abermals in einem Flußbett aufgeschlagen. Die Feuer brannten jedoch diesen Abend nicht umsonst. Dem Wildschweinchen wurde zwar vorderhand das Leben geschenkt (mit diesem Braten sollte die Ankunft in Wahai gefeiert werden); aber das Kussu wurde geopfert. Die Leute schlitzten es auf, nahmen die Eingeweide und Gedärme heraus, wuschen es aus und legten es über das Feuer, um den Pelz abzubrennen. Sie legten dann das Eingeweide samt den ausgewaschenen Gedärmen wieder in das Tier, steckten es an ein Holz und brieten es. Der Braten wurde ohne Salz verzehrt, da wir nichts dergleichen mit uns führten. Die guten Leute brachten mir ein ganzes Schenkelchen; ich nahm ein kleines Stück, um ihre Gabe nicht zu verschmähen und um das Fleisch zu kosten. Es hatte einen starken Geruch; nichtsdestoweniger schmeckte es mir. Die Malaien essen dieses Tier nicht: Sie finden den Geruch zu stark.

22. Januar (achtzehn Paal). Heute gab es zwei Gebirgsketten zu übersteigen. Die Höhe der ersteren, *Gorolehuway*, mochte 1.500, die der letzteren, *Hurali*, 500 Fuß betragen. Die Waldungen auf Ceram zeichnen sich durch hohe, schlanke, ziemlich umfangreiche Bäume aus; ich blieb häufig bewundernd stehen, um diese himmelanstrebenden Giganten zu betrachten. Viele Stämme waren mit Schlingpflanzen und Orchideen bedeckt; doch Blumen sah ich nicht. Dagegen fiel mir ein Schwamm auf, wie ich nie zuvor einen gesehen. Er war nicht groß, hatte die Form eines Fingerhutes und saß auf einem drei Zoll hohen Stengel. Von der unteren Kante hing rundherum ein zwei Finger breites, blendend weißes Netz, das so durchbrochen war, wie das feinste Spitzengewebe. Es kam mir nie mehr ein zweites Exemplar vor.

Von der Höhe des Gorolehuway sah man weit in das Land hinein. Der größte Teil war sehr gebirgig, die Täler lang, aber schmal; überall finstere Waldung, keine Spur einer Hütte oder eines Feldes.

Am schroffsten und gefährlichsten war der Übergang über den Hurali. Dieses Gebirge, das letzte, das wir zu übersteigen hatten, fiel an manchen Stellen so senkrecht in die See, daß man kaum für den Fuß Raum fand; wäre ich dem Schwindel unterworfen gewesen, so hätte ich da gewiß meine Grabstätte gefunden. Auf dem Hurali sah ich das erste alforische Dorf; es soll das größte auf ganz Ceram sein und enthielt an dreißig Hütten. Es schien aber wie ausgestorben: Man sah und hörte keine Seele, so daß ich glaubte, es sei verlassen. Meine Begleiter sagten mir jedoch, daß das Dorf bewohnt und die Leute zu Hause wären; nur seien sie so scheu und furchtsam, daß sie bei dem geringsten Laut menschlicher Stimmen oder Fußtritte in die Hütten flöhen und die Türen verschlössen. Wir wurden hier von einem starken Regen überfallen und suchten Schutz unter den Hütten, die auf Pfählen gebaut waren. Wir klopften auch an manche Tür und riefen nach den Bewohnern. Einige gaben uns zwar Antwort; aber keiner öffnete seine Tür. Und so war ich über eine Stunde in einem großen alforischen Dorf, ohne eine Seele zu Gesicht zu bekommen. Ich mußte die Neugierde, die Alforen kennenzulernen, auf die Rückreise verschieben, für die ich mir vornahm, mich von irgendeinem Rajah begleiten zu lassen, welcher Einfluß auf die Leute hätte.

Als wir den Hurali im Rücken hatten und an die See kamen, dachte ich, daß nun alles Böse überstanden wäre; allein dem war nicht so. Die Berge und Hügel Cerams haben die Eigentümlichkeit, daß sie meistens ganz schroff und steil gleich Wänden gegen die See abfallen. Wir mußten noch einen ganzen Paal in der Brandung der See selbst über Felsen, Riffe und Klippen steigen. Die Wogen schlugen heftig an, man hatte Mühe, sich zu erhalten, um so mehr, als Klippen und Steine vom Wasser spiegelglatt geschliffen waren, und auf diese Weise bot uns das Ende der Reise mehr Schwierigkeiten als der Anfang. Doch auch dies wurde glücklich überwunden und ein lieblicher Pfad durch kleine Wiesen führte den letzten Paal nach der Negeri *Passanea*.

Man wird es vielleicht für Großsprecherei halten, wenn ich sage, daß mich diese Fußreise von einigen fünfzig Paal[84] nicht im geringsten ermüdete. Ich hatte stets so viel zu sehen, jeder Gegenstand, wenn auch noch so klein und unbedeutend, interessierte mich so sehr, daß ich alle Mühseligkeiten vergaß. In solchen Fällen bewunderte ich oft selbst meine eisenfeste Natur, die mir erlaubte, ähnliche Strapazen auszuhalten. Ich lebte nur von Sagobrot und Pisangs, schlief auf hartem Boden und ging täglich achtzehn bis neunzehn Paal, was auf guten Wegen wohl nichts sagen würde, auf diesen steinigen, schroffen Gebirgspfaden aber im höchsten Grade beschwerlich war.

Passanea ist von Malaien bewohnt. Die Malaien lassen sich an Küstengegenden, die Alforen im Gebirge nieder. In Passanea kehrte ich bei dem Regenten ein.

Am folgenden Tag, 23. Januar, fuhr ich in einem winzig kleinen Prauh nach *Wahai* (40 Meilen). Die See war ruhig, und ohne Unfall erreichte ich abends acht Uhr diesen Ort.

Wahai ist die einzige Niederlassung der Holländer auf Ceram; sie haben hier ein kleines Fort mit einer Besatzung von 30 Mann.

Ich blieb in dem Prauh sitzen und sandte den Empfehlungsbrief, den mir der Gouverneur Vischer für den Kommandanten, Herrn *Kern,* gegeben hatte, an letztgenannten Herrn ab.

Der gute Mann wollte meinem Führer gar nicht glauben, als dieser ihm verkündete, daß *eine Frau* die Reise nach Wahai über Land gemacht habe; er versicherte mir später zu wiederholten Malen, daß er eher den Einsturz des Himmels als ein solches Ereignis erwartet hätte.

Ich blieb sechs Tage auf Wahai, während welcher ich meine Insektensammlung sehr vermehrte; allein von den Alforen bekam ich immer noch nichts zu sehen: Sie wohnten zu weit ab von Wahai. Herr Kern versprach mir, mich auf meiner Rückreise bis *Saway* (nahe bei Passanea) zu begleiten und von dort aus zwei alforische Negeris mit mir zu besuchen.

Herr Kern, der bereits seit zwei Jahren auf Wahai lebte und manches von den Sitten und Gebräuchen der Alforen gesehen und gehört hatte, machte mir davon ungefähr folgende Schilderung, die ich so übereinstimmend fand mit dem, was ich bei den Dayakern beobachtet hatte, daß ich die Alforen für Abkömmlinge oder Stammverwandte der Dayaker halten möchte.

Die Alforen sind Kopfjäger wie die Dayaker; sie schätzen einen abgehauenen Menschenkopf höher als die kostbarste Beute. Hier muß wirklich jeder Jüngling seiner Auserwählten als Brautgeschenk einen Kopf oder wenigstens einen Teil eines Kopfes bringen. Gewöhnlich ziehen fünf bis sechs Jünglinge gemeinschaftlich auf die Kopfjagd aus, begnügen sich mit einer solchen Trophäe und teilen sie dann. Die Hütte, in welcher sie den eroberten Kopf aufbewahren, heißt *Baileo.* Wenn der Baileo zu verfallen beginnt und ein neuer gebaut wird, bleibt dieser ungedeckt, bis man ihn mit einem neuen Kopf schmücken kann; dann erst wird er gedeckt und die Köpfe werden aus dem alten Baileo übertragen.

Der Alfore, welcher einzeln auf die Kopfjagd geht, verbirgt sich gleich den Dayakern hinter Bäumen oder Gesträuchen, legt sich flach auf die Erde, bedeckt sich ganz mit Laub und Zweigen und harrt tagelang ohne Nahrung und Trank auf seine Beute. Er schleudert dem Unglücklichen aus seinem Versteck mit nie fehlender Geschicklichkeit eine Lanze, deren Spitze zwar nur von Bambus, aber scharf wie Eisen ist. Dann stürzt er von rückwärts über sein Opfer her und haut ihm den Kopf ab. Den Körper verbirgt er höchst sorgfältig in Klüften und abgelegenen Orten, um die Entdeckung des Mordes so viel als möglich zu verhindern.

Geht ein ganzer Stamm oder die Bewohnerschaft eines Dorfes auf die Kopfjagd, so suchen sie das feindliche Dorf zu einer Zeit zu überfallen, wenn die Männer auswärts mit Feldarbeit beschäftigt sind. Die Alforen schätzen die Köpfe der Weiber, ja der Kinder ebenso hoch wie die der Männer. Mit der Beute heimkehrend, kündigen sie ihr Glück schon von fern durch gellende Pfiffe auf einer Muschel an. Die Weiber und Kinder eilen den Siegern singend und jubelnd entgegen und führen sie im Triumph nach dem Baileo. Hier werden die Köpfe den Knaben und Mädchen, die das zehnte Jahr nicht erreicht haben, überlassen; diese saugen jeden Blutstropfen begierig aus, was ihnen nach der Eltern Meinung Mut und Tapferkeit verleiht. Die Köpfe werden dann etwas geröstet, von dem Fleisch gereinigt und in dem Baileo aufgehangen. Das Fleisch wird nicht gegessen, da die Alforen keine Kannibalen sind. Die Feste dauern einige Tage; man verzehrt dabei Wildschweine, Rehe und Kussus. Die Kinnbacken der verzehrten Tiere hängen sie ebenfalls an den Wänden des Baileo auf. Bei solchen festlichen Gelegenheiten erhalten die zehnjährigen Kinder ihr erstes Kleidungsstück, die Knaben eine handbreite Leibbinde von Bast, die Mädchen ein enges, kaum fußlanges Röckchen. Leibbinde wie Röckchen werden *Tijdaks* genannt.

Wenn ein Mann einen Kopf erjagt hat, darf er als Auszeichnung sein blankes hölzernes Schild mit weißen Muscheln, sein Tijdak mit Zeichnungen verzieren. Man könnte diese Zeichen füglich die *„alforischen Militärorden"* nennen, denn sie werden gleich den europäischen nur nach glorreichen Taten verliehen, wenn die Hände des Siegers Menschenblut vergossen haben.

Die Religion der Alforen ist mit vielen Göttern und Geistern belebt. Einige Stämme haben Priester und eine Hütte als Tempel. Beide dienen jedoch nicht für den Gottesdienst, sondern für die Zeremonie des Tätowierens, die an allen Kindern im zehnten Jahr vorgenommen wird. Die Kinder werden zu diesem Zweck mit *Sagower*[85] (Palmwein) berauscht, in diesem Zustand in den Tempel gebracht und auf der Brust oder den Armen etwas tätowiert. Wenn sie vom Schlaf erwachen, sagt man ihnen, der gute Geist habe dies getan. Die Tätowierungshütte darf nur von dem Priester und dem Rajah betreten werden. Die Stämme, die sich nicht tätowieren, haben weder Tempel noch Priester.

Die Alforen können mehrere Weiber nehmen und sich ohne Schwierigkeit wieder scheiden; gewöhnlich aber begnügen sie sich mit einer Frau. Scheidungen sollen selten vorkommen. Die Weiber werden gekauft, zwar nicht mit Geld, denn sie haben gar keines und trachten auch nicht danach, aber mit Reis und Tabak.

Sie töten zuweilen die schwer Erkrankten, von welchen sie keine Genesung mehr hoffen, spannen dabei die Unglücklichen gleichsam in den Bock, indem sie ihnen die Arme durch die Knie ziehen und lassen sie in dieser Stellung, bis die Seele vom Körper geschieden ist. Die Toten tragen sie entweder auf die höchsten Spitzen der Berge, am liebsten auf hohe, steile Felsen, oder sie verbrennen sie.

Ihre Gesetzgebung soll ziemlich weise und gut sein. Die verschiedenen Stämme bilden eine Art Konföderation, haben einen König für die ganze Insel und Rajahs für jedes Dorf. Sie erweisen ihren Vorgesetzten viel Ehrfurcht; dennoch sollen diese nur wenig Einfluß auf das Volk haben. Im ganzen schildert man die Alforen als ehrlich, gut, verträglich und als gut gesittet. Sie sind die einzigen, die auf Ceram einige Bodenkultur betreiben: Sie pflanzen etwas Reis, Tabak, Ubi und Mais, welche Artikel sie an die trägen Malaien, die beinahe nichts bauen, gegen Kokosnüsse, Pisangs, bunte Tücher und Glasperlen vertauschen.

Während meiner Anwesenheit zu Wahai kam die Nachricht an den Kommandanten, daß Alforen in eines ihrer stammverwandten Dörfer eingefallen und fünf Köpfe erobert hätten. Die holländische Regierung nimmt keine Notiz, wenn sich die Alforen untereinander köpfen, und selbst sehr wenig, wenn sie über die Malaien herfallen. Sie hat auf dieser Insel zu wenig Macht, um mit einigem Ernst auftreten zu können. Auch mit zahlreicheren Truppen, als ihr zu Gebote stehen, würde es schwer sein, diese Bergvölker zum Gehorsam zu bringen. Bei der geringsten Verfolgung ziehen sie sich auf die höchsten, unzugänglichsten Berge zurück und finden dabei überall Nahrung, da die Sagopalme allenthalben in solchem Übermaß gedeiht, daß ungleich mehr verdirbt, als aufgezehrt wird. Auch an Wild fehlt es nicht auf dieser Insel, wo es keine reißenden Tiere gibt, die dessen Vermehrung verhindern.

Kurze Zeit, bevor ich nach Wahai gekommen war, wurden drei Malaien von Alforen getötet. Man zog zwar zwei Rajahs von dem Stamme ein, welche der Morde beschuldigt wurden; allein die Leute gestanden nichts, und am Ende mußte man sich begnügen, sie nach ihren Gesetzen zu bestrafen. Diese verurteilen den schuldigen Stamm, den Verwandten der Gemordeten zur Sühnung einige irdene Töpfe und Schüsseln, etwas Tabak und Reis zu geben.

Die holländische Regierung zieht von Ceram nicht den geringsten Nutzen. Es werden keine Gewürze gebaut, keine Abgaben bezahlt. Das Fort Wahai dient bloß dazu, festen Fuß auf der Insel zu haben und sie derart als holländisches Besitztum erklären zu können.

Am 30. Januar verließ ich Wahai, begleitet von Herrn Kern. Wir waren kaum einige Stunden zur See, als sich ein so stürmischer Wind erhob, daß wir das Land suchen mußten. Dies war eine sehr schwierige Aufgabe, obwohl wir längs der Küste in der Entfernung von kaum einer Viertelmeile fuhren; überall gab es Riffe, hohe Felswände, steil abfallende Berge. Mit vieler Mühe und Gefahr gelangten wir endlich in eine kleine Bucht, wo wir den ganzen Tag und die halbe Nacht zubrachten. Den folgenden Morgen fuhren wir nach *Saway*, das wir sehr früh erreichten. Wir besuchten von hier aus zwei alforische Dörfer, *Massitulan* und *Opin*, die auf niederen, aber beinahe senkrecht aufsteigenden Hügeln nahe bei Saway liegen.

Die Hütten der Alforen sind klein und wie jene der Malaien auf Pfählen gebaut; die Wände bestehen aus den Rippen der Sagoblätter, die Dächer aus den Sagoblättern. Im Innern sieht man nichts als einige Matten, einige Töpfe und Teller, einen Parang, Bogen und Pfeile, eine Lanze und einen hölzernen Schild (vier Fuß lang und sechs bis acht Zoll breit).

Die Alforen sind minder häßlich als die Malaien; ich fand mitunter recht wohlgeformte Gesichtsbildungen. Der Körper ist schlank und ebenmäßig; unter den Mädchen gibt es höchst zierliche Gestalten. Ihre Hautfarbe ist sehr lichtbraun; sie haben schöne schwarze Augen, weiße Zähne und dichtes schwarzes Haar, das nicht geschnitten wird. Die Männer wickeln die Haare vorne zusammen in Form einer Scheibe, die sie durch hineingestecktes Reisstroh vergrößern. Um den Kopf winden sie ein Tuch so geschickt und zierlich, daß die Haarscheibe gleich einer Kokarde frei in der Höhe steht. Ein Mann, der zwei Köpfe erobert hat, darf auch das Kopftuch mit weißen Muscheln verzieren. Doch tragen nicht alle das Kopftuch oder die Haarscheibe; viele lassen das Haar frei flattern, was ihnen ein etwas wildes Aussehen verleiht. Das dichte, lange, etwas struppige Haar fällt über das Gesicht und fliegt bei jeder Bewegung umher. So reich ihr Kopfhaar ist, so arm ist der Bart. Es scheint nicht, daß sie wie die Malaien das Barthaar ausraufen; ich sah im Gegenteil einige unter ihnen, die ein Schnurrbärtchen hatten und sich viel darauf einzubilden schienen. Die Weiber haben das Haar hinten in einen Knoten gedreht und aufgesteckt.

Beide Geschlechter gehen beinahe im Naturzustande; nur die Mädchen kleiden sich in das fußlange, enge Röckchen. Die Männer tragen einen handbreiten Gürtel von Bast, die Weiber legen, wenn sie heiraten, den Tijdak ab und gehen beinahe ohne alle Bedeckung.

In diesen beiden alforischen Dörfern gab es noch wenig eroberte Köpfe. In dem einen stand ein neugebauter Baileo, der einstweilen ungedeckt war und des zu liefernden Kopfes harrte. Der Rajah des Dorfes Opin ist der holländischen Regierung sehr ergeben. Er gestattet seinen Leuten nicht, ihre Opfer unter den Malaien zu suchen, ja er wünscht sogar, wie er sagt, das Kopfjagen ganz aufhören zu machen; doch wurde bisher seinen Vorstellungen kein Gehör gegeben. Er erhielt von dem Kommandanten für seine Anhänglichkeit an die Regierung einige alte europäische Kleidungsstücke und andere Kleinigkeiten zum Geschenk. Da er von unserem Kommen unterrichtet war, hatte er alle diese Kostbarkeiten an seinen Körper gehangen. Man konnte nichts Lächerlicheres sehen. Ein altes Beinkleid reichte ihm bis an die Knöchel; in die Weste hätte er sich zweimal wickeln können, ebenso in den Rock, an welchem die ursprüngliche Farbe kaum mehr zu erkennen war. Auf letzteren hatte er mehrere bunte Schnüre sowie ein Stückchen Goldtresse als Orden geheftet. An der Seite trug er einen alten Stoßdegen, auf dem Kopf eine kleine, spitze Mütze mit weißen Hahnenfedern. In diesem großen Putz erscheint er nur, wenn er mit dem Kommandanten in Berührung kommt; sonst geht er nackt wie sein Volk. Auch die Mädchen und Frauen, deren sich nur wenige auf vieles Zureden des Rajah zeigten, erschienen, weil der Besuch des Kommandanten angekündigt war, in Tücher und Kleidungsstücke eingehüllt. Ich sah sie erst später auf Hurali, wo der Kommandant nicht bei mir war, in ihrem Naturzustande.

Nachmittags fuhren wir nach *Passaneo*.

1. Februar. Zu Passaneo trennten wir uns: Der Kommandant fuhr zur See nach Wahai, ich trat die Fußreise nach *Makariki* an. Vor dem Abschied ersuchte ich noch den Kommandanten, mir den Regenten von Passaneo bis Hurali mitzusenden, damit er die Alforen bewege, ihre Hütten zu öffnen und mir Gelegenheit zu geben, dieses wilde und scheue Volk einigermaßen zu sehen.

Ich kam in Passaneo wieder mit meinen alforischen Begleitern zusammen, die daselbst auf mich gewartet hatten. Nun erst, da ich den Wert der Muscheln und Zeichnungen verstand, sah ich, welche tüchtigen Kopfjäger es unter ihnen gab; ich zählte sechs, deren Schilde (*Tijdokos*) und Kopftücher mit vielen weißen Muscheln und Zeichnungen prangten.

Als wir zu Hurali ankamen, war richtig wieder keine Seele zu sehen; der Regent mußte beinahe mit Gewalt die Leute aus ihren Hütten treiben. Ich stieg in mehrere Behausungen und hoffte mehr Wohlhabenheit zu finden, als in Massitulan und Opin, indem Hurali, wie gesagt, das bedeutendste alforische Dorf ist; allein die Einfachheit oder Armut war hier wie dort dieselbe. Die Kinder flohen vor mir, schrien und heulten, als koste es ihr Leben. Auch die erwachsenen Mädchen reichten mir nur auf wiederholte Zusprache des Regenten die Hand zum Gruß. Das Mißtrauen,

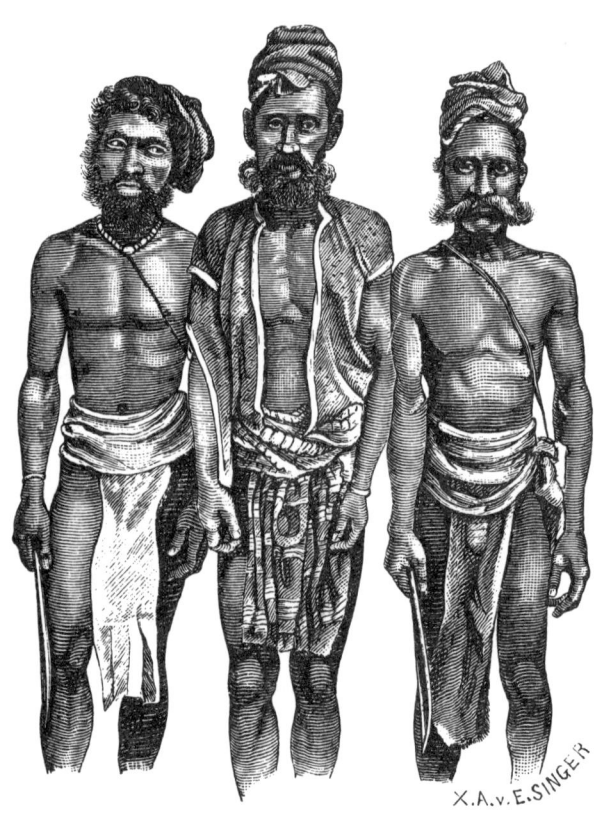

Abbildung 20: Alforen von Ceram.

die Scheu dieser Leute rühren von ihrer Angst her: Sie leben in steter Besorgnis feindlicher Überfälle.

Man führte mich in den Baileo, der an Größe gegen die ihn umgebenden Hütten einem wahren Palast glich: Seine Länge mochte sechzig, seine Breite vierzig Fuß betragen. Mit Schauder zählte ich hier in einer langen Reihe 156 Schädel, die seit vielen Jahren zusammengebracht wurden. An den Wänden hingen zahllose Kinnbacken der Wildschweine, Rehe usw., die bei den stattgehabten Festlichkeiten verzehrt worden waren. Der Saal enthielt nichts weiter als die Köpfe, die Kinnbacken und die Feuerstelle, an welcher die Köpfe geröstet werden.

In der Hütte dieses Rajahs hingen ebenfalls noch ein Dutzend Menschenschädel.

Ich wünschte sehr, den Festtanz zu sehen, den die Alforen um die eroberten Köpfe aufführen. Die Jünglinge waren auch dazu gleich bereit, und fanden sich alsbals mit den Instrumenten ein, die aus Muscheln und einer Trommel bestanden. Sie begannen schon, auf die Trommel zu schlagen und den Muscheln gellende Töne zu entlocken; allein die älteren Leute, besonders der Rajah, gaben ihre Einwilligung zu dem Tanz nicht: Sie meinten, daß, wenn dieser Tanz aus Scherz aufgeführt würde, einer von ihnen bald als Opfer fallen müsse. Ich sah daraus, daß die Alforen, wie alle rohen und unwissenden Völker, sehr abergläubisch sind.

Als Entschädigung zeigte mir der Rajah persönlich den Angriff eines Feindes. Er bewaffnete sich mit Schild, Parang und Lanze; Schild und Parang hielt er in der linken, die Lanze in der rechten Hand. Er verbarg sich hinter einem Baum, spähte mit großer Vorsicht nach allen Seiten, warf sich zu Boden, bedeckte sich mit Blättern und Zweigen und legte das Ohr an die Erde. Nach kurzer Zeit richtete er sich etwas auf, als gewahre er sein Opfer, zog sich für einen Augenblick noch mehr zurück, warf plötzlich seine Lanze, stürzte hervor und führte mit dem Parang einen kräftigen Streich durch die Luft. Dann bückte er sich und raffte einen Stein auf, den er mir als eroberten Kopf überreichte.

Ich bat den Rajah hierauf, mir die berühmtesten Kopfjäger seines Stammes vorzustellen. Er wies auf einige Männer, die um mich herum saßen, und sagte mir, dieser habe zwei, jener drei, er selbst erst einen Kopf erbeutet. Es gibt keine Worte, mein Erstaunen zu schildern, als ich dies hörte und dabei die gutmütigen, sanften Gesichter dieser Menschen betrachtete. Die gerühmten Helden lächelten bei der Erwähnung ihrer Taten so wohlgefällig und bescheiden, als wäre von den edelsten Handlungen die Rede gewesen. Freilich ist in ihren Augen das Erjagen eines Kopfes dieselbe Heldentat wie in den Augen eines europäischen Generals eine gewonnene Schlacht, in den Augen eines Soldaten das Niedermetzeln seiner Gegner. Im Grunde ist die Sache auch hier wie dort dieselbe.

Mit Herzlichkeit nahm ich Abschied von diesen sonst so harmlosen Menschen und setzte die Reise fort. Wir hatten uns heute kaum zur Ruhe gelagert, als wir von dem Wache stehenden Mann erweckt wurden, der nach dem Walde wies. Dort sahen wir zu unserem Schrecken ein Licht schimmern. Meine Leute sprangen auf und griffen zu den Waffen. Bald erschienen ein halbes Dutzend Alforen mit brennenden Holzspänen und erzählten uns, daß sie unfern unseres Lagers viele Alforen gesehen hätten, die vermutlich auf das Fällen der Sagobäume ausgegangen wären. Sie empfahlen uns Vorsicht und gingen ihres Weges. Mein Führer, den man mir in *Saparua* mitgegeben hatte und der der bravste und beste Malaie war, der mir je vorgekommen, ließ unsere noch glimmenden Feuer sogleich gänzlich auslöschen, beorderte an jede meiner Seiten drei Mann als Wache, und auch die übrigen mußten sich ganz in meine Nähe legen. Wir waren aber von der beschwerlichen Tagereise (wir hatten die beiden Gebirgsketten überstiegen) alle so ermüdet, daß wir trotz der Gefahr bald wieder zu schlafen begannen, wie ich glaube, die Wache nicht ausgenommen.

Die Rückreise betrieb mein Führer mit solcher Eile, ich weiß nicht, ob aus Furcht oder aus einem anderen Grund, daß wir am dritten Tag schon um elf Uhr vormittags in *Makariki* waren. Die letzten sechs bis acht Paal machten wir auf einem anderen Weg, der durch ganze Waldungen von Sagopalmen führte.

Ich ruhte in Makariki einen Tag aus, den folgenden kehrte ich nach *Noloth* auf *Saparua* zurück und am

6. Februar traf ich in der Negeri Saparua selbst ein, wo ich den Gouverneur noch fand, der mich mit freudigem Erstaunen empfing. Seine erste Frage war: „Sind Sie denn wirklich in Wahai

gewesen?" – „Hier ist meine Bestätigung", erwiderte ich lächelnd und reichte ihm einen Brief des dortigen Kommandanten.

Zu Saparua war diesen Abend große Tafel. Der Gouverneur verließ am folgenden Morgen die Insel und hatte zum Abschied alle Regenten und Schullehrer eingeladen. Diese Leute, sämtlich Eingeborene, erschienen in schwarzer, europäischer Kleidung, drei unter ihnen in militärischer Uniform: letztere waren Offiziere der Bürgermiliz. Ich bewunderte ihre Haltung in den ihnen fremden, steifen Anzügen sowie ihren Anstand und ihr Benehmen bei der Tafel. Sie handhabten das Eßbesteck mit einer Geschicklichkeit, als wären sie von Jugend auf daran gewöhnt gewesen. Die malaiische Gesichtsform, die bräunliche Hautfarbe allein verriet sie; sonst hätte man meinen können, sich in europäischer Gesellschaft zu befinden.

Am folgenden Morgen war schon sehr frühzeitig viel Volk vor dem Haus versammelt, das dem Gouverneur durch allerlei Tänze seinen Dank für dessen Besuch der Insel bezeugen wollte. Da gab es Tänzer und Tänzerinnen in Menge. Letztere waren voll Flitterwerk; man sah, daß sie alles auf sich gehangen hatten, was sie zusammenbringen konnten. Auf dem Kopf trugen sie Kronen von Messingblech mit Fransen oder Blumen verziert, bunte Lappen prangten als Schürzen und Schärpen. Sie führten den schläfrigen, einförmigen malaiischen Tanz auf, dessen Ende nie zu erleben ist. Die Tänzer sahen wo möglich noch komischer aus. Sie trugen messingene Pickelhauben mit himmelhohen Hahnenfedern, bunte Schärpen, kleine, runde, hölzerne Schilde, mit weißen Papierschnitzeln beklebt, und hölzerne Parangs, mit Blumen geschmückt. Der Tanz, den sie aufführten, war etwas lebhafter und abwechselnder als jener der Mädchen.

Die Besatzung des Forts (50 Mann) war ebenfalls aufgestellt, die Regenten und Schullehrer umgaben den Gouverneur, und der ganze Zug begleitete ihn unter Tanz und Musik bis an das Seegestade. Der Gouverneur bereiste von hier aus noch einige andere Inseln.

Auch ich verließ Saparua noch denselben Abend, und am folgenden Tag begrüßte ich zu Ambon wieder die liebenswürdige Familie Roskolt.

Ich hatte nun schon viel Gelegenheit gehabt, das Volk auf den Molukken zu sehen. Ich fand die Malaien, aus welchen der größte Teil der Bevölkerung bestand, hier minder häßlich als auf Java, Borneo und Sumatra. Die Hautfarbe ist lichtbraun, der Körper wohlgeformt, wie man ihn häufig bei Völkern findet, die ihn nicht in unnatürliche Kleidertrachten zwingen. Sie verderben die Zähne nicht durch Feilen und Schwärzen und kauen weniger Siri; die Weiber sah ich nirgends Tabak rauchen. Die Hauptfarbe ihres Anzuges ist dunkelblau oder schwarz.

Ich hatte gehört und auch gelesen, daß die Christen unter den Eingeborenen auf Ambon höchst lächerlich gekleidet seien und nichts lieber trügen als europäische Kleider, besonders die Männer den europäischen runden Hut. Ich fand dies aber nicht so auffallend. Die Weiber zeichnen sich vor den übrigen Malaiinnen höchstens durch längere Kabays aus; die Männer tragen mitunter Beinkleider, aber höchst selten eine Kappe, einen Stroh- oder Filzhut; gewöhnlich gehen sie ohne Kopfbedeckung. – Aber so ist der Reisende: In allen Ländern will er Sonderbarkeiten finden. Es würde mich nicht wundern, wenn jemand ein unbekanntes Land durchreist, und unter Tausenden von Eingeborenen zwei bis drei mit Klumpfüßen gefunden hätte, ihn sogleich die Behauptung aufstellen zu hören, daß in diesem Lande die Leute alle an Klumpfüßen litten.

Auf den Molukken sieht man bei den Eingeborenen wenig Geflügel, sehr selten Schweine und kein Hornvieh*; sie begnügen sich mit Sago, rotem Pfeffer, Fischen und einigen Früchten.

Vor kurzem wurde auf Ambon eine Sagofabrik errichtet, in welcher das schönste weiße Sagomehl sowie der Perlsago produziert wird. Diese Fabrik kann jedoch nicht so billig arbeiten wie jene auf Singapore, obwohl der Sago hier heimisch ist und dort eingeführt werden muß. Auf Singapore gibt es nämlich der arbeitsamen Chinesen genug, die sich mit einem geringen Lohn begnügen, während hier der träge Malaie nur durch Überzahlung zur Arbeit bewogen werden kann.

---

* Es gibt Hornvieh; dasselbe wird aber nur von den Holländern gehalten.

Am 3. März verließ ich Ambon, und zwar abermals auf dem Dampfer Ambon, Kapitän Bergner. Ich ging über *Ternate,* das noch zu den Molukken gehört, nach *Kema* auf Celebes. Die Fahrt nach Ternate (260 Meilen) machten wir in 54 Stunden. Wir kamen an vielen Inseln und Eiländchen vorüber; auf manchen sah ich ganz schroffe, vollkommen kegelförmige Berge, die mitunter gerade aus der See emporstiegen. Viele standen frei ohne alle Verbindung, sie erinnerten mich an jene um Sarawak.

Die Einfahrt von Ternate ist sehr pittoresk. Die Bai erscheint von mehreren über 5.000 Fuß hohen Bcrgen umkränzt, darunter *Tidore, Ternate,* letzterer ein Vulkan, der häufig raucht. An seinem Fuße liegt das Städtchen Ternate.

Die Holländer haben hier ein Fort und einen Residenten; doch ist diese Insel gleich Ceram für die holländische Regierung nur ein Lastposten, den sie aus politischen Rücksichten beibehält. Es residiert hier ein Sultan, welchem sie bisher sein ganzes Land gelassen hat und dem sie überdies noch eine jährliche Pension von 10.800 Rupien gibt.

Wir blieben auf Ternate eineinhalb Tage, die ich höchst angenehm in dem Hause des Residenten, Herrn *Goldmann,* zubrachte.

Abends machten wir dem Sultan von Ternate einen Besuch. Er sandte, um uns abzuholen, einen bequemen europäischen Wagen, den er einst von dem König von Holland zum Geschenk erhalten hatte. Da es aber auf der Insel keine Pferde gibt, woran man in Holland nicht gedacht hatte, mußten, wenn man den Wagen gebrauchen wollte, an die Stelle der Pferde Menschen gespannt werden. Zu meinem Erstaunen sah ich auch wirklich das Fuhrwerk vor das Haus rollen, von mehr als zwanzig Dienern oder Untertanen des Sultans gezogen und geschoben. Wir saßen ein und fuhren so rasch, daß uns der Abgang der vierbeinigen Läufer kaum bemerkbar wurde.

Das Haus des Sultans war von Stein in europäischem Stil aufgeführt, der Sultan europäisch gekleidet, mit Ausnahme des Turbans auf seinem Kopfe. Er empfing uns unten an der Treppe, bot mir den Arm und geleitete mich mit vielem Anstand in den Empfangssaal; hier mußte ich mich von ihm trennen, da ich als Frau nicht an seiner Seite Platz nehmen durfte. Es empfingen mich seine Töchter (die Sultanin ließ sich krank melden) und führten mich an das eine Ende des Saales. Die Herren saßen uns gegenüber am anderen Ende. Nachdem Tee und Backwerk gereicht worden waren, führte man uns zu Ehren zwei Tänze auf, den *Menaré* und den *Tjakalele*.

Der Menaré wurde von zwölf hübsch gekleideten Mädchen getanzt. Sie hatten hochrote seidene Blusen an, um den Hals einen sehr breiten weißen Kragen, nebstdem noch rote und grüne Schürzen und Schärpen. Um die Taille trugen sie einen breiten Goldblechgürtel, vom Hals bis an die Brust ein Goldblech und von demselben Metall Armbänder, auf dem Kopf einen schmalen Reif mit vielen Spitzen und Zacken. Nach hinten hing noch ein Goldblech über die Haare, die mit Blumen geschmückt waren; in dem Gürtel hatten sie Fächer stecken. Der Tanz war für Malaiinnen ziemlich bewegt. Sie machten Figuren wie bei der Quadrille und bedienten sich hierzu sogar ihrer Schärpen und Fächer. Alles geschah jedoch mit gesenkten Augen ohne Grazie und unter Begleitung kreischender Gesänge. Die Musik bestand aus zwei Tamburinen und einer Pfeife, die Musiker waren Weiber.

Der Tjakalele rührt noch, mit einigen Änderungen, aus den Zeiten der Portugiesen her. Dieser Tanz, von einem Vortänzer und zehn Tänzern ausgeführt, ist so hübsch, daß man ihn einem zivilisierten Ballettanz vergleichen könnte. Der Anzug der Tänzer bestand aus orangegelben Beinkleidern und Kaftanen, letztere auf vier Seiten aufgeschlitzt, aus bunten Binden und Schärpen und dreieckigen Filzhüten mit weißen Federbüschen. Jeder Tänzer hielt ein hölzernes Schwert in der Hand und hatte an jedem Arm ein buntes seidenes Tuch befestigt. Der Vortänzer trug statt eines orangegelben Kaftans einen hochroten, statt einer Schärpe zwei, auf dem Hut zwei Federbüsche und an jedem Arm zwei Tücher. Die Tänzer machten sehr künstliche, verwickelte Figuren und Gruppen; sie stampften zeitweise mit den Füßen auf den Boden und schlugen mit den Schwertern wie bei einem Gefecht aneinander. Auch begleiteten sie den Tanz mit kurzen Gesängen, die ein weniges besser klangen als die der Mädchen. Zum Schluß bildeten sie mit den Schwertern eine Art Tragbahre, auf welche der Vortänzer sprang, und trugen diesen im Triumph von der Szene. Die Musik bestand aus zwei Violinen und einer Pfeife und wurde von Männern gespielt.

Die Unterwürfigkeit ist an diesem Hofe nicht so groß wie zu Surakarta. Die Leute fingen erst an, auf den Knien zu rutschen, wenn sie dem Sultan schon ganz nahe waren. Den Sultan fand ich nicht von Weibern, sondern von Männern umgeben, die hinter ihm aufrecht standen.

Beim Abschied begleiteten mich die Töchter des Sultans bis an den Ausgang des Saales; hier bot mir der Sultan wieder den Arm und geleitete mich bis an den Wagen.

Ich sah mit Erstaunen die Straßen beleuchtet, obwohl ich im Hinfahren den Luxus der Laternen nicht bemerkt hatte. Als wir bei dem ersten Licht vorüberfuhren, löste sich das Rätsel – die Laternen waren gleich den Pferden von Menschen vertreten, die an beiden Seiten der Straße mit Fackeln standen.

Die Eingeborenen von Ternate leben noch viel von Sago; doch wird auch Reis und Mais gebaut. Das Land ist fruchtbar, aber noch wenig kultiviert. Daß an dergleichen Orten die Lebensmittel, an welche wir Europäer gewohnt sind, übertrieben viel kosten, versteht sich von selbst, da wenig oder nichts gepflanzt wird und sich selten jemand mit Aufziehung von Geflügel, Schweinen oder Hornvieh beschäftigt. So bezahlt man hier zum Beispiel für ein Pfund Rindfleisch sechzig Deut, für eine Flasche Milch vierzig. Der Lohn der Dienerschaft ist ebenfalls sehr hoch; man muß die Leute meistens von Java kommen lassen.

Am 7. März abends verließen wir Ternate und am folgenden Morgen lagen wir vor *Kema* (94 Meilen) auf Celebes.

X.

*Celebes * Menado * Reise nach den Oberlanden * Die holländischen Missionare * Makassar * Reise in das Innere von Celebes * Maros * Eine Regentenwahl * Tanette * Baru * Fest der Zahnfeilung * Pare-Pare * Der gelehrte malaiische König*

Celebes ist eine große Insel, die sich ungefähr von dem zweiten Breitengrad nördlich des Äquators bis zu dem sechsten Grad südlich von demselben erstreckt und durch tiefe Einschnitte des Meeres in vier Halbinseln geteilt wird.

Kema liegt auf der nordöstlichen Spitze in der Residentschaft *Menehassa*. Der Sitz des Residenten ist zu *Menado* (zwanzig Paal). In dem Ostmunson gehen die Schiffe vor Menado, in dem Westmunson vor Kema vor Anker.*

Kema ist ein ganz unbedeutendes Örtchen; ich fand hier nur einen Beamten und einen Missionar, den ersten, welchem ich in den holländischen Besitzungen begegnete. Der Missionar, Herr *Hardig*, ein Deutscher, lud mich sogleich in sein Haus ein. Ich blieb daselbst zwei Tage und ritt dann ganz allein nach Menado. Der Weg führt durch schöne, breite Täler, die mit Reis, Kaffee und Mais bepflanzt sind. Hübsche Berge erheben sich auf beiden Seiten, unter welchen der *Klabat*, die beiden Brüder, an 5.000 Fuß hoch ist. Obwohl auch hier die Sagopalme noch wild gedeiht, arbeiten die Leute doch bei weitem mehr als auf den Molukken. Sie nähren sich hauptsächlich von Reis und Mais. Mit dem Kaffeebau haben sie mehr zu tun als irgendwo: Jedes Familienhaupt muß 500 Bäume pflanzen und erhalten. Sie erhalten zwar für den Pikul Kaffee zehn Kupfergulden, müssen aber davon an die Regenten und Aufseher 1 Gulden 25 Deut abgeben. Jeder Eingeborene muß außerdem für seine Hütte der Regierung jährlich sechs, dem Regenten zwei Gulden bezahlen und an den Weg-, Brücken- und anderen Bauten unentgeltlich arbeiten. Es scheint, daß die Leute hier von der holländischen Regierung etwas stiefmütterlich behandelt werden.

---

* Ost- und Westwind wechseln ungefähr alle sechs Monate.

Für Menado hatte ich eine Einladung vom Residenten Herrn *Andriesen*.

Da ich von Menehassa, das seiner schönen Natur wegen sehr gerühmt wird, etwas sehen wollte, unternahm ich eine kleine Reise nach den Oberlanden (2.300 Fuß hoch gelegen) und dem See *Tondano*.

Am 14. März ritt ich in Gesellschaft des Missionars, Herrn Schwarz (eines Deutschen), über *Lotho, Tomohan* und *Lahendon* nach *Sonder* (23 Paal). Bei Lotho fängt die Steigung des Weges an; man hat einige wunderbar schöne Aussichten über Land und Meer. Der schönste Punkt aber ist auf der Höhe von Lahendon. Zu Füßen liegt ein großes, fruchtbares Tal, von schönen Bergen umsäumt, darunter der *Saputan* oder *Frauenberg*, der *Lokon* mit 5.000 Fuß Höhe. Bepflanzte Hügel, Waldungen, Boskette mit reichen Mais- und Reisfeldern, große, nette Dörfer erscheinen überall dazwischen, und das freundliche Lahendoner Seelein schimmert gleich einem Diamanten aus der grünen Einfassung.

Zu Tomohan blieben wir bei dem Missionar Herrn *Wilken*, ebenfalls einem Deutschen, über Mittag. Nach Tisch machten wir den kurzen Umweg von einer Meile, um an den kleinen See zu kommen, der ungefähr einen Paal im Durchmesser haben mag. Jenseits des Sees liegen einige Schlammquellen. Ich ließ mich in einem ausgehöhlten Baumstamm übersetzen; allein es war nichts als vertrockneter Schlamm zu sehen; nicht das geringste Dampfwölkchen verkündete einiges Leben. Bei Regenwetter sollen die Quellen noch etwas wirksam sein, aber lange nicht mehr so stark wie vor zehn Jahren. Zu jener Zeit bezahlte ein italienischer Graf den Besuch der Quellen mit seinem Leben. Er wagte sich, ungeachtet der Warnungen seines Führers, zu nahe, sank bis an die Schenkel in den kochenden Schlamm und starb nach einigen Monaten an den Brandwunden.

Außer diesen Schlammquellen ist noch eine kleine heiße Schwefelquelle nahe an dem See zu sehen.

Zu Sonder blieb ich bei dem Missionar Herrn *Graafland*. Herr Schwarz ritt noch elf Paal weiter nach *Langowang*, wo er wohnte.

15. März. Herr Graafland begleitete mich bis Langowang. Ungefähr zwei Paal vor diesem Ort, einige hundert Schritte vom

Wege ab, liegen ebenfalls Schlammquellen. Es haben sich mehrere Becken gebildet, von welchen das größte vielleicht zwanzig
Fuß im Durchmesser ist. Hier brodelt der Schlamm noch etwas
auf. Nahe bei Langowang liegen auch einige, beinahe kochend-
heiße Schwefelquellen. Das Wasser ist kristallhell – man kann tief
hinab in die Felsbecken schauen. Der Geruch nach Schwefel ist
viel stärker als der Geschmack. Die Leute, die in der Nähe dieser
Quellen wohnen, bedienen sich des Wassers zum Trinken und
Kochen. Sie sagen, daß wer daran nicht gewöhnt sei, anfangs
nach dem Genuß häufig Leibschmerzen bekomme.

In Langowang stieg ich bei dem guten und biederen Herrn
Schwarz ab und hielt in seinem Haus einen Ruhetag.

Abbildung 21: Wasserfall von Tondano.

Am 17. März ritt ich nach *Romboken* (acht Paal), an dem schönen
See Tondano gelegen, der neun Paal lang und vier breit ist. Dieser
See, ein einstiger Krater, erhält seinen Wasserreichtum durch
dreißig kleine Flüsse; außerdem hat er selbst in seiner Mitte eine
Quelle, an einer Stelle, wo man mit dem Senkblei keinen Grund
gefunden haben soll. Er ist von lieblichen Bergen und Hügeln
eingefaßt, die in immerwährendem Grün prangen.

Auf Romboken erwartete mich der Missionar Herr *Noe* mit einem Boot, um mich nach Tondano (vier Paal), seinem Wohnsitz, zu führen. Unterwegs überfiel uns ein echt tropischer Regenguß, begleitet von einem sehr kühlen Wind; es erfaßte mich ein heftiger Frost, und das böse Sumatrafieber stellte sich zum siebenten Male ein (ich hatte es auch auf Ambon). Mit großer Sehnsucht sah ich der Ankunft zu Tondano entgegen und eilte von dem Boot sogleich in das Bett. Gegen Abend war der Anfall vorüber, und ich besuchte noch Herrn *Riedl*, ebenfalls einen deutschen Missionar.

Da ich das dreitägige Fieber hatte, konnte ich am folgenden Morgen ruhig einen Spaziergang nach dem zwei Paal entfernten Wasserfall von Tondano machen. Die Umgebung ist wildromantisch; der Fluß stürzt sich über eine achtzig Fuß hohe Felswand in einen Kessel, der von allen Seiten senkrecht abfällt und unzugänglich ist. Man kann diesen Fall nur von oben besehen, wo eine offene Hütte für die Neugierigen errichtet ist. Ein zweiter Fall ist weniger bedeutend. Ungefähr hundert Fuß von letzterem führt ein Brückchen über den Fluß, von welchem man beide Fälle überblickt. Der Fluß ist zwischen einige Felswände eingeengt, in welche die Kraft des stark abfallenden Wassers große Öffnungen gebrochen hat, und durch diese stürzt er sich wie durch Schleusen fort.

Nachmittags durchschiffte ich den See in seiner ganzen Länge bis *Kakas*, von wo ich nach Langowang zu Fuß ging. Hier nahm mich wieder Herr Schwarz auf.

Mit dieser Partie schloß sich meine Reise in der Residentschaft Menehassa. Ich wäre noch weiter gekommen, wenn das Fieber nicht wiederholt aufgetreten wäre. Alles, was ich von diesem Land sah, gefiel mir unendlich. Es ist reich an Naturschönheiten, hat ein gemäßigtes Klima und trefflichen Grund und Boden. Die Dorfschaften sind schön und reinlich, die Häuser auf Pfähle gebaut, geräumig und so gut instandgehalten, wie ich noch in keinem dieser Länder gesehen hatte. Obwohl nur aus Holz oder von den Rippen der Sagoblätter, sehen viele Häuser der Eingeborenen, ihrer Größe und Sauberkeit wegen, wie Wohnungen von Europäern aus. Es gibt Dorfschaften von 2.000 bis 3.000 Seelen;

die Häuser stehen in Reihen, sind aber durch Bäume und Hecken voneinander geschieden. Die schönsten lebendigen Zäune von gefüllten Rosen laufen längs den Häuserreihen hin. Sehr gute, breite Wege durchschneiden Menehassa in allen Richtungen. In siebzehn Ortschaften sind sogenannte „Loger-Häuser" für den Residenten gebaut, der häufig im Land herumreisen muß, um nach den Kaffeepflanzungen zu sehen.

Die Eingeborenen sind teils Christen, teils Heiden. Man nennt sie Alforen; ich fand aber wenig Ähnlichkeit zwischen ihnen und den Alforen auf Ceram. Auch sind sie keine Kopfjäger. Sie sind etwas minder häßlich als die Malaien und lassen ihre Zähne weiß und ungefeilt. Betel wird zwar überall gekaut, doch ziemlich mäßig. Die Kleidung der Christen ist wie jene der Christen auf den Molukken. Die Nichtchristen bekleiden sich weniger, immerhin aber mehr als ihre Namensverwandten auf Ceram. Den Charakter des Volkes hörte ich allgemein loben; man rühmt die Alforen als ehrliche, treue Menschen; ihre Sitten sind rein und unverdorben und sie arbeiten mit gutem Willen für die Regierung.

Menehassa hat eine Bevölkerung von 110.000 Seelen, von welcher seit ungefähr zwanzig Jahren ein Drittel zur christlichen Religion übergegangen ist. Schon zu den Zeiten der Portugiesen soll es viele Christen unter ihnen gegeben haben, die aber später aus Mangel an Priestern und Lehrern wieder in das Heidentum zurückfielen. Im Jahre 1831 wurden die ersten Missionare, die Herren Schwarz und Riedl, von der holländischen Missionsgesellschaft nach Menehassa gesandt. Herr Schwarz allein hat in den zweiundzwanzig Jahren seines hiesigen Wirkens 9.000 Menschen getauft.

Das Leben und Wirken der Missionare, wie ich es hier sah, befriedigte mich ungleich mehr als jenes der amerikanischen und englischen Missionare in Indien, China und Persien. Der Missionar setzt sich hier an einem Ort fest und reist nicht bald 100, bald 200 Meilen hier und dort hin, um Leuten zu predigen, die keinen Vorunterricht genossen haben und daher von seinen langen Reden so viel wie nichts verstehen. Hat sich sein Wirkungskreis so weit ausgedehnt, daß er seinen Gemeinden nicht mehr genügen kann, so ersucht er die Missionsgesellschaft um einen neuen Mitarbeiter, und so geht die Sache Schritt für Schritt vorwärts.

Die Herren Schwarz und Riedl haben die Arbeiten hier begonnen; jetzt ist die Zahl der Missionare schon auf zehn gestiegen, und auch diese reichen nicht mehr aus.

Die holländischen Missionare beziehen von ihrer Gesellschaft einen sehr mäßigen Gehalt: Sie führen einen sehr bescheidenen Haushalt und leben nicht in Pracht und Luxus wie die vornehmen amerikanischen und englischen Missionare. Die Folge davon ist, daß sich das Volk mit Vertrauen dem Geistlichen und Lehrer nähert, den keine so hohe Scheidewand von ihm trennt. In die Zeit, die ich bei Herrn Schwarz zubrachte, fiel auch ein Sonntag. Ich sah da nachmittags nach dem Gottesdienst viele Eingeborene zu Besuch kommen und sich stundenlang so herzlich und ohne Zwang mit der Familie unterhalten, als gehörten sie dazu.

Jeder Missionar hält vier bis acht Jünglinge und ebensoviele Mädchen in seinem Haus. Die Jünglinge bildet er zu Schullehrern; die Mädchen werden in allen nützlichen häuslichen Arbeiten unterrichtet, die feinen, für das gewöhnliche Leben unnützen, wie Sticken, Schlingen usw., ausgenommen. Diese jungen Leute leben beständig in Gemeinschaft mit der Familie, sie sind fast wie Kinder des Hauses zu betrachten; doch wird auch andererseits wieder Sorge dafür getragen, daß sie nicht durch zu hohen Unterricht oder durch eine zu bequeme Lebensweise aus ihrer Sphäre gerissen werden.

Die Missionare haben hier nicht jede Woche ein bis zwei Meetings (Zusammenkünfte), sondern nur zwei im ganzen Jahr, und zu diesen kommen weder die Frauen, Kinder noch der ganze Hausstand mit. Die Herren vereinigen sich auf zwei bis drei Tage, und jeder reitet dann wieder heim. Sie finden es hier auch nicht unter ihrer Würde, sich mit eingeborenen, wohlerzogenen Mädchen zu verheiraten. Frau Schwarz war nicht so glücklich, von europäischen Eltern abzustammen; sie stand aber ihrem Beruf ebenso gut, wo nicht besser vor als die meisten europäischen Missionarsfrauen, denn weder sie noch ihre Kinder hatten Klimawechsel, Reisen nach Europa usw. nötig. Was kostet dem englischen und amerikanischen Missionsfond nicht das beständige Reisen der Missionarsfrauen und -kinder?!

Die Frauen der Missionare sah ich die Kranken besuchen, die abscheulichsten Wunden und Geschwüre verbinden. Hier bekam ich mehr Achtung vor den Missionaren, als ich bisher gehabt hatte, hier ward es mir begreiflich, daß sie des Guten unendlich viel wirken können, wenn sie diesen Stand aus wahrem, innerem Berufe ergriffen und nicht, wie es leider oft der Fall ist, aus der eigennützigen Absicht, sich eine leichte Existenz, ein reichliches Auskommen zu verschaffen.

Die Regierung scheint auf Menehassa leider wenig Anteil an dem Volksunterricht zu nehmen. Die Schullehrer, die ihre geringen Gehälter (per Monat vier bis sieben Rupien, nur die beiden ersten Lehrer erhalten zehn) von dem Missionsfond beziehen, sind nicht einmal von der Hüttensteuer ausgenommen, die sie an die Regierung und ihre eingeborenen Regenten bezahlen müssen.

Ich brachte fünf Tage bei der lieben, biedern Familie Schwarz zu; am 23. März trat ich den Rückweg nach Menado an. Herr Schwarz begleitete mich zehn Paal weit; dann nahmen wir so innig wehmütig Abschied, als wären wir jahrelange Freunde gewesen.

Über Mittag blieb ich bei Herrn Wilken, der mich schon früher in sein Haus eingeladen hatte; abends erreichte ich Menado (34 Paal).

In Menado hielt ich mich diesmal größtenteils bei dem Missionar Herrn *Linemann* auf, der ebenfalls ein Deutscher ist. Ich sollte mit ihm die noch übrigen Stationen besuchen. Wir waren schon reisefertig, als es verlautete, daß der Dampfer für Makassar noch diesen Monat kommen würde. Ich mußte in Menado bleiben und den Ausflug, von dem ich mir viel Vergnügen versprach, aufgeben, was ich später um so mehr bedauerte, als ein Tag nach dem andern verging und der Dampfer nicht anlangte.

Erst am 9. April berichtete man seine Ankunft; am 8. abends ritt ich nach Kema, und am folgenden Morgen ging ich an Bord. Die Reise nach Makassar (600 Meilen) machten wir in drei Tagen.

Ich hatte schon früher gehört, daß Dr. Schmitz nach Makassar als Direktor des Hospitals versetzt worden und daselbst mit seiner Gemahlin bereits angelangt sei. Ich wußte, man werde mich da mit offenen Armen aufnehmen, und eilte bei meiner Ankunft sogleich in sein Haus.

Da ich Makassar bereits gesehen hatte, blieb ich daselbst nur einige Tage; ich war begierig, eine Reise in das Innere von Celebes zu unternehmen.

Der von den Holländern unabhängige Teil dieser Insel ist in drei große Reiche, *Bonni, Goa*[86] und *Sidenring*, geteilt, welche wieder in viele kleine Staaten zerfallen, deren Könige oder Rajahs den Regenten der großen Reiche unterworfen sind. Die Sultane oder Könige dieser drei Reiche sind Bundesgenossen der Holländer; sie dulden aber weder Forts noch Residenten in ihren Ländern und haben bisher ihre vollkommene Unabhängigkeit zu bewahren gewußt. Ich wollte diese Reiche sowie auch den Bergdistrikt *Duri* besuchen, dessen wilde Bewohner in Höhlen wohnen und noch auf einer sehr tiefen Stufe der Zivilisation stehen sollen. Ich ersuchte den Gouverneur, Herrn *Bick*, um die Erlaubnis zu dieser Reise, denn ohne dessen Bewilligung darf man weder in den Besitzungen der Holländer auf Celebes noch zu deren Bundesgenossen reisen. Der Gouverneur war sogleich bereit, mir die Erlaubnis für Goa und Sidenring zu geben. Bonni schloß er aus, da die Regierung jetzt eben nicht am besten mit diesem Sultan stand, welcher der mächtigste von den dreien ist und, wie man mir sagte, in kurzer Zeit eine Macht von 40.000 tüchtigen Streitern zusammenbringen kann.

Mit Briefen vom Gouverneur an verschiedene Könige und Rajahs versehen trat ich in Begleitung eines Sendlings (Dragomans)[87] und eines Kulis am 17. April die Reise zu Pferd an. Ich ritt bis *Maros* (17 Paal), dem Sitz eines Assistent-Residenten. Maros und Makassar liegen auf ein und derselben Ebene, die mit unübersehbaren Reisfeldern überdeckt ist. Ich war über diese große Kultur um so mehr erstaunt, als ich nur wenige Ortschaften sah und das Pflanzen des Reises, besonders aber die Ernte, vieler Menschenhände bedarf, denn auch hier, wie auf Java, wird jede Ähre einzeln abgeschnitten.

In dieser Ebene gab es weder gebahnte Wege noch Brücken; die Flüsse *Tello* und *Maros* mußten wir in Booten übersetzen; die Pferde schwammen hindurch.

Auf Maros stieg ich bei dem Assistent-Residenten Graf *Bentheim* ab. Dieser Herr wohnte in einem sehr schönen Gebäude, dessen Architekt und Baumeister er selbst war und das an Schönheit die Residenzen der Gouverneure von Makassar und Ambon bei weitem übertrifft. Es ist von massiven Steinen aufgeführt, hat einen artigen Säulengang und große, hohe Gemächer.

Ich wollte auf Maros nur einen Tag bleiben; allein anhaltende Regen hielten mich sechs Tage zurück. Welch ein Glück, daß mich dies Wetter nicht bei irgendeinem malaiischen oder buginesischen König oder Rajah traf! Hier in der Mitte einer so überaus liebenswürdigen Familie wie die des Grafen war das schlechte Wetter leicht zu ertragen, und beinahe mit Bedauern sah ich die Sonne wieder erglänzen und mich an die Fortsetzung meiner Wanderungen mahnen.

Während meines Aufenthaltes zu Maros besuchte ich die drei Paal entfernte Grotte *Bulu Sepong*. Der Fels, in welchem sich diese Grotte befindet, steht ganz vereinzelt, wie vom Himmel gefallen, in der schönen Ebene. Er mag achtzig Fuß hoch sein und dreihundert Fuß im Umfange haben. Als die Engländer das Land in Besitz hatten, benützten sie ihn als Festung. Die Grotte war die Kaserne, auf der Spitze standen die Kanonen. Die Grotte ist niedlich, von der Decke senken sich viele Zacken und einige unregelmäßige Säulen von Stalaktit herab. Jetzt ist sie der Tummelplatz von Fledermäusen und allerlei Nachtvögeln.

Auch einer Regentenwahl wohnte ich in dem Hause des Grafen bei. Einer der Rajahs wünschte von der Regierung wie von seinem Volke die Zusicherung zu erhalten, daß nach seinem Ableben sein Titel auf seinen Sohn übergehen möge; er wollte letzteren deshalb noch bei Lebzeiten für seinen Nachfolger erklären lassen. Die Regenten und Ältesten des Volkes von dem ganzen Bezirk versammelten sich zu diesem Zwecke in dem Hause des Grafen. Jeder wurde einzeln und abgesondert um seine Meinung und Stimme befragt. Alle stimmten zugunsten des Sohnes. Dieser saß während der Verhandlung beiseite und wurde, als die

Stimmen gesammelt waren, herbeigerufen, worauf man ihm den glücklichen Erfolg verkündete. Er zog seinen Kris und legte den Eid der Treue ab.

Das Volk ist hier nicht sehr von der Regierung geplagt; es hat nur den zehnten Teil der Ernte in Geldeswert zu entrichten und weder an Straßen- noch Brücken- oder Häuserbauten zu arbeiten. Kaffee-, Zucker- und Gewürzpflanzungen sind frei, und daher sieht man von diesen Produkten auch nichts. Reis ist das einzige Bedürfnis der Eingeborenen und infolgedessen pflanzen sie nichts anderes, da sie ihre Bequemlichkeit dem Verdienste oder Gewinn vorziehen. Damit wäre ein Beweis geliefert, daß, wenn die Regierung ihr Monopolsystem aufgäbe und die Leute nicht zu der Arbeit zwänge, nicht, wie manche behaupten, mehr gepflanzt und zu billigeren Preisen erzeugt würde, sondern im Gegenteil auf allen Inseln, Java nicht ausgenommen, die meisten Pflanzungen nur zu bald eingehen dürften.

Was überhaupt über das Monopolsystem sowie über die Regierungsweise der Holländer Gutes oder Böses zu sagen ist, wage ich als schlichte Frau mit meinen ungenügenden Kenntnissen nicht zu beurteilen. Meiner Meinung nach ist jede Art Zwang eine Ungerechtigkeit, die nirgends statt haben sollte. Wo ist aber eine Regierung in der Welt, die Zwang nicht anwendet, wenn es in ihrer Macht steht? Ich möchte glauben, daß bisher noch keine Regierung ein Land in der menschenfreundlichen Absicht in Besitz genommen hat, das Volk zu beglücken – die einzige Frage war und ist stets: „Welchen Nutzen kann man aus dem Lande, aus seinen Bewohnern ziehen?" England sucht aus seinen überseeischen Besitzungen so viel als möglich zu erpressen, die Spanier, Franzosen usw. ebenso, und natürlich machen die Holländer von der allgemeinen Regel keine Ausnahme.

Warum man aber gerade von der harten Regierung der Holländer in Indien so viel spricht, weiß ich wahrlich nicht zu erklären. Ich fand sie minder hart als in gar manchen anderen Ländern. In Britisch-Indien zum Beispiel wird jeder Fruchtbaum einzeln besteuert, das Pachtsystem ist dort für den Kleinpächter ungemein drückend. Freilich haben auch auf den holländisch-indischen Besitzungen die Eingeborenen mitunter viel zu leiden;

doch bestehen ihre Leistungen meistens in Handarbeit, was weniger drückend ist, als wenn sie in Zahlungen beständen. Auch muß man andererseits zugeben, daß besonders in neuerer Zeit viel für die Verbesserung ihrer Lage getan wird. In vielen Provinzen hat der Bauer Eigentumsrecht; er kann seine Hütte, seinen Grund verkaufen. In anderen wird der Boden patriarchalisch bearbeitet und die Ernte geteilt. In Gegenden, wo weder Kaffee, Zucker, Tee noch Gewürze gebaut werden können oder wo diese Produkte nicht Monopol sind, muß gewöhnlich der fünfte Teil der Ernte, in einigen Distrikten auch nur der zehnte Teil in Geldeswert an die Regierung geliefert werden. In jenen Gegenden, in welchen das erwähnte Monopol besteht, hat der Bauer für sein eigenes Besitztum äußerst geringe, meistens gar keine Abgaben zu entrichten, muß aber dafür in den der Regierung gehörigen oder von ihr verpachteten Pflanzungen arbeiten und erhält eine Vergütung.

Die härtesten Lasten sind für die Eingeborenen die Arbeiten in den Kaffeegärten und die Bauten der Straßen, Brücken, Magazine, Gebäude der Beamten usw. Bei ersteren müssen die Leute oft zwei bis drei Monate im Jahr mitunter fünfzehn bis zwanzig Paal von ihren Wohnungen entfernt bleiben. Die Regierung bezahlt ihnen dagegen für jeden Pikul gelieferten Kaffee eine bestimmte Summe. Die verschiedenen Arbeiten an den Bauten aber mußten bisher ganz unentgeltlich geleistet werden; nur die Werkführer, wie Maurer-, Zimmer- und Schlossermeister, erhalten für den Tag eine angemessene Bezahlung. Wie ich schon früher erwähnt habe, ist das Trachten des jetzigen Gouverneur-Generals dahin gerichtet, einen genügenden Tagelohn für alle der Regierung zu leistenden Dienste aufzustellen, und es soll diese wohltätige Maßregel bei meiner Abreise der Ausführung schon ganz nahe gewesen sein.

Die Bürger sind von jeder Last befreit: Sie haben keine Frondienste zu leisten und nichts als jährlich für Grund und Boden eine kleine Summe zu entrichten. Jeder Bauer kann Bürger werden, sobald er zwölf Jahre Militärdienst leistet. Gerade über die Bürger hört man die meisten Klagen: Sie sind außerordentlich träge und in einigen Distrikten, besonders auf Ambon, dem Kartenspiel sehr ergeben.

Die Sklaven sind auf den holländischen Besitzungen gut gehalten: Sie können ihre Herren verklagen und werden von der Regierung sehr in Schutz genommen. Die Gesetze für sie stehen hier nicht bloß auf dem Papier, wie in den meisten Sklavenländern, sondern werden auch ausgeführt.

Nach allem, was ich bisher auf meinen Reisen nicht nur in Holländisch-Indien, sondern in allen außereuropäischen Ländern beobachtet habe, möchte ich am Ende beinahe behaupten, daß das Los jener Völker glücklicher sei, die nicht unter die Herrschaft der Weißen geraten sind. Sie haben zwar auch ihre Leiden und Erpressungen zu erdulden, aber gewiß keine ärgeren, als unter den habsüchtigen Europäern.

Am 23. April trat ich die Weiterreise an. Graf Bentheim bestand ungeachtet meiner Weigerung darauf, mir noch einen „Tolk" (Dolmetscher) mitzugeben, welcher Buginesisch und Holländisch sprach. Von letzterer Sprache hatte ich bereits so viel in meinen alten Kopf gebracht, um mich verständlich machen zu können. Ich ging mit einem Gefolge von neun Nichtstuern auf den Weg, nämlich: Sendling, Tolk, von welchen jeder zwei Kuli und einen Diener hatte; ich selbst hatte nur einen Kuli. Dieser große Zug war mir sehr unangenehm, denn je zahlreicher das Gefolge, desto mehr Mühe kostet es, die Leute in Ordnung zu halten, desto schwieriger ist es, überall die nötigen Pferde zu erhalten.

Wir ritten nicht weiter als bis *Padkadjene* (16 Paal), beständig in großen Ebenen zwischen Reispflanzungen. Man könnte diese Distrikte von Maros und Makassar mit vollem Recht die Reiskammern der Insel nennen. Die Ebene von Maros erfreut sich eines besonderen Reichtums, was die Eingeborenen zum größten Teil dem Grafen Bentheim zu danken haben, da er mehrere Wasserleitungen anlegen ließ, welche die Felder hinlänglich bewässern.

Obwohl mich Graf Bentheim auf die schlechten Wege vorbereitet hatte, fand ich sie dennoch über meine Erwartung schlecht. Es gibt eigentlich gar keine Wege: Wir wanden uns beständig durch Reisfelder, die alle durch die künstliche Bewässerung tief unter Wasser standen. Die Felder waren durch schmale Erddämme getrennt, kaum so breit, daß die Pferde einen Fuß vor den anderen setzen konnten. Fast bei jedem Schritt mußte man auf einen Sturz gefaßt sein. Das Pferd konnte leicht vom Damm abgleiten oder mit demselben einbrechen, da er nur aus einer weichen Erdmasse bestand. Ging es nicht auf diesen Erddämmen, so ging es durch Pfützen und Moräste, in welche die Tiere bis an die Brust einsanken. Oft waren sie kaum imstande, sich heraus zu arbeiten. Dabei wurde man natürlicherweise von Kopf bis zu den Füßen mit Kot und Schlamm bespritzt. Die Beamten bereisen diese Gegenden nie vor dem Monat August, wenn die Reisernte vorüber und alles trocken ist.

Schön nimmt sich eine kleine Gebirgskette von fünfzehn Paal Länge aus, die sich vor einer größeren aufstellt und deren Eigentümlichkeit in langen, senkrecht aufsteigenden Wänden besteht, welche sich hie und da weit auseinanderspalten und reizende Durchblicke gewähren. Die höchste Spitze der dahinter gelegenen größeren Gebirgskette ist der Maros mit 4.800 Fuß. Auch dieser Berg steigt senkrecht in die Höhe.

24. April. Wir ritten bis *Mendalle* (28 Paal). Den Fluß *Padkadjene* übersetzten wir in einem Boot, den Fluß *Segéri* mußten wir durchreiten. Das Wasser ging den Pferden bis über die Brust; sie hatten beinahe den Boden unter den Füßen verloren; die eigentliche Gefahr war jedoch, von den Kaimans angefallen zu werden, an welchen es in den Flüssen dieser Insel nicht fehlt. Aus dem Dorf Segéri allein wurden im vergangenen Jahr neunzehn Menschen von diesen Untieren aufgezehrt. Dies hindert aber die Leute nicht, den Fluß zu durchschwimmen oder sich in demselben zu baden. Sie sagen, wer bestimmt sei, von einem Kaiman gefressen zu werden, könne seinem Schicksal nicht entgehen, selbst wenn er sich keinem Fluß nähere.

Zu *Segéri* blieben wir bei dem Regenten über Mittag; es gab daselbst weder Löffel noch Gabel; die Hände mußten deren Stelle vertreten.

In dieser Gegend beginnt schon wieder die häßliche Sitte, die Zähne schwarz zu färben und abzufeilen. Auch die Nägel an

Händen und Füßen färben viele rotbraun. Die Tracht der Eingeborenen ist durchgängig ziemlich dieselbe. Die Männer tragen
ein kurzes Beinkleid, das bis auf den halben Schenkel reicht,
darüber einen Sarong; der Oberkörper ist selten bedeckt, der
Kopf in ein Tuch geschlagen. Kein Mann geht vor die Hütte ohne
den Parang und eine große Tasche, welche die Siri- und Rauchge-
genstände enthält. Parang und Tasche werden unter dem Sarong
getragen, was den Leuten ein ganz eckiges Aussehen gibt. Neben
den Parangs sind viele auch mit Lanzen bewaffnet.

Die Sarongs der Weiber sind hier viel länger, als ich sie irgendwo gesehen habe. Letztere ziehen sie zuweilen bis über den
Kopf, gewöhnlich aber schlagen sie selbe nur ganz lose um den
Körper, wobei oft ein langes Stück nachschleppt. Es ist nicht
möglich, sich dieses Kleidungsstückes alberner zu bedienen. Sie
mußten stets eine Hand frei haben, um es zusammenzuhalten
und aufzuheben. Außer dem Sarong tragen sie noch ein ganz
kurzes Oberhemd, das bis an die Hüften reicht und bei den
Mädchen aus sehr durchsichtigen, bei den Weibern aus dichteren
Stoffen besteht.

Nach der Mahlzeit machten wir uns wieder auf den Weg; der
Regent von Segéri begleitete uns. Man konnte nicht leicht ein
schöneres Bild sehen als diesen Makassaren* auf seinem prächtigen Schimmel. Der Mann war sechs Fuß hoch, kräftig gebaut und
hatte ausdrucksvolle, ernste Züge. Er trug einen blendend weißen Sarong höchst malerisch um den bräunlichen Körper, ein
weißes Tuch um den Kopf geschlagen. Sein Pferd hatte weder
Sattel noch sonstiges Reitzeug, außer einem kleinen Zaum, der
durch das Maul gezogen war. Und dennoch saß er so fest und
dabei so ungezwungen oben, wie der geübteste Reiter. Die Leute
auf Celebes sind durchgehend treffliche Reiter; man sieht schon
zehnjährige Knaben die Pferde wacker herumtummeln. Sie reiten
ohne Sattel und Zeug; nur ein kleiner Zaum, wie gerade bemerkt,
wird den Pferden durch das Maul gezogen, auch wohl manchmal
eine kleine Decke ganz lose auf den Rücken des Tieres gelegt.

---

* Die Bewohner von Celebes sind im Süden Makassaren und Buginesen (alle
Mohammedaner), im Norden Alforen. Übrigens findet man Buginesen über die
ganze Insel zerstreut.

Wenn sie langsam reiten, stemmen sie gewöhnlich einen Fuß in die Seite des Tieres – ein höchst origineller Anblick. Es gibt sehr viele Gestüte auf Celebes; die Pferde dieser Insel werden häufig ausgeführt, da sie in ganz Indien die größten und ausdauerndsten sind. Der Preis eines schönen Pferdes ist dreihundert Rupien.

Wir kamen auch heute viel durch Reisfelder sowie durch Mais-, Ubi- und Pisangpflanzungen. Große Strecken Alang-Alang, hie und da kleine Waldpartien zogen sich dazwischen hin. Wir gingen stets in großen Tälern fort und ließen die Gebirgsketten einige Paal seitwärts liegen.

25. April. Die heutige Tagereise war nicht länger als sieben Paal, aber desto unangenehmer. Die Wege um Mendalle waren durch die häufigen Regen ganz unpraktisch geworden; wir mußten daher an das Meeresufer hinabsteigen und zum Teil in der See selbst reiten; der Korallenriffe halber konnten wir nicht einmal der Küste nahe bleiben, und ritten oft einige hundert Schritte von ihr entfernt. Die Brandung war sehr stark, das Wasser so trübe, daß man den Grund nicht sehen konnte. Ich dankte Gott, als ich ohne Unfall aus dem feindlichen Elemente kam und unter den Hufen meines Pferdes wieder Erde sah.*

Vormittags erreichten wir *Tanette*, ein unabhängiges Fürstentum oder Königreich auf der Ostküste von Celebes und seit dem Jahre 1840 ein treuer Bundesgenosse Hollands.

Das Örtchen Tanette liegt in einer freundlichen Ebene. Man zeigte mir eine große Bambushütte mitten in den Reisfeldern als den Palast der Königin.

Auf Celebes ist es gebräuchlich, daß man nicht geradezu nach der Wohnung eines regierenden Hauptes geht; man muß sich ansagen lassen und um die Erlaubnis einer Vorstellung ersuchen. Ich sandte also einen meiner Leute an den königlichen Hof; die Einladung erfolgte, und ich hatte nichts eiliger zu tun, als davon Gebrauch zu machen.

Tanette wird von einer Königin regiert. Sie empfing mich sehr herzlich und führte mich sogleich zu ihrer Tochter, die nicht in

---

* Die vier Halbinseln, aus welchen Celebes besteht, sind lang, aber schmal, so daß man häufig wieder an die Meeresküste kommt.

das Empfangsgemach kam. Die Prinzessin zählte schon neunzehn Jahre und war noch nicht verheiratet. Sie war zwar Braut; doch schob man die Vermählung noch auf ein Jahr hinaus. Bei der vornehmen Klasse ist es Sitte, daß die Mädchen erst mit zwanzig und mehr Jahren heiraten, während dies in der geringen schon mit elf und zwölf Jahren geschieht.

Die Königin und ihre Tochter waren nicht anders oder besser gekleidet als die Dienerinnen. Das Gefolge (Mädchen und Weiber) hielt sich stets hinter der Königin auf wie ihr Schatten; zwei Mädchen darunter trugen die königlichen Insignien, welche aus ein paar Zimbeln und einem Szepter bestanden. Die Zimbeln hatte das eine Mädchen am Hals hängen und schlug sie von Zeit zu Zeit aneinander.

Der Palast war ungefähr siebzig Fuß lang, dreißig breit und stand, wie alle Hütten und Häuser in Celebes, auf Pfählen. Das Innere war in drei Kammern und eine Küche geteilt. Die erste Kammer, ziemlich groß, stellte den Empfangssaal vor. Da stand ein Tisch nebst einigen Stühlen, die Wände und die Decke waren mir zu Ehren mit buntfarbigem Kammertuch behangen, eine Dekorierung, welche vorgenommen wurde, während ich bei der Prinzessin meinen Besuch abstattete. Die beiden kleinen Gemächer dienten der königlichen Familie samt einem Teil des Gefolges, das sich überall hinlagerte, wo es Platz fand, als Schlaf- und eigentliche Wohnplätze. In diesen Kammern herrschte eine jämmerliche Unordnung; aller Hausbedarf, alle Vorräte lagen durcheinander. Teile eines schönen Tee- oder Speiseservices,* geschliffene Gläser und Flaschen standen neben irdenen Geschirren und anderem Kram, Kisten und Körbe waren überall aufgeschichtet, mehrere Klambus aufgehangen, so daß für die Bewohner selbst kaum Platz blieb. Und da sitzen die Leute von morgens bis abends mit nichts als Schwatzen und Sirikauen beschäftigt. Die einzige Arbeit, die eine Königin oder Prinzessin verrichtet, ist das Gewebe eines Bandes, mit welchem die Männer die Krise oder Parangs an den Leib befestigen. Die Königin zeigte mir eines, das

---

* Die Bundesgenossen erhalten von der holländischen Regierung beinahe alle Jahre dergleichen Geschenke.

sie gerade webte, und das ich in Zeichnung und Farben ungemein geschmackvoll fand.

Die Königin war soeben im Begriff, nach *Baru*, einem benachbarten Königreich, zu gehen, wo sie zu einem Fest eingeladen war. Da mich mein Weg ebenfalls dahin führte, ging ich mit ihr. Wir fuhren noch denselben Tag auf dem Fluß Tanette in die See (14 Paal), auf welcher die Reise bis zur Mündung des Baru fortgesetzt werden sollte; da jedoch der Wind sehr ungünstig war, lenkten wir bald in eine kleine Bai, wo wir die Nacht vor Anker gingen. Die Königin samt einem Teil ihrer Leute brachten die Nacht auf dem Lande zu.

Sie führte ein so zahlreiches Gefolge mit sich, daß ein halbes Dutzend europäischer Königinnen kein größeres benötigt hätten. Da gab es mehr als dreißig Mädchen und Weiber (letzteren folgten ihre Ehemänner), die alle die Ehre hatten, Hofdamen, Kammermädchen usw. vorzustellen. Manche davon waren so lumpig gekleidet und dabei so unrein, daß ich mich fürchtete, unangenehme Erbschaften zu machen, wenn sie in meine Nähe kamen. An Gepäck hatte die hohe Gesellschaft so viel mit sich, als handle es sich um eine Übersiedlung und nicht um einen Besuch von einigen Tagen. Das ganze große Boot war voll von Körben und Körbchen, Kistchen und Taschen, Töpfen, Kochgeschirr, Polstern, Matten usw., so daß man gar nicht wußte, wo Platz finden; wir saßen wie Pickelheringe zusammengepreßt – eine abscheuliche Tour!

Die Mädchen waren während der ganzen Reise mit der Verfertigung des Siri beschäftigt, das hier nicht in Päckchen, sondern in Zigarrenform gemacht wird. Sie bestreichen ein Betelblatt mit etwas Kalk (aus gebrannten Muscheln), legen ein Stückchen Arekanuß nebst Gambir darauf, rollen es zusammen und umwickeln es mit einer Faser. Wenn ein Blatt zu feucht war, schürzte die Hofdame den Sarong auf und streifte die überflüssige Feuchtigkeit an dem Schenkel ab. Wenn ein Mädchen die Liebeserklärung eines Jünglings günstig aufnimmt, beglückt sie ihn mit Siri-Zigarren; wenn sie ihm keine reicht, ist er abgewiesen.

Die ganze Gesellschaft kaute beständig Siri; sie spuckten dabei fleißig in kleine messingene Töpfe, die als Spucknäpfe dienten und von Hand zu Hand gingen. Die Königin ließ sich den Kopf von Ungeziefer reinigen, und dasselbe taten die Hofdamen und Kammerzofen unter sich. Bei der großen Unsauberkeit, die in allem herrschte, was ich hier wie in Tanette sah, kam mir die Sorgfalt höchst lächerlich vor, die auf die Trinkgefäße der Königin verwendet wurde. Sie hatte ein eigenes Gefäß, aus welchem nur sie trank; das Wasser wurde mit einem besonderen Schöpflöffel, jedoch aus dem allgemeinen Wasserkübel geschöpft und durch ein leinenes Säckchen geseiht. Für das Säckchen und den Schöpflöffel war ein Gestell mitgenommen, auf welchem man sie trocknete und bewahrte.

Abbildung 22: Betelnußpalme (Arekapalme).

257

Am 26. April ging es früh auf die Reise. Wir lenkten alsbald in den Fluß *Baru* und fuhren sechs bis acht Paal stromaufwärts bis in die Nähe der Residenz, die einen Paal seitwärts des Flusses liegt (35 Paal von Tanette). Die Zeit, während welcher die Botschaft nach Hofe ging, unsere Ankunft zu melden, benutzte die Königin mit ihrem Gefolge zum Baden. Sie kamen aber von dem Bade ebenso unsauber zurück, als sie hingegangen waren, denn sie übergossen sich, gleich den Malaien, nur mit Wasser, ohne sich zu waschen. Um dem Körper einen angenehmen Duft zu verleihen, durchräucherten sie sich mit wohlriechenden Harzen. Zu diesem Zweck war ein eigenes Räucherpfännchen mitgenommen worden, über welches die Königin, wie jede Hofdame, sich erst stellte und dann Gesicht und Hände hielt.

Auch in Baru regierte eine Königin. Ich hatte gleichfalls meinen Sendling mit dem in lichtgelben Atlas eingenähten Brief des Gouverneurs an den Hof geschickt.

Mit dem Sendling zurück kam ein Tragstuhl nebst einem Abgesandten der Königin und einigem Gefolge. Man trug mich bis zum Palast, auch nur einer Bambushütte, wo mich der erste Minister des Reiches empfing und der Königin vorstellte. Der Empfangssaal mochte ungefähr neunzig Fuß lang und über vierzig breit sein; er sah düster und drückend aus. Die Decke, auf viele Stämme gestützt, war sehr niedrig; kleine Öffnungen, welche die Fenster vorstellten, gab es nur wenige. Auch hier waren die Wände, wie die Decke des Saales, mit farbigem Kammertuch behangen. Im Hintergrund saß die achtzehnjährige Königin in einer Art offener Loge, ihr zur Seite eine alte, sehr beleibte Duenna[88], die ihr mit einem großen Fächer Luft zufächelte. An jeder Seite der Loge stand ein aus Holz geschnitzter, großer Vogel, mit vielen Blumen geschmückt. Die Königin lud mich sehr freundlich ein, an ihrer Seite Platz zu nehmen. Sie war in einen weiten Sarong von dunkelrotem Musselin mit einigen Goldstickereien gekleidet. Ihr Gesicht fand ich angenehm, aber nicht hübsch; sie war noch unverheiratet.

Die Königin von Tanette war mit ihrem Gefolge am Landungsplatz zurückgeblieben, als man mich abholte. Vermutlich hatte man nur den einzigen Tragstuhl, den man für mich sandte.

Während meiner Anwesenheit bei Hofe, die doch einige Stunden dauerte, kam die Königin von Tanette auch nicht zum Vorschein; sie mochte wohl sogleich in die ihr angewiesene Wohnung gegangen sein, um sich von der beschwerlichen Reise auszuruhen.

Ich kam zu dem großen Fest gerade recht. Es fand den folgenden Tag statt und bestand darin, daß der jugendlichen Königin die oberen Zähne gefeilt werden sollten, eine Handlung, die hier so wichtig ist, wie zum Beispiel in Brasilien die Taufe eines kaiserlichen Prinzen oder in Europa eine königliche Hochzeit. Alle Fürsten und Rajahs der ganzen Umgebung waren dazu eingeladen. Eine kleine Vorunterhaltung gab es schon heute. Auf einer Seite des Saales, nahe der königlichen Loge, tanzten ein Dutzend Mädchen, auf der anderen, etwas weiter entfernt, zwölf- bis vierzehnjährige Knaben die gewöhnlichen langweiligen malaiischen Tänze. Viele Männer und Weiber, wahrscheinlich lauter hochgeborene Personen, hockten in Gruppen umher und sahen den Tänzen gedankenlos zu; keine Seele sprach ein Wort.

Ich allein wurde nebst meinen beiden Begleitern (Sendling und Tolk) mit Kaffee, Tee, einer Art guten, süßen Scherbets und verschiedenen Leckereien bewirtet. Unter letzteren gab es kleine Früchte in Zucker eingekocht, ebenso schmackhaft, wie man sie immer nur in Europa finden kann.

Die Königin bedauerte sehr, mich nicht bei sich aufnehmen zu können; allein sie hatte der Gäste schon so viele, daß alles über und über besetzt war. Man führte mich in die Hütte eines Eingeborenen und sandte sogleich Matten, Polster und Klambu zu meiner Einrichtung, Hühner nebst anderen Gegenständen zum Kochen. Wenn man in ein Privathaus gewiesen wird, müssen die Bewohner dem Gast sogleich die große Stube einräumen. Dies hindert jedoch weder sie noch alle Neugierigen, die den Fremdling sehen wollen, sich beständig darin aufzuhalten. Ich mußte mich, wollte ich nur einigermaßen Ruhe haben, unter mein Klambu flüchten, und selbst da ließen mich die Leute nicht ungestört – sie hoben den Klambu auf und steckten die Köpfe darunter.

Die Hütten des Volkes sind auf Celebes ungleich größer als auf Java, Sumatra, den Molukken usw. Im Inneren bestehen sie gewöhnlich aus einem Gemach von fünfzehn bis zwanzig Fuß im

Geviert, an welches sich ein bis zwei kleinere anschließen. Längs der rechten Seite des großen Gemaches läuft ein sechs Fuß breiter Raum, in dem sich die Feuerstelle, Wassergefäße und dergleichen befinden.

Die Ortschaften sind sehr unrein, voll Schmutz und Pfützen; dabei haben die Leute nicht den guten Gebrauch der Dayaker, sich vor dem Eingang der Hütte die Füße zu waschen, wozu stets Wasser bereitsteht, sondern sie treten mit ungewaschenen Füßen ein.

Ganz nahe der Hütte, die ich bewohnte, waren die Lagerplätze der Büffel. Diese Plätze bestanden aus vier Fuß tiefen Sümpfen, in welchen die Tiere ganz begraben lagen. Man sah nichts als die Hörner und die Nase. Obwohl es in diesem Land überall genug Büffel gibt, kann man doch nirgends Butter oder Milch bekommen, da die Eingeborenen keine Kuh melken. Zum Kochen gebrauchen sie Öle, die aus den Kokosnüssen, Kanarinen[89] und anderen Früchten gewonnen werden.

Was Kleidung, Kost und Wohnung anbelangt, könnte man die Bewohner von Celebes alle für gleich reich oder arm halten, da man im gewöhnlichen Leben in nichts einen Unterschied bemerkt. Ihre Reichtümer bestehen in einigem Gold- und Silbergeschmeide, in goldenen Kästchen und Büchsen, welche die Bestandteile des Siri enthalten, in seidenen Sarongs, in schönen Parangs und Lanzen. Aber alles dies sieht man nur bei großen Festen und feierlichen Gelegenheiten, wie zum Beispiel bei der Zahnfeilung, der Hochzeit, dem Begräbnis eines fürstlichen Hauptes. Das Gold färben sie so dunkel, daß es gerade wie Kupfer aussieht.

Die Sarongs werden hier ebenfalls von den Weibern gewoben und gleichen an Muster und Feinheit der sogenannten englischen oder schottischen Leinwand. Eine geschickte, fleißige Weberin arbeitet einen ganzen Monat an einem Sarong. Bei Hofe werden die Sarongs von den Hofdamen und Dienerinnen gewoben. Jeder Fremde, der bei Hofe vorgestellt wird, erhält einen Sarong zum Geschenk; auch mir ward überall diese Bescherung zuteil.

27. April. Nachmittags verkündeten einige Böllerschüsse den Anfang der Feierlichkeit. Ich begab mich in den Palast, den ich

vom Volk ganz umringt fand. Es waren da viele Lanzenträger (Begleiter der Prinzen und Vornehmen benachbarter Staaten), von welchen einer sogar ein eisernes Panzerhemd* trug. Der Saal war so überfüllt, daß ich Mühe hatte, durchzukommen. Mein Platz ward mir in der obersten Reihe unter den zahllosen Königen, Fürsten und Fürstinnen angewiesen, die das Fest weit und breit herbeigezogen hatte. Man stellte mir eine ganze Menge regierender Häupter vor, darunter den künftigen Erben oder, wie die Holländer sagen, den „wahrnehmenden" Thronfolger von Bonni. Es ist unglaublich, welche Menge von Fürsten, Prinzen und dergleichen hohe Personen es auf Celebes gibt. Und alle diese Leute wollen mit einem gewissen Aufwand leben und natürlich nichts tun; sie sind die wahren Blutsauger des Volkes.

Die Königin war noch nicht gegenwärtig; auch sie verstand es, das Publikum eine geraume Zeit warten zu lassen. Von ihrem Gemach bis an den Ort, wo sie Platz nehmen sollte, war der Boden mit weißem Kammertuche belegt. An der Türe hielten sechs Mädchen einen Baldachin von golddurchwirktem, schwerem Seidenstoff bereit. Einen grellen Kontrast zu diesem reichen Baldachin bildeten die sechs Stangen, mittels welcher er getragen wurde: Sie bestanden aus dünnen Bambusstückchen, die ganz roh waren, wie man sie im Wald geschnitten hatte.

Musik und wiederholte Böllerschüsse verkündeten endlich das Erscheinen der Königin. Mit langsamen, gemessenen Schritten, mit beinah geschlossenen Augen wankte sie unter dem Baldachin, gleich einer zu opfernden Dulderin, ihrem Platz zu. Sie war in zwei purpurrote Sarongs gekleidet, von welchen der eine den oberen, der andere den unteren Teil des Körpers deckte. In den Haaren trug sie Kränze von *Melati*** nebst künstlich gearbeiteten Blumen von Gold, außerdem Ringe, Armbänder und anderes Geschmeide.

Die Königin blieb stumm und bewegungslos sitzen und schlug den Blick kein einziges Mal auf. In ihrer Nähe bildeten ein

---

* Im Krieg sollen viele der Eingeborenen Panzerhemden tragen.

** Melati heißt der gefüllte Jasmin; er ist die Lieblingsblume der Malaien und Chinesen und riecht angenehm, aber etwas stark.

Dutzend Mädchen ein halbes Viereck und sangen ein religiöses Lied. Man brachte hierauf eine alte, abgenützte Matratze, breitete ein Tuch darüber und legte einige Polster nebst einer Decke darauf zurecht. In diesem Augenblick entstand plötzlich an der Eingangstüre ein heftiger Lärm, große Bewegung; es schien mir, daß Leute mit Gewalt eindringen wollten und abgewehrt wurden. Ich dachte schon, daß dieser Aufstand mir gelte, daß es das Volk übelnähme, mich als Fremde dieser großen Feierlichkeit beiwohnen zu lassen. Die Ruhe wurde indes bald wieder hergestellt; ich konnte leider die Ursache dieser Unruhe nicht erfahren, und auch mein Tolk vermochte nicht, mir darüber Auskunft zu geben. Letzterer war überhaupt sehr mit Dummheit geschlagen, denn ich mochte ihn fragen was ich wollte, er war beinahe nie imstande, meine Fragen zu beantworten.

Man führte nun einen ältlichen Mann ebenfalls unter dem Baldachin an das Bett, stellte an seine Seite ein mit Wasser gefülltes Becken und legte verschiedene Instrumente daneben. Die Königin schob sich in sitzender Stellung nach dem Bett. Die Duenna nahm ihr die Blumen aus den Haaren und reichte eine kleine goldene Untertasse einer nahe sitzenden, sehr alten Frau (der ältesten Königin aus der Verwandtschaft), welche darein einen ganzen Mundvoll blutroten Speichels spuckte. Mit diesem kostbaren Saft salbte sie die Königin an den Schläfen und an der Stirne, goß auch etwas davon auf einen Riemen, den sie nach ihr schnellte, um ihren Körper von allen Seiten zu besprengen. Hierauf nahm sie eine Räucherpfanne mit Rauchwerk, reichte sie dreimal von der rechten zur linken Seite um die Königin, ein viertes Mal in umgekehrter Richtung. Die Königin mußte sich nun der Länge nach niederlegen, wurde leichthin mit der Decke bedeckt und mit Melati bestreut. Die Duenna hockte sich rechts zu ihrem Kopfe, der Arzt nahm die linke Seite ein, und mich setzte man neben die Duenna, ebenfalls der Königin ganz nahe, welche mich bei der Hand faßte und diese während der ganzen Operation nicht mehr losließ. Sie sah überaus betrübt aus, drückte mir zeitweise die Hand und blickte mich dabei so wehmütig an, als wollte sie Hilfe von mir erheischen. Fast mit Angst harrte ich der kommenden Dinge.

Der Arzt warf drei Feilen von verschiedener Größe in das Wasserbecken, schob der Königin eine kleine Walze von Palmkohl zwischen die Zähne, nahm die größte der Feilen und fing damit so kräftig an, auf die Zähne loszuarbeiten, als hätte er einen Holzblock unter den Händen. Mit einer zweiten, kleineren Feile setzte er die Operation fort. Bevor er an die kleinste kam, nahm er die Walze aus dem Mund und schob an deren Stelle ein um die Hälfte dünneres Röllchen von Betelblättern. Im ganzen machte er seine Sache gut und schnell, besonders wenn man die plumpen Instrumente betrachtete, deren er sich bediente. Was aber die arme Königin dabei gelitten haben mag, wissen die Götter! Dennoch verzog sie keine Miene: Ich fühlte nicht einmal ihre Hand erzittern.

Als die Operation vorüber war, reichte man dem Arzt einen Hahn; er riß ihm ein Stückchen von dem Kamm los und bestrich mit dem herausquellenden Blut die Zähne und Lippen der Dulderin. Zu Ende wiederholte die Duenna mit drei angebrannten, zusammengebundenen Kerzen dieselbe Zeremonie, die sie mit der Räucherpfanne vorgenommen hatte, worauf die Königin wieder auf ihren alten Platz zurück rutschte.*

Die Operation der Zahnfeilung wurde außer an der Königin noch an sechs Mädchen (wahrscheinlich aus dem königlichen Gefolge) vorgenommen; dabei fanden jedoch nicht die geringsten Zeremonien statt. Die Mädchen legten sich auf eine Matte, ohne Polster oder Decke, der Arzt schob ihnen eine Walze in den Mund, feilte tüchtig darauf los, und die Sache war abgetan.

Der ganzen großen Gesellschaft, die in dem Saal versammelt war (bei 400 Personen) wurde Tee und Backwerk vorgesetzt. Mir ließ die Königin außerdem eine Tasse des süßen Scherbets wie auch eine Portion der in Zucker gekochten Früchte reichen. Sie schien wirklich einiges persönliches Interesse an mir genommen zu haben. Der Tee wie die Leckereien wurden nicht eher berührt,

---

* Wenn Zahnfeilungen bei hohen Häuptern statthaben, gibt es in den Zwischenräumen von mehreren Monaten drei Feste. Bei dem ersten werden die Zähne bezeichnet, wie weit sie zu feilen sind, bei dem zweiten werden die unteren, bei dem dritten die oberen Zähne gefeilt.

als bis wieder ein langes religiöses Lied herabgeheult war. Dann aß und trank man mit großer Bescheidenheit.

Ich begab mich bald darauf nach Hause, denn außer langweiligen, einförmigen Tänzen gab es nichts weiter zu sehen. Die Leckereien, die man mir bei Hofe vorgesetzt hatte, wurden mir, wie es hier Sitte ist, in meine Wohnung nachgesandt. Ich berührte sie hier ebensowenig wie dort; sie waren aus Reismehl, Zucker, Öl, Kanarinen usw. gemacht und schmeckten sehr fett und ranzig.

28. April blieb ich zu Baru. Der Tolk sagte mir, daß es heute noch Feste über Feste gebe und daß es der Königin daher unmöglich sei, mir Leute und Pferde zur Weiterreise zu verschaffen. Später sah ich, daß er mich belogen hatte; es gefiel ihm hier sehr wohl. Die Königin sandte beständig gute und viele Lebensmittel, er fand stets große Gesellschaft zum Schwatzen, und so wäre er nicht Tage, sondern Wochen hier geblieben. Keine einzige Unterhaltung hatte statt, nichts gab es als abends ein einfaches Hahnengefecht auf dem Bazar, wie es bei jedem Markt gebräuchlich ist.

29. April. Mein ärgster Verdruß auf dieser Reise war das Gefolge. Die Leute hatten für mich als Frau nicht die geringste Aufmerksamkeit oder Folgsamkeit. Wenn ich von dem Tolk etwas forderte, sagte er es dem Sendling, dieser dem Diener, der Diener wieder dem Kuli, kurz ich hatte einen Haufen von Leuten um mich und war so schlecht als möglich bedient. Die Kerls wollten nicht einmal mein Schmetterlingsnetz nehmen, ich mußte es meistens selbst tragen. Ein zweiter Übelstand mit so zahlreichem Gefolge war es, daß wir überall vieler Pferde und Träger bedurften. Daß der Tolk und Sendling nicht zu Fuß gingen, versteht sich von selbst; aber auch ihre Diener mußten Pferde haben, wenn wir auch nur acht oder neun Paal den Tag machten. Die Herbeischaffung der Pferde nahm stets die schönen Morgenstunden weg. Wir kamen erst fort, wenn die Sonne recht brannte. Anders verhält es sich freilich mit den Leuten, wenn sie mit ihrem Herrn oder Vorgesetzten reisen. Da fürchten sie den Stock oder sonstige Strafen, da hat alles Hände und Füße. Ich hatte das aus Erfahrung kennengelernt und deshalb bloß einen gewöhnlichen Führer und einen Kuli mitnehmen wollen; allein der Gouverneur

und Graf Bentheim, die es beide sehr gut mit mir meinten und ihre Leute für besser hielten, als sie waren, überredeten mich zur Mitnahme dieses lästigen Gefolges.

Erst um zehn Uhr morgens kamen wir heute in das Prauh. Man gab vor, daß es nach Pare-Pare, wohin ich wollte, zu Wasser näher sei als zu Lande; dann aber erfuhr ich, daß man dies vorgab, weil man nicht so viele Pferde schnell genug herbeischaffen konnte, als der Tolk verlangte.

Kaum waren wir einige Stunden auf der See gefahren, so lenkten die Leute in eine Bucht und wollten die Reise für diesen Tag beschließen. Ich war darüber so aufgebracht, daß ich alle Scheltworte, die mir in der malaiischen und holländischen Sprache bekannt waren, zusammennahm, den Leuten ihr elendes Betragen tüchtig zu verweisen. Ich drohte Briefe nach Maros und Makassar zu schreiben, ja selbst Tolk und Sendling zurückzusenden. Dies bewirkte doch so viel, daß wir nach einer kurzen Rast wieder weiterfuhren, erst gegen Abend in eine Bai lenkten und in der Nähe eines Dorfes vor Anker gingen. Der Tolk sagte mir, daß man nachts nicht fahren könne, weil die Küsten voll Piraten seien. Dies wußte ich, wir blieben daher hier über Nacht.

Ich schlief in dem kleinen Prauh. Zum Imbiß erhielt ich nichts als Reis, die Leute hatten nicht einmal für Lebensmittel gesorgt.

Außer unserem Prauh lagen noch zwei ganz kleine vor Anker. Mitten in der Nacht erweckte uns ein fürchterliches Geschrei. Wir fuhren erschrocken empor, meine Leute griffen nach ihren Waffen, da wir dachten, von Piraten überfallen zu werden. Glücklicherweise kam niemand an unser Prauh. Was auf den beiden anderen vorging, woher das Geschrei kam, darum bekümmerten sich meine Leute nicht, obwohl ich sehr darauf drang, zu sehen, ob jene nicht unserer Hilfe bedürften. Morgens vernahmen wir, daß Diebe vom Lande an die Prauhs geschwommen waren und verschiedenes gestohlen hatten. Die Leute wurden erst wach, als die Diebe mit ihrem Raub bereits dem Land zuschwammen.

30. April. Nachmittags drei Uhr kamen wir zu Pare-Pare an (30 Meilen). Dieses Örtchen liegt in einer reizenden Bucht, welche von kleinen, fruchtreichen Ebenen, von sanft anschwellenden

Hügeln und im Hintergrund von bedeutenden Gebirgen umgeben ist. Im Hafen lagen ziemlich viele Prauhs und kleine Barken, die von Makassar und den umliegenden Inseln handeltreibend hierher kommen. Der König dieses kleinen Reiches zieht außer dem Zoll auch aus seinen eigenen Handelsschiffen großen Nutzen und soll für Celebes ziemlich wohlhabend sein.

Als der Tolk ans Land stieg, um nach des Königs Wohnung zu fragen, wies man auf ein kleines Kanu, welches gerade im Ankommen begriffen war, und sagte dem Tolk, daß der König soeben vom Fischfang heimkehre. Ich hätte ihn wahrhaftig für nichts anderes als einen ganz gewöhnlichen Fischer gehalten: Er trug bloß einen schmutzigen Sarong nebst einem Kopftuch. Auch seinem Wohnsitz sah man nichts weniger als Wohlhabenheit an. Derselbe bestand in einer höchst baufälligen Bambushütte, der Zugang führte durch eine Pfütze. Vor der Eingangstüre saßen auf einem kleinen Vorplatz mehrere Jungen und Mädchen, die im Koranlesen* unterrichtet wurden. Das Sonderbarste bei der Sache ist, daß der Koran in arabischer Schrift gelehrt wird, von welcher die Lehrer selbst nichts verstehen. Sie lesen oder schreien die Gebete herab, ohne das geringste Verständnis von dem zu haben, was sie plappern.

Von dem Vorplatz ging es in des Königs Gemach, eine ganz gewöhnliche malaiische Wohnstube, von welcher ein Teil durch Bambuswände in Verschläge abgeteilt, die anderen von mehreren Klambus eingenommen waren. Im Vordergrund lagen viele Kaufmannsgüter in Kisten und Ballen aufgestapelt, und überall machte sich ein Schmutz und eine Unordnung sondergleichen breit.

Ich verstand von der malaiischen Sprache schon so viel, um mich mit dem König unterhalten zu können. Er hatte einige Kenntnis in der Geographie, besaß mehrere Landkarten und wußte so ziemlich die Hauptreiche Europas zu nennen (der Kö-

---

* Die Malaien, und mit sehr geringer Ausnahme (Menehassa) alle Bewohner von Celebes, sind mohammedanischer Religion. Doch genießt hier das weibliche Geschlecht dieselben Rechte wie das männliche. Das erstgeborene Kind eines Königs, Knabe oder Mädchen, folgt dem Vater in der Regierung. Hinterläßt er eine Witwe, so regiert diese, wenn auch der Sohn schon das Mannesalter erreicht hat. Mädchen besuchen die Schule so gut wie die Knaben.

nig wurde in Makassar erzogen). Er legte mir die beiden Hemisphären vor und war höchst erstaunt, als ich ihm in Kürze alle Weltteile sowie die vorzüglichsten Reiche derselben wies. Er ersuchte mich auch, in seiner Gegenwart zu schreiben. Ich bemühte mich, sehr schnell zu schreiben, wohl wissend, daß ihn dies um so mehr in Erstaunen setzen würde, als die Malaien alles, was sie tun, höchst gelassen verrichten. Ich mußte ihm meinen Namen, Vaterland und Geburtsort aufschreiben, was ich in deutscher und lateinischer Schrift tat. Er fragte mich auch über verschiedene Naturerscheinungen und bat mich, ihm einiges von den Sitten und Gebräuchen fremder Völker und ganz besonders von meinem Volke zu erzählen; kurz – ich hatte Gelegenheit, mein bißchen Wissen so viel wie möglich auszukramen – Eitelkeit nimmt überall gern Huldigungen an. Dafür ward mir die Ehre zuteil, auch von diesem Manne für ein ganz besonders bevorzugtes Wesen gehalten zu werden, wozu freilich in einem Lande nicht viel gehört, in welchem die Männer wenig, die Weiber so viel wie nichts wissen. Er ersuchte mich, ihm den Tag meiner Geburt aufzuschreiben, welcher, wie er behauptete, unter die glücklichsten gehören müsse.

Als er vernahm, daß meine Reisen gedruckt seien, sagte er, daß er gern hundert Rupien dafür geben würde, wenn er sie in seiner Sprache haben könnte. War das doch ein galanter König! – Wie hätte ich meine Reise ausdehnen können, was wäre mir nicht alles möglich geworden, wenn es viele so freigebige Monarchen gäbe!

Ich äußerte den Wunsch, der Königin vorgestellt zu werden. Nach geraumer Zeit erschien ein Weib, so alt, runzelig und zu einem Skelett zusammengeschrumpft, daß ich im Zweifel war, ob dies die Mutter oder die Großmutter des Königs sei, welch letzterer doch auch schon ein Mann von einigen dreißig Jahren sein mochte. Dazu war sie auf einem Auge blind, die Haare hatte sie zum Teil rotbraun gefärbt, zum Teil waren sie schwarz und grau, und in größter Unordnung, als hätten sie wochenlang keinen Kamm gesehen, hingen sie ihr bis an die Schultern hinab – es konnte nicht leicht ein häßlicheres Bild des Alters geben.

Erst um sechs Uhr abends kam ich in die mir angewiesene Wohnung.

Infolge der Nachlässigkeit meines Gefolges hatte ich seit sechsundzwanzig Stunden nichts gegessen. Die Leute waren so sorglos gewesen, auf die Reise nicht hinlänglich Wasser mitzunehmen, um den Reis kochen zu können; für den gestrigen Tag waren sie mit gekochtem Reis versehen, der abends kalt gespeist worden war. Heute morgen wartete ich vergebens auf eine Mahlzeit. Als ich danach verlangte, kam es erst heraus, daß das Wasser zum Kochen fehlte. Ein Diener verließ sich auf den anderen, und keiner sah nach. In Pare-Pare angekommen, beauftragte ich den Tolk, so schnell als möglich ein Mahl zu besorgen. Mit wahrem Heißhunger begab ich mich von dem König weg in meine Wohnung, sah die Schüsseln schon dampfen und rauchen, glaubte den würzigen Geruch der Speisen schon einzuatmen; da hieß es: „Noch nicht fertig." – Und so mußte ich noch zwei ewig lange Stunden warten. Für meine Geduld hoffte ich doch wenigstens mit köstlichen Gerichten belohnt zu werden. Ich täuschte mich jedoch abermals, da ich nichts als Reis und einen Fisch in einer inländischen Brühe erhielt, die aus gestampften, mit Wasser und Kokosöl aufgekochten, säuerlichen Blättern bestand. Wahrlich, man mußte sechsundzwanzig Stunden gefastet haben, um dieses Essen genießbar zu finden!

1. Mai. Diesen Morgen machte ich dem König den Abschiedsbesuch und verehrte seiner Gemahlin einige Fläschchen Kölnerwasser, ihm selbst ein großes illuminiertes Bild, welches den Glaspalast in Hydepark vorstellte. Um ihm einen Begriff von der Größe meines Sultans (Kaisers) zu geben, sagte ich: „Sieh, dies ist der Palast meines Sultans, er ist so hoch, daß die höchsten Baume darinnen stehen können, und so groß, daß man eine halbe Stunde braucht, ihn zu umgehen." Er war sehr erstaunt und tat viele Fragen über Sultan und Palast; nur meinte er, daß der Palast gar zu durchsichtig sei. Die Sonne müsse da hinein brennen und leuchten, daß man bei Tage gar nicht schlafen könne; er möchte nicht darinnen wohnen.

Noch manche Stunde plauderten wir, erst um elf Uhr kam ich fort.

XI.

*Sidenring * Die Seen von Tempe * Lagusi * Ein königliches Mahl ** *Rückkehr nach Sidenring * Die Rehjagd * Besuch bei dem Sultan von* *Goa * Abreise von Celebes * Surabaya * Eine malaiische Hochzeit * Eine* *Spukgeschichte * Rückkehr nach Batavia*

Von Pare-Pare ging ich zu Pferd nach *Batu-Masapaija* (zwölf Paal) einem Landsitz des Königs von *Sidenring,* welcher abwechselnd hier und in der eigentlichen Residenz zu *Tete-adje* an dem See *Tempe* wohnt.

Die Wege führten teilweise über niedrige Gebirge, welche, Alang-Alang und kurzes Gras ausgenommen, von Vegetation beinahe entblößt, dagegen voll Steine und Geröll waren, so daß unsere armen Tiere wie Gemsen klettern mußten. Wir begegneten vielen Saumpferden, die hauptsächlich Reis nach dem Hafen Pare-Pare trugen. Außerdem war das Land nur von Pferden belebt, die sich lustig im Zustand der Freiheit herumtummelten. Die Könige in diesen Gegenden haben große Gestüte und treiben sehr gewinnreichen Pferdehandel.

Schon seit mehreren Stunden zog sich der Weg einförmig bergauf, zwischen Hügeln fort, die jede freie Aussicht versperrten; dagegen wurden wir bei dem Ausgang eines engen Tales überreich belohnt, denn eine der herrlichsten Ansichten, vielleicht die schönste von ganz Celebes, lag vor unseren Blicken. Eine beinahe unabsehbare Ebene breitete sich aus, in ihrer Mitte glänzten die Wasserspiegel der beiden Seen *Tamparang-Urai* und *Tamparang-Cabaija,* gewöhnlich die Seen von Tempe genannt. Der erstere dieser Seen bildet ein langes, unregelmäßiges, der letztere ein schönes, rundes Becken. Reiche Reispflanzungen, große Ortschaften verkünden den Wohlstand der Gegend. Im Vordergrund stiegen viele vereinzelte, kleine, spitze Hügel und Felsen auf, die man aus der Ferne und der Höhe, auf welcher wir uns befanden, für Tumuli[90] hätte halten mögen, so klein und niedlich erschienen sie auf dieser ungeheuren Ebene. Im Hintergrund erhoben sich schöne Gebirgsketten gleich hohen Mauern, als wollten sie das friedliche Tal vor den Stürmen der Außenwelt bewahren.

Langsam ritt ich nach der Ebene hinab, denn jeder Schritt verlöschte einen Zug des herrlichen Bildes. Das Großartige verschwand, unser Pfad ging wieder zwischen niederen Hügeln in die Tiefe, und bald sahen wir weiter nichts als einzelne Hütten, einige Stallungen, die dem König zugehörten, kleine Mais- und Reisfelder. Dies ging so fort bis Batu-Masapaija, wo wir den König auch wirklich antrafen.

Obwohl der König von Sidenring zu den drei größten auf Celebes gehört, wohnte er ebenso erbärmlich wie der kleinste, ärmste Rajah. Sein Palast, aus dünnem Bambusgeflecht, mit Stroh gedeckt, glich einer halbverfallenen Scheune. Das Innere bestand aus einem großen Gemach, von durchlöcherten Halbwänden unterteilt, und voll schmutziger Klambus. Am Eingang gab es einige Feuerstellen, auf welchen halb erloschene Brände einen abscheulichen Rauch verbreiteten, im Vordergrund wimmelte es von Faulenzern aller Art, Männer, Weiber und Kinder. Hier hockte eine Gruppe, Siri kauend und schwatzend, dort lagen Schläfer auf dem Boden ausgestreckt und um die Wette schnarchend, hier erschien hinter einem geöffneten Klambu ein zerraufter Kopf, dort balgten sich nackte Kinder, mit Finnen und Schmutz bedeckt – wo man hinsah ein erbärmlicher, ekelhafter Anblick.

Das königliche Ehepaar hockte im Hintergrund auf einer zwei Fuß hohen Tribüne, gleich der Dienerschaft mit Sirikauen beschäftigt und in den lieben langen Tag hinein schauend. In der Nähe der Tribüne waren hier und da Kisten und Körbe aufgestapelt, zerrissene Kleidungsstücke hingen umher, dazwischen auch eine schöne gestickte Militäruniform, die der König von der holländischen Regierung zum Geschenk erhalten hatte. Der König zeigte mir dies Kleidungsstück und ersuchte mich, ihm ein derartiges einfacheres zu verfertigen. So sind die Schicksale der Reisenden! Der König von Pare-Pare hätte mir hundert Rupien für meine Bücher gegeben, während dieser hier mich zu seinem Hofschneider erheben wollte! Ich wich der bescheidenen Bitte dadurch aus, daß ich sagte, ich sei zum Arbeiten zu vornehm.

Man beherbergte mich in diesem scheunenartigen Palast unter einem Klambu. Die Kost war ziemlich schlecht; man brachte mir auf handgroßen Täßchen einige winzige Stückchen Fleisch, ein paar fingerlange Fische und den Hals, Kopf und die Flügelspitzen eines Hühnchens.

Nach der Tafel besuchte mich der König. Als er zufällig einige Insekten sah, die ich unterwegs gefangen hatte, und hörte, daß ich Wert darauf legte, versprach er mir ganz unaufgefordert, Leute in die Waldungen zu senden und für meine Rückkehr eine kleine Sammlung bereitzuhalten.

Schon in einigen Tagen sollte ich wieder hier sein, denn meine Reise ging nun nicht mehr weiter als über die beiden Seen bis *Lagusi*, der Residenz der Königin von *Wadjo*, deren Königreich an jenes von *Bonni* grenzt. Der Besuch des letzteren, wie bereits erwähnt, war mir nicht gestattet.

Beim Abschied versprach mir der König noch, wenn ich wiederkehre, mir zu Ehren auch eine Rehjagd zu veranstalten.

2. Mai. Wir ritten heute nicht mehr als neun Paal in der großen Ebene beinah unausgesetzt zwischen Reisfeldern bis in die Nähe des ersten Sees, wo wir in einer offenen Hütte, das heißt unter einem Blätterdach, unsere Wohnung aufschlugen. Wir kamen durch mehrere große Ortschaften, darunter besonders *Awaritij* mit mehr als 200 Häusern. Ich fand in diesem Königreich Dörfer und Häuser durchgehend sehr groß.

Auch heute bestand meine Mahlzeit nur aus einigen kleinen Fischchen nebst Reis, und zwar ebenfalls wieder durch die Schuld meiner Leute, denn wenn man in diesen Ländern irgendwo gastfreundlich aufgenommen wird, ist es Sitte, alles zu begehren, was man nötig hat; hätten meine Leute einige Hühner, Früchte und dergleichen verlangt, so würde man sie ihnen mit Freuden gegeben haben; allein sie taten es nicht, selbst wenn ich es ihnen befahl – sie wollten nicht die Mühe der Zubereitung haben.

3. Mai. Lagusi (30 Paal). Heute ward ich über meine Leute im höchsten Grade aufgebracht. Als ich morgens an das Ufer des Flusses kam, auf welchem wir noch ein kleines Stück bis in den See zu fahren hatten, war nicht einmal das Prauh in Bereitschaft: Eine ganze Stunde mußte ich in der glühenden Sonne stehen und

die Leute zur Arbeit antreiben. Mit größtmöglicher Langsamkeit schoben sie endlich einen ausgehöhlten Baumstamm in das Wasser und deckten ihn mit einem so niedrigen Blätterdach, daß ich darunter kaum aufrecht sitzen konnte. Ich betrat mit Widerstreben dieses gefährliche und unbequeme Fahrzeug; wie aber stieg erst meine Angst, nachdem ich so viele Menschen folgen sah, als der hohle Baumstamm fassen konnte! Ich wehrte mich dagegen; doch weder Tolk noch Sendling hörten auf mich; sie ließen mitfahren, wem es beliebte. Einundzwanzig Personen saßen in dem engen Raum. Ich mußte während der ganzen Fahrt, die über neun Stunden dauerte, gleich den übrigen auf meinen unterschlagenen Beinen hocken. Den Eingeborenen macht dies freilich keine Unbequemlichkeit, die sind an diese Stellung gewöhnt; ich litt aber unaussprechlich.

Unter den Mitreisenden befand sich ein Greis, der, obwohl er eben nicht sehr gebrechlich aussah, nicht lange sitzen konnte. Er mußte sich legen, und infolgedessen waren wir gezwungen, noch mehr zusammenzurücken. Später sah ich, woher die Schwäche des Alten rührte; er war ein starker Opiumraucher. Er führte Pfeife, Opium und Lampe mit sich und rauchte und schlief abwechselnd während der ganzen Fahrt.

Die beiden Seen, deren vereinzelte Länge ich auf ungefähr dreißig, die höchste Breite auf zehn Paal rechne, sind durch den Fluß Watta verbunden, ihre Entfernung voneinander beträgt höchstens eineinhalb Paal. Die Seen, besonders der große, haben wenig Tiefe; letzterer dürfte sich mit der Zeit in einen Sumpf verwandeln, denn jetzt schon ist der ganze Grund und Boden mit Pflanzen dicht überwachsen, und ganze Partien derselben schwimmen gleich Inseln auf der Oberfläche umher. Die Ufer bieten wenig Reiz; an vielen Stellen sind sie mit Alang-Alang bedeckt. An dem großen See liegen bedeutende Ortschaften; sie nehmen sich aber in der nackten Umgebung, die weder Gebüsche noch Baum besitzt, ganz armselig aus. Die die Seen umgrenzenden Länder bilden Bestandteile von Sidenring, Wadjo und anderen kleinen Königreichen. Man sieht auch die Gebirge von Bonni, von welchen ich nur eine Tagereise entfernt war. Lagusi liegt am Tjenrana, achtzehn Paal stromaufwärts. Als ich das Boot verließ, um nach der königlichen Residenz zu gehen (1/4 Paal), begleitete mich die ganze Dorfgemeinde; man hatte hier noch kein europäisches Gesicht gesehen. Die Leute wollten alle mit mir in den Palast (natürlich auch nur eine Bambushütte) – man mußte sie mit Gewalt forttreiben.

Die Königin ließ lange auf sich warten. Sie war alt, aber kräftig, überaus lebhaft und sprach sehr eifrig und viel. Sie behauptete, sechsundsiebzig Jahre zu zählen; aber ihrem jüngsten Sohne nach zu urteilen mochte sie es mit den Jahren wohl nicht so genau nehmen. Wenn die Leute hier alt sind, machen sie sich gerne noch älter: Sie glauben dadurch an Würde zu gewinnen. Im allgemeinen haben sie auch wenig Begriff von Zeitrechnung und wissen meistens selbst nicht, wie viel Jahre sie zählen.

Nach der üblichen Bewirtung mit Tee und Süßigkeiten wollte ich mich zurückziehen, da ich halb lahm von dem neun Stunden langen unbequemen Sitzen in dem Baumstamme war; allein die hohe Frau gab es nicht zu: Sie unterhielt sich zu gut mit meinen Leuten, die ihr alle Neuigkeiten aus der großen Stadt Makassar erzählen mußten. Sie war sehr munter und heiter, obwohl sie, wie sie mir selbst mit wahrhaft stoischer Gleichgültigkeit erzählte, erst vor drei Tagen einen Sohn begraben hatte. So sind diese Menschen! – Solange die Leiche im Hause ist, heulen, schreien und gebärden sie sich wie Wahnsinnige; ist der Verstorbene einmal der Erde übergeben, so begraben sie den Schmerz mit ihm, Heiterkeit und Frohsinn kehren wieder.

Die Königin trug Trauer um ihren Sohn. Dieselbe bestand in einem dunklen Tuche, das um den Kopf geschlagen war, die Haare ganz verbarg und bis über die Schultern fiel.

Sehr gegen meinen Willen war ich gezwungen, die Abendmahlzeit bei der Königin einzunehmen. Auch hier war das Essen unter aller Kritik. Es gab eine Menge kleiner Schlüsselchen, deren Gesamtinhalt den Magen eines ganz gewöhnlichen Essers nicht überladen hätte. Ein Schüsselchen enthielt ein hartgekochtes Ei, in vier Teile geschnitten, ein anderes drei winzig kleine Kartoffeln, ein drittes die Hälfte eines drei Zoll langen Fischchens, ein viertes ein paar Scheibchen von Gurken, ein fünftes zwei gekochte nußgroße Zwiebelchen usw. Mitten unter dieses Puppenmahl setzte man einen sehr großen, fest zugedeckten Suppentopf und legte daneben einen großen Suppenschöpflöffel. Diesem Riesentopf weihte ich meine ganze Aufmerksamkeit; mein erwartungsvoller Magen hoffte auf gekochte Hühner oder sonst ein herrliches Gericht. In dieser schwelgerischen Erwartung nahm ich eine gute Portion Reis auf meinen Teller, um ihn mit der köstlichen Sauce, mit dem zarten Hühnerfleisch zu mengen; doch der Dekkel des Topfes wurde lange Zeit nicht gehoben. Ich verlangte nach etwas Salz, um meinen Reis vorläufig zu würzen. Da endlich – ging der Deckel auf, man griff nach dem großen Schöpflöffel und langte – – einen Fingerhut voll weißen Salzes heraus.* Bald wäre ich aus Schmerz über die getäuschte Hoffnung selbst zur Salzsäule geworden.

Nicht minder komisch ging es mit dem Wasser zu: Man stellte zwei sehr schön geschliffene Flaschen in Futteralen vor uns. Da Flaschen gewöhnlich von Gläsern begleitet sind, wartete ich lange auf letztere. Als sie nicht erschienen, verlangte ich darnach; die Königin aber sagte mir, ich möchte nur aus der Flasche trinken, und nicht nur sie und ich, sondern Tolk, Sendling, alles trank aus den Flaschen.

Unter den Früchten gab es eine, Durian[91] genannt, in Form und Umfang einer Melone von mittlerer Größe ähnlich und mit sehr rauher Schale, die dermaßen nach Knoblauch stank, daß man die Frucht schon roch, als sie dreißig bis vierzig Schritte entfernt war. Das Innere besteht aus weißen, aneinandergereihten, sehr großen Bohnen. Ich hatte die Frucht schon auf Borneo wie auch auf den Molukken gesehen. Die Europäer versicherten mir, daß, wenn man sich an den starken Geruch gewöhnt habe, diese Frucht sehr fein schmecke, und fügten hinzu, wenn man sie so recht *con amore* genießen wolle, müsse man dies auf einem Fluß in einem Boot sitzend tun, um die Hände jeden Augenblick in das Wasser tauchen zu können, damit der Geruch sich leichter verlöre. Ich konnte ihr, selbst nach wiederholten Versuchen, des Geruches wegen keinen Geschmack abgewinnen.

---

* Man findet sehr selten weißes Salz, gewöhnlich ist es so schmutzig und dunkel wie Asche.

Die bei Tisch aufwartende Hofdame oder Dienerin trug auf dem Daumen der linken Hand ein wenigstens fünf Zoll langes Nagelfutteral. Ich gab ihr meine Verwunderung über diesen ungeheuren Nagel zu erkennen, sie versichernd, daß ich ähnliches nicht einmal in China, dem Lande der Nagelkultur, gesehen hätte. Lächelnd zog sie das Futteral ab, und ich sah, daß es eigentlich mehr als Zierde diente: Der Nagel selbst hatte höchstens einen halben Zoll Länge. Ebenso verhielt es sich mit den übrigen Futteralträgern; nur der Sohn der Königin machte hiervon eine Ausnahme: Sein Finger prangte mit einem zwei Zoll langen Nagel. Die Mode der Nagelfutterale sah ich nur in dieser Gegend.

Als das Mahl vorüber war, setzte ich die Zeremonie beiseite und verlangte, mich zurückziehen zu dürfen. Die Königin entschuldigte sich, mich nicht in ihrer Ruine von Palast aufnehmen zu können, ich möchte ihrem Sohn nach dem seinigen folgen; dort sei schon alles für mich bereit. Daselbst angekommen, sollte ich noch seiner Frau vorgestellt werden und abermals Tee und Backwerk genießen. Allein ich wich dieser Ehre für heute aus und schlüpfte unter meinen Klambu, wo ich mich der nötigen Ruhe erfreute.

4. Mai. Der Prinz war ein noch junger Mann; Gesichtsfarbe und Züge verrieten aber schon den starken Opiumraucher. Sein erstes Geschäft morgens war auch, die Opiumpfeife anzuzünden. Leider wird dieses Gift auf Celebes häufig gebraucht.

Nach dem Frühstück, das der gestrigen Abendmahlzeit würdig an die Seite zu stellen war, ging ich mit dem Prinzen zur Königin, um Abschied zu nehmen. Beim Eintritt in den Palast fielen mir drei Kisten in die Augen, die ich gestern nicht bemerkt hatte; zwei dienten als Stühle für die Königin und mich, die dritte als Tisch.

Ich mußte über eine halbe Stunde auf die Königin warten; es hieß, sie mache Toilette. Und worin bestand diese Toilette? In einer weißen Bluse, die sie über den Sarong gezogen hatte, der Kopf war wie gestern in ein Tuch gehüllt. An Schmuck trug sie zwei Reihen hohler Kugeln aus Goldblech, in Form und Größe kleiner Hühnereier, die kreuzweise über Brust und Schulter hingen, an jeder Seite der Brust ein rundes, handgroßes, mit Edelsteinen besetztes Goldblech, das man für Orden hätte halten können, wenn die Leute auf Celebes schon auf diesem Höhepunkt der Zivilisation stünden. Am meisten fiel mir jedoch die Fußbekleidung auf: Sie bestand aus ausgeschnittenen Schuhen nach Art der europäischen; nur waren sie statt von Stoff ganz von Goldblech, die Sohle nicht ausgenommen, und mit Edelsteinen besetzt.

Als mich die Königin begrüßte, sagte sie mir, daß sie es für ihre Pflicht gehalten habe, mich im königlichen Staate zu empfangen.

Auch bei dieser Gelegenheit mußte wieder gespeist werden. Während der Mahlzeit wurde ihr Sohn abgeholt, um ein Haus zu besichtigen, in welches diese Nacht Diebe eingebrochen und an Silber, Geschmeide und dergleichen bei 800 Rupien im Wert gestohlen hatten.

Die Buginesen, Hauptbevölkerung dieser Gegenden, sind die berüchtigsten Diebe und Piraten im ganzen Archipel, übrigens die gewandtesten und hübschesten Leute, die ich auf dieser Insel gesehen. Männer und Weiber sind groß, sehr gut gewachsen, auch ihre Gesichtsbildung ist bei weitem besser als die der Malaien. Das Nasenbein tut sich doch ein bißchen hervor; manche haben mitunter ganz hübsch geformte Nasen, und die Zahnkiefer ragen nicht so heraus. Ihre Augen sind schön und verraten viel Intelligenz. Ihre Hautfarbe ist licht rötlichbraun.

Wie ich bereits bemerkt habe, genießen die Weiber auf Celebes so ziemlich die Rechte der Männer: Ein Mann darf ohne die Bewilligung seiner ersten Frau keine zweite nehmen. Auch von den öffentlichen Angelegenheiten sind sie nicht ausgeschlossen. Die Bewohner des Königreiches *Wadjo* (Lagusi), ein handeltreibendes, friedliches Volk, ziehen es sogar vor, von Königinnen regiert zu werden; sie sagen, daß deren Regierung weniger kriegslustig, treuer und ruhiger sei als die der Männer.

Um elf Uhr sagte ich der Königin Lebewohl.

Ich hatte meinen Leuten schon am frühen Morgen befohlen, alles zur Rückreise in Bereitschaft zu halten; trotzdem fand ich, als ich ans Ufer kam, nicht einmal ein Boot vor. Mit vielem Gezänk kam erst unser ausgehöhlter Baumstamm um Mittag zum Vorschein. Die Rückreise war womöglich noch unangenehmer als die Herreise, da die Leute so träge ruderten, daß wir nicht von der Stelle kamen. Ich mußte in dem engen Gefängnis zwanzig Stunden, von Mittag zwölf bis nächsten Morgen acht Uhr zubringen. Während der Nacht wurden die Ruder zur Seite gelegt, und alles schlief. Glücklicherweise war das Wetter schön und der See ruhig, dennoch schwankte das gefährliche Fahrzeug bei jeder Bewegung eines Schläfers so heftig, daß ich oft fürchtete, es könne das Gleichgewicht verlieren.

5. Mai. In der offenen Hütte wieder angekommen, rasteten wir zwei Stunden, dann bestiegen wir Pferde und ritten nach Batu-Massapaija, zu dem König von Sidenring zurück.

Meine erste Frage war nach den Insekten. Der König reichte mir – die leere Flasche.* Ich erinnerte ihn an die Rehjagd – „übermorgen" hieß es.

Ich dankte ihm für die vielen Insekten und für die schöne Jagd und ersuchte ihn, mir einige Leute zu geben, um nach dem Bergdistrikt *Duri* gehen zu können, dessen Bewohner, eine Art Alforen und ein noch als sehr wild bekannter Volksstamm, Bundesgenossen des Königs von Sidenring sind. Sie sollen in Höhlen wohnen. Diese Reise gefiel aber dem Tolk und dem Sendling nicht. Man mußte sie zu Fuß machen und obwohl ich von der buginesischen Sprache, in welcher meine Leute mit dem König verkehrten, so viel wie nichts verstand, entnahm ich doch, daß sie den König ersuchten, mir Schwierigkeiten zu machen. Der König sagte mir dann in malaiischer Sprache, daß er jetzt mit diesem Volk gerade nicht im besten Einvernehmen stehe und daher meinen Wunsch nicht erfüllen könne. Hätte ich diese trägen, faulen Leute nicht bei mir gehabt, so würde ich meinen Willen durchgesetzt haben, denn ich sah es dem König an, daß er der Erfüllung meines Ersuchens nicht ungeneigt war. Er bemerkte wohl, daß ich böse wurde, und um mich ein wenig zu erheitern, versprach er mir, die Rehjagd auf den morgigen Tag zu veranstalten.

---

* Die Leute versprechen alles mit der größten Bereitwilligkeit; ersucht man sie um etwas, so bekommt man stets „Ja" zur Antwort; allein höchst selten halten sie Wort.

Ich brachte den ganzen Abend mit der königlichen Familie zu und bemerkte mit Vergnügen, daß das königliche Ehepaar, obwohl schon lange verheiratet (sie hatten vierzehn Kinder), in einer überaus glücklichen Ehe lebte. Ich hörte auch, der König habe nur *eine* Frau, und überhaupt sei das Familienleben auf Celebes besser als auf irgendeiner der anderen Inseln dieses Archipels. Gewöhnlich begnügt sich der Mann mit *einer* Gattin, und Scheidungen finden auch nicht so häufig statt.

Die beiden Eheleute richteten unzählige Fragen an mich; vor allem andern aber baten sie mich um die Arznei, die ich ihrer Meinung nach nähme, um in meinem Alter so kräftig zu sein. Der König sagte, daß er nicht imstande wäre, es mir gleichzutun, viel weniger die Königin, obwohl sie beide um so viel jünger seien als ich. Vergebens beteuerte ich, daß dies nur Folge der von der ihrigen so ganz verschiedenen Lebensweise wäre. Dann kam auch hier wieder die Rede auf meinen Sultan (ein besonderes Lieblingsthema aller dieser Fürsten); sie fragten mich, wie er wohne, was er speise, ob ich ihn oft besuche usw. Ich erzählte ihnen mit aller Ausführlichkeit das kaiserliche Familienleben.

6. Mai. Gestern hatte die Königin erklärt, sie wolle ebenfalls an der Jagd teilnehmen. Ich war über diesen heldenmütigen Entschluß sehr erstaunt, denn daß eine Königin ihre Hütte ohne bedeutende Veranlassung verläßt, gehört unter diesen Völkern zu den Wundern. So erzählte mir zum Beispiel die achtzehnjährige Königin von Baru, daß sie seit acht Jahren nicht über zweihundert Schritte weit von ihrer Hütte gekommen sei.

Als es zur Jagd ging, fragte ich nach der Königin. Der König sagte mir, daß sie uns nicht begleiten könne, sie habe das Fieber (vermutlich das Trägheitsfieber).

Wir begaben uns auf einen großen, schönen Wiesenplatz, der ringsum von Waldungen eingesäumt war. Die Rehe wurden getrieben, von Hunden gefangen, welche die armen Tiere gräßlich zerfleischten, und von den Leuten mit Lanzen getötet. Viele von den Jägern waren zu Pferd und jagten den Tieren nach. Der König und ich saßen im Schatten eines Baumes und sahen zu – es war eine abscheuliche Unterhaltung, der ich kein zweites Mal beiwohnen möchte!

Nach der Jagd versammelten sich die Reiter und Treiber um uns. Diese Gruppe war so malerisch, daß ich vieles gegeben hätte, ein Zeichner zu sein. Die Reiter ruhten auf ihren schönen, unbeweglich stehenden Tieren in den verschiedenartigsten Stellungen. Sie schlugen einen Fuß, oft wohl beide, unter, hockten auf den Fersen oder stemmten die Füße in die Seiten der Tiere, kurz, gebärdeten sich wie auf festem Grund und Boden. So wie die Leute zu Pferde, so lagerten die Treiber auf der Wiese umher. Die Kopftücher hatten sie in der mannigfaltigsten Weise um den Kopf geschlagen. Sie stärken diese Tücher und vermögen ihnen daher jede beliebige Form zu geben; die langen, weiten Sarongs umhüllten die kräftigen Körper bald ganz, bald teilweise oder hingen als Schärpen in reichem Faltenwurf von der Schulter hinab. Das Betrachten dieses Bildes ergötzte mich ungleich mehr als die grausame Jagd.

Zur Abendmahlzeit setzte man uns schon das Schulterstück eines der erlegten Rehe vor. Leider war es durch die Bereitung fast ungenießbar geworden. Man hatte das Fleisch, ohne es zuvor zu waschen und zu salzen, in das brennende Feuer geworfen und kaum so lange darin gelassen, bis es warm wurde. Es war ganz schwarz, stank nach Rauch, und das Blut quoll überall heraus. Von solchen Speisen lebt ein König, der, wie er mir selbst erzählte, im vergangenen Jahr 8.000 Rupien in den Hahnenkämpfen verloren, das Jahr zuvor 10.000 Rupien in demselben Spiel gewonnen hatte!

7. Mai. Morgens nahm ich Abschied von dem königlichen Spieler. Die Rückreise ging sehr rasch vonstatten. Ich machte in Pare-Pare, Baru und Tanette nur die nötige Rast und erreichte schon am 9. Mai wieder die Grenze der holländischen Besitzungen, die zwei Paal von der Residenz des Königreiches Tanette beginnen. Um zwei Uhr war ich zu Mandelle, und um eine Tagereise zu gewinnen, ging ich zu Fuß noch sechs Paal weiter bis *Segeri*, denn bis frische Pferde herbeigeschafft worden wären, würde es Nacht gewesen sein, und die Wege waren zu gräßlich, um sich bei Nacht darauf zu wagen. Meinen Leuten kam dies nicht sehr gelegen; allein ich bekümmerte mich nicht darum und begab mich ohne sie auf den Weg, wohl wissend, daß sie mir

folgen würden. Wir kamen durch so tiefe Sümpfe, daß man an einer Stelle Mühe hatte, mich durchzubringen. Bei jedem Schritt sank ich bis an den Oberleib ein, zwei meiner Leute mußten mir stets heraushelfen. Am nächsten Morgen fühlte ich mich so wenig ermüdet, daß ich zweiunddreißig Paal zwar zu Pferd, aber ebenfalls wie gestern, durch die schrecklichsten Sümpfe machte, was selbst für Reiter sehr ermüdend ist. Ich kam glücklich und wohlbehalten zu Maros an; Tolk und Sendling wurden dagegen von den Beschwerden dieser eiligen Rückreise so angegriffen, daß sie beide einige Tage unwohl waren.

Zu Maros blieb ich noch einige Tage und besuchte von hier aus den Fürsten *Aru-Sinri*, den früheren Minister von Bonni, der sechs Paal von Maros entfernt wohnt. Die Gemahlin dieses Fürsten, *Aru-Palengerang*, hatte die gerechtesten Ansprüche auf das Reich Bonni: Sie war die Schwester des letztverstorbenen Königs, der keine Kinder hinterließ; auch sie war kinderlos und hatte einen Neffen adoptiert. Als aber der König starb, wußte letzterer sich einen solchen Anhang zu verschaffen, daß er sich der Regierung bemächtigte und seine Wohltäterin vertrieb. Sie warf sich mit ihrem Gemahl in die Arme der holländischen Regierung, welche ihnen ein niedliches Bambushaus bauen ließ und eine jährliche Pension gibt.

Auf ganz Celebes fand ich kein Fürstenhaus so schön gehalten wie dieses. Das Innere war in Gemächer geteilt, die Küche abgesondert, die Dienerschaft sehr sauber gekleidet, der Tisch höchst zierlich gedeckt, die Gerichte gut, man hätte in keinem europäischen Hause mehr Ordnung und Reinlichkeit finden können.

Der Prinz Aru-Sinri und seine Gemahlin werden auch allgemein als ausgezeichnete Leute, sowohl in bezug auf Herz als auf Verstand, gerühmt.

Am 13. Mai ritt ich nach Makassar zurück, wo ich bis 20. Mai blieb. Ich stattete vor meiner Abreise in Begleitung des Herrn *Weiergang*, eines hiesigen Kaufmannes, noch dem Sultan von Goa einen Besuch ab. Das Reich Goa stößt an Makassar an; die Residenz des Fürsten ist nur vier Paal von letzterem entfernt. Dieses Reich besteht aus den Trümmern des Königreiches Makassar, welches in früheren Zeiten das mächtigste von Celebes war, eine treffliche Armee und viele Kutter besaß und einen großen Teil der umliegenden Inseln beherrschte.

Der Sultan von Goa bewohnt ein weit hübscheres Haus als seine königlichen Kollegen von Sidenring und Pare-Pare, da es von Brettern und mit Schnitzwerk verziert ist. Im Inneren sah es jedoch ebenso aus wie bei allen anderen Fürsten: eine Überfülle von Hofgesinde und Dienerschaft, ein Chaos von Klambus und übereinandergeschichteten Kisten und Kasten.

Der Sultan ließ gerade ein neues Haus bauen, obwohl das alte noch ganz gut erhalten schien; er wollte letzteres nicht mehr bewohnen, weil sein Vater darin gestorben war. Soll man dies Zartgefühl nennen? Ich wäre eher geneigt, es für Aberglauben zu halten, denn Gefühl für Verstorbene habe ich unter diesen Völkern nirgends gefunden.

Nahe an der Residenz sind die Gräber des Fürstenhauses. Sie enthalten einfache steinerne Grabesmonumente, die zum Teil in kleinen gemauerten Hallen stehen.

Am 20. Mai verließ ich Makassar auf dem Dampfer „Banda", um zum dritten und letzten Mal die gastfreundlichen Küsten Javas zu betreten.

Nach zweieinhalbtägiger Fahrt ankerten wir auf der Reede von Surabaya. Während meines ersten Aufenthaltes an diesem Ort hatte ich die Bekanntschaft der Frau Brumond, Gattin des Domine Brumond, gemacht, welche so freundlich war, mich in ihr Haus einzuladen, wenn ich von der Reise nach den Molukken und Celebes zurückkäme. Herr Resident von Perez, bei welchem ich damals abgestiegen war, hatte nämlich den Ruf nach Batavia als Rat von Indien (höchste Stelle nach dem Gouverneur-General; es sind deren vier, jede mit einem jährlichen Gehalt von 36.000 Rupien) erhalten. Ich fand bei dieser liebenswürdigen Familie eine so herzliche Aufnahme und während der Krankheit, die mich hier befiel, eine so sorgfältige Pflege, daß ich gar nicht glaubte, mich in einem fremden Land zu befinden. Zu dem Fieber, das mich seit meinem Aufenthalt in Sumatra häufig belästigte, gesellte sich ein Anthrax[92] auf dem Rücken, eine Folge der beschwerlichen Wanderungen und ausgestandenen Mühseligkeiten auf den Molukken und auf Celebes. Durch diese Krankheit wurde mir der Aufenthalt auf Surabaya sehr verbittert, und es war an meine Reise ins Gebirge, nach dem Feuerberg *Brumo* usw. nicht mehr zu denken; ich benützte nur die Zeit meiner Rekonvaleszenz, Surabaya selbst und seine nahe Umgebung ein wenig zu besehen.

Abbildung 23: Ansicht von Surabaya.

Der gute Herr Brumond war so gefällig, meinen Cicerone[93] zu machen. Wir begannen mit der Moschee, welche die schönste auf ganz Java sein soll und in ganz neuester Zeit von einem holländischen Baumeister aufgeführt wurde. Sie nimmt sich sehr gut aus, obwohl ihre Bauart weder rein maurisch noch gotisch, sondern ein Gemisch von beiden ist. Sie bildet mit den beiden Minaretts, die durch vierzig Fuß lange, schöne Gänge verbunden sind, ein Achteck. Das Gebäude ist von Backsteinen (Ziegeln) aufgeführt, die Vorderseite des Daches sowie die Eingangstüre mit hübschem Holzschnitzwerk verziert.

Der Diener verweigerte uns zwar nicht den Eintritt in die Moschee; allein er verlangte, daß wir die Schuhe ausziehen sollten. Herr Brumond, meiner Rekonvaleszenz gedenkend, reichte ihm eine Rupie, und dieser silberne Schlüssel öffnete uns die Türe ohne weitere Anforderung. Wir sahen im Innern nichts weiter als eine hübsche Halle mit einer kleinen Kanzel, einigen Lampen, Matten und vielen messingenen Spucknäpfen. Letztere fallen einem Fremden gar sehr in die Augen; allein ein Sirikauer kann ihrer nicht entbehren, und an einem so heiligen Ort darf er nicht auf den Boden spucken.

Von der Moschee gingen wir in den nah gelegenen malaiischen Kampon. Dieser gefiel mir ganz und gar nicht. Die Bambushütten, hier nicht auf Pfähle gebaut, stehen in zwei Reihen eng aneinander und bilden eine Straße. Der Unrat wird vor alle Türen geworfen, gegen Abend vor jedem Haus zusammengefegt und verbrannt. Wir kamen gerade zu dieser unglückseligen Stunde in den Kampon und konnten deshalb vor Rauch und Gestank kaum durch die Straße dringen. Wie mag es da in der Regenzeit aussehen, wenn nicht gefegt und verbrannt werden kann? Es ist ganz und gar nicht zu wundern, daß die Leute beständig mit Fiebern, Haut- und anderen Krankheiten zu kämpfen haben.

Die Hütten sind außerordentlich klein und gedrückt, ohne Fenster und mit einem so niedrigen Pförtchen, daß man ungebückt nicht durchkommt. Im Innern ist jedes dieser Schneckenhäuser noch in drei Teile geteilt, die wahren Löchern gleichen. Das erste Loch, das einzige, in welches durch die geöffnete Türe Licht fällt, enthält links und rechts eine Schlafstelle, die während des Tages als Werkstätte oder Sitzplatz dient. In dem zweiten Loch ist an einer Seite die Schlafstelle des Hausherrn, an der anderen eine hölzerne Bank, in dem dritten die Feuerstelle. Es bleibt überall gerade nur so viel Raum, um hindurchschlüpfen zu können. Die Einrichtung besteht aus einigen Matten, Polstern, irdenen Kochtöpfen und einer hölzernen Truhe auf Rädern, die alle Schätze der Familie, Kleidungsstücke, Waffen, Geschmeide usw. enthält und im Falle einer Feuersgefahr leicht fortgerollt werden kann.

Das Volk kam mir minder häßlich vor als am Beginn meiner Reise auf Borneo, Java usw. Ich sah nun schon seit mehr als einem Jahr größtenteils nur Malaien und möchte daher meine Geschmacksänderung der Gewohnheit zuschreiben, die am Ende das Häßliche minder häßlich erscheinen läßt. Geht es doch mit dem Schönen ebenso – die herrlichste Landschaft, alle Tage gesehen, macht mit der Zeit nicht halb so viel Eindruck wie im ersten Augenblick.

Wir besuchten diesen Abend auch noch den chinesischen Kampon, der mit seinen niedlichen Häuschen, durch seine außerordentliche Reinlichkeit den größten Kontrast zu dem malaiischen bildete. Die Häuschen aus Backsteinen waren alle so weiß und nett, als wäre der ganze Kampon erst kürzlich beendet worden. Sie sind zwar auch nicht groß, aber geräumig genug, selbst eine zahlreiche Familie anständig unterzubringen. Es fehlt weder an Fenstern noch Türen, von welchen erstere mit schönen Läden versehen sind; alles Holz- und Rohrwerk ist mit dunkler Ölfarbe angestrichen. Den Vorderteil des Hauses umgibt eine Veranda; von dieser tritt man in das Empfangszimmer, welches die ganze Länge des Hauses einnimmt. Hier findet man den Boden mit Matten belegt, die Wände mit Spiegeln und Bildern geziert, und eine genügende Einrichtung an Tischen, Stühlen und Schränken. Im Hintergrund führen links und rechts Türen in die Wohnstübchen. Beinahe in jedem Haus ist in dem Empfangszimmer ein kleiner Altar aufgerichtet.

Wir betraten mehrere Häuschen, deren Bewohner schon bei der Abendmahlzeit saßen. (Die Weiber der Chinesen sind ebenso wie jene der Malaien von der Tischgesellschaft ausgeschlossen; sie speisen in der Küche oder in ihrem Kämmerchen.) Der Tisch war mit einem weißen Tuch gedeckt und trug Gläser, Flaschen, Teller und gute Gerichte; mit Vergnügen hätte man an ihrer Tafel teilnehmen können, während es Ekel erregt, den Malaien zuzusehen, wie sie bei ihren Mahlzeiten irgendwo auf dem Boden kauern und große Portionen in Wasser gekochten Reises mit den Händen in den weit geöffneten Schlund stopfen.

Die Chinesen in den Städten sind Kaufleute, Pächter oder Handwerker; sie sind arbeitsam und unermüdlich, gönnen sich aber auch einige häusliche Bequemlichkeiten. Nicht so die Malaien; bei diesen leben Wohlhabende wie Arme in demselben Schmutz, in derselben Beschränktheit. Der einzige Aufwand, die einzige Liebhaberei der Reichen besteht in kostbaren Waffen, in

Gold- und Silbergeschmeide, das sie sorgfältig verschließen und bewahren und das man höchstens bei außerordentlichen Festen und Begebenheiten, oder wenn man sie darum ersucht, zu sehen bekommt. Außerdem begnügen sie sich mit einem alten Sarong und einem schmutzigen Kopftuch. Eine Ausnahme davon machen nur die von der Regierung als Regenten usw. Angestellten: Diese suchen gewöhnlich den Aufwand und die Lebensweise der holländischen Residenten nachzuahmen.

Einen der folgenden Tage gingen wir nach dem großen malaiischen Friedhof, der zum Teil auch der heilige genannt wird. Er ist mit einer Mauer umgeben. Das Innere ist in viele Plätze geteilt, die ebenfalls durch Mauern oder Staketen voneinander gesondert sind und je nach der Heiligkeit oder dem hohen Stande der daselbst Ruhenden mehr oder weniger in Ordnung gehalten werden. Es gibt noch viele Grabmäler von Sultanen aus der guten alten Zeit, als Sultane auf Surabaya herrschten. Sie sind alle höchst einfach und bestehen aus Steinplatten oder aufrecht stehenden Steinen, von welchen die meisten schon beschädigt oder eingesunken sind. Von diesen Gräbern wird eines für so heilig gehalten, daß keine Ehe unter dem Volk Surabayas und der näheren Umgebung geschlossen wird, ohne daß das Brautpaar hierher kommt, um durch ein kurzes Gebet den Segen dem Bunde zu erflehen. Wir waren so glücklich, einem dieser Brautpaare zu begegnen. Die Braut, ein etwas beleibtes, sehr häßliches, zwölfjähriges Mädchen, wurde in einer kleinen Sänfte getragen, die von beiden Seiten offen war, damit sie von dem Volk in ihrer bräutlichen Herrlichkeit gesehen werden konnte. Sie trug einen seidenen Sarong, der etwas über die Hüfte reichte; von da an war sie unbekleidet und mit einer gelben Farbe ganz bemalt, was dieselbe Wirkung hervorbrachte wie eng anliegender Trikot. Der Kopf, Hals, die Ohren und Arme waren mit Schmuck beladen. Sowohl der seidene Sarong wie der Schmuck sind selten Eigentum der Braut: Diese Gegenstände werden für die Feierlichkeit gemietet. Ihre Begleitung bestand aus vielen Weibern und Mädchen, wahrscheinlich Verwandte. Der Bräutigam, ein hübscher Mann von einigen zwanzig Jahren, folgte zu Fuß in Gesellschaft vieler Jünglinge und Männer. Er war sauber, aber nicht anders als seine Begleiter gekleidet.

Ich sah in Surabaya nicht nur dieses Brautpaar aus dem Volk, ich wohnte auch einem vornehmen Hochzeitsfest bei, wo es des Prunkes nicht wenig gab. Die Braut war die Schwester des Regenten.

Dieses Fest währte mehrere Tage. Am ersten fand die Zeremonie in dem Tempel statt, bei welcher ich nicht zugegen sein konnte, da ich gerade das Fieber hatte. Die Braut folgt an diesem Tage nicht ihrem Gemahl in sein Haus, sondern kehrt in das ihrige zurück. Am zweiten Tag ward das eigentliche Fest in dem Haus der Braut gefeiert. Der Gatte kam gegen Abend in feierlichem Zuge zu seiner Gemahlin. Den Zug eröffneten viele Jünglinge und Knaben aus dem Volk in ihrer gewöhnlichen Kleidung; sie trugen Palmenzweige oder sehr hohe Stangen mit bunten Tüchern, die wie Fahnen flatterten. Ihnen folgte Musik, Gongs und Trommeln und hierauf eine Art Leibwache mit sehr schönen Lanzen, von welcher eine Abteilung dunkelbraune, die andere zimtbraune Sarongs trug, die in faltenreichen Spitzen bis an die Waden hinabfielen. Der Oberkörper und die Füße waren mit lichtgelber Farbe bemalt; auf dem Kopf trugen sie eine Art Krone von Goldblech oder Messing. Sie sahen sehr geschmackvoll und kriegerisch aus. Zwischen jeder Abteilung ging Musik. Der Bräutigam kam in einem vierspännigen europäischen Wagen gefahren, von zwei Frauen (Verwandten) begleitet. An dem Hause angekommen, stellte sich das Gefolge in Reihen auf, und der Bräutigam schritt mit gesenktem Haupt und beinahe geschlossenen Augen in den Empfangssaal, in dessen Hintergrund die Braut, umgeben von Frauen und Mädchen, auf einem schönen Teppich saß. Stillschweigend, ohne Gruß, ohne die Augen aufzuschlagen, nahm der Bräutigam an der Seite der Braut Platz. Beide blieben bis neun Uhr so stumm und unbeweglich wie Statuen sitzen.

Braut und Bräutigam waren beinahe gleich gekleidet; sie trugen lange, golddurchwirkte seidene Sarongs. Der Bräutigam hatte den Oberkörper unbekleidet und gelb bemalt, die Braut trug ein lichtgelbes, seidenes, sehr knapp anschließendes Leibchen,

die Arme hatte sie bis an die Achseln ebenfalls nackt und gelb
bemalt. Auf dem Kopf trugen beide Kränze von Melati. Drei
Reihen dieser Blumen fielen von den Schläfen bis an die Brust
hinab. Außer den Blumen hatten sie noch einige Verzierungen
auf dem Kopf. Das Brautpaar war von vielen Verwandten umgeben, aber alle saßen stumm und bewegungslos da. Um acht Uhr
wurde Tee und Backwerk gereicht; die ganze Gesellschaft aß und

Abbildung 24: Ein javanisches Brautpaar.

trank, ohne auch nur ein Wort zu sprechen. Um neun Uhr verschwand das Brautpaar auf einige Augenblicke, um sich umzu-
kleiden, erschien wieder in einfachen Hauskleidern und blieb
dann noch ungefähr eine Stunde sitzen. An diesem Tage wird
zwar die Braut dem Bräutigam übergeben; allein er darf sie noch
nicht in sein Haus führen; er muß sogar noch einen dritten Abend
in dem ihrigen zubringen.

Auch hier ist es wie auf Celebes bei Reichen und Vornehmen
nicht Sitte, die Mädchen gar zu jung zu verheiraten; gewöhnlich
geschieht es zwischen dem achtzehnten und zwanzigsten Jahr.*

---

* Bei den Europäern scheint frühes Heiraten sehr Sitte gewesen zu sein. Die
Regierung hat in neuerer Zeit einen Befehl erlassen, welchem zufolge kein
europäisches Mädchen vor dem fünfzehnten Jahr heiraten darf.

Manche beobachten den Gebrauch, daß die Braut den Bräutigam erst in der Moschee kennenlernt.

Ein großes Fest bei den reichen Javanesen wird auch gefeiert, wenn ein Jüngling seine Schulzeit vollendet hat. Der Jüngling sitzt obenan, die Eltern und Verwandten um ihn, dann alle seine Lehrer; erstere fragen ihn über alles aus, was er gelernt hat.

Von den öffentlichen Anstalten Surabayas gefiel mir am besten das Hospital: Es ist in jeder Hinsicht das vollkommenste, das ich sah, und dies will viel sagen, denn in allen holländisch-indischen Besitzungen sind die Hospitäler vortrefflich eingerichtet. Dieses hat für achthundert Kranke Raum und ist in mehrere Gebäude abgeteilt, deren jedes von Wiesen und Gärten, mit Blumen und Bäumen umgeben ist. In einem der Gärten sah ich eine Wasserpalme, die merkwürdigste unter den Palmen, die mir auf Java und Sumatra vorkamen. Die Blätter sind zwölf bis fünfzehn Fuß lang und schießen einzeln aus dem Stamm, der kaum fünfzehn Fuß hoch sein mag, gerade in die Höhe. Sie schließen sich eines an das andere und bilden einen vollkommen regelmäßigen Fächer. Der untere Teil der Blätter sowie der Stamm enthalten Wasser. Diese Palme ist auf Madagaskar heimisch; auf Sumatra und Java fand ich sie nur als Zierde in den Gärten der Europäer.

Die Strafhäuser sind gleich jenen in Batavia derart eingerichtet, daß man beinahe sagen könnte, für Verbrecher sei die Menschlichkeit zu weit getrieben. Die holländischen Soldaten* haben hübsche Zimmer, nette Gärtchen und erhalten eine sehr gute Kost. Die eingeborenen Verbrecher sind gemeinschaftlich in große Räume gesperrt und werden zu verschiedenen Arbeiten in- und außerhalb des Gefängnisses verwendet, wofür sie per Tag einige Deut für Siri bekommen. Keiner der Gefangenen ist geschlossen; die Eingeborenen tragen nur um den Hals einen eisernen Ring; dessenungeachtet soll das Entfliehen zu den sehr seltenen Fällen gehören. Die Eingeborenen haben vor den Gesetzen viel mehr Achtung als die Weißen.

---

* Die eingeborenen Soldaten werden nicht mit den holländischen in dasselbe Gefängnis gesperrt.

Die Gefängnisse waren stark besetzt, wie man mir sagte mit zwölfhundert Sträflingen, meistens Dieben. Die schweren Verbrecher werden nach der Aburteilung nach verschiedenen Inseln, besonders nach den Molukken verwiesen, wo sie für die Regierung arbeiten oder gegen Lohn an Privatleute vermietet werden. Todesstrafen haben höchst selten statt.

Die Fabrik für Ausbesserung und Zusammenstellung von Dampf- und anderen Maschinen besuchte ich ebenfalls. Diese Fabrik ist für Java sehr notwendig, da es der Dampfschiffe, Zuckermühlen und andern Anstalten schon in großer Menge gibt. Man könnte hier die Dampfmaschinen auch ganz neu verfertigen; allein sie würden höher zu stehen kommen als in Europa, denn da die Eingeborenen nicht gezwungen sind, in den Fabriken zu arbeiten, muß man sie gut bezahlen, um sie dazu zu bewegen. Es waren in dieser Fabrik täglich an sechshundert Arbeiter beschäftigt, welche, die Werkmeister ausgenommen, alle Eingeborene sind und per Tag von dreißig bis hundertzwanzig Deut erhalten.

Nicht minder vollkommen eingerichtet ist das Arsenal, in welchem alle Gattungen Kugeln für Kanonen, Bomben und Gewehre gegossen, die Wagengestelle für die Artillerie, alles Riemwerk für Soldaten und Pferde gemacht werden. Auch hier arbeiten beinahe nur Eingeborene; man zieht sie den Europäern bedeutend vor. Sie sind sehr gelehrig und besonders im Nachahmen sehr geschickt, arbeiten ruhig, fleißig und höchst genau und schwatzen, zanken und trinken nicht. Ich sah in beiden Fabriken die vollendetsten Arbeiten aus den Händen der Eingeborenen hervorgehen, unter anderen ein großes Staatssiegel in Messing gestochen, welches von dem besten Siegelstecher in Europa nicht besser hätte ausgearbeitet werden können.[*]

Ich besah auch das Trockendock, eine herrliche Anstalt zur Ausbesserung der Schiffe. Das Becken, groß genug für das größte

---

[*] Ich sah bei Oberst *von Schierbrandt* in Batavia eine Hauseinrichtung in gotischem Stil, die er in Surabaya verfertigen ließ. Die Stühle, Kanapees, Schränke usw. waren höchst kunstvoll ausgeschnitzt, die Tapeziererarbeit nicht minder vollkommen. Aber bis auf die kleinsten Details mußte Herr Schierbrandt den Leuten Zeichnungen geben, aus eigener Erfindung können sie nichts schaffen.

Schiff, steht durch einen Kanal mit der See in Verbindung; das Wasser wird, wenn das Schiff im Becken liegt, mittels einer Dampfmaschine in fünf bis sechs Stunden gänzlich ausgepumpt. Wenn keine Regierungsschiffe in der Ausbesserung liegen, werden auch Handelsschiffe angenommen, für welche per Tag und per Tonne eine bestimmte Summe zu bezahlen ist. Es lag eben ein Schiff von zwölfhundert Tonnen in dem Becken, das täglich dreihundert Rupien für nichts als den Platz bezahlte. Diese Anstalt mag großen Nutzen tragen, denn der Kostenaufwand ist sehr gering, und an Schiffen, die der Ausbesserung bedürfen, fehlt es nie.

Leider konnte ich, wie gesagt, weder den Feuerberg Brumo, noch das von manchen Reisenden so schauervoll beschriebene „Totental" besuchen, in welchem der Baum Upas[94] steht. Die Ausdünstung dieses Giftbaumes soll, nach deren Behauptung, jedem lebenden Wesen, das sich in seine Nähe wagt, Mensch oder Tier, Tod und Verderben bringen.

Der Saft des Baumes diente zur Vergiftung der Pfeile, und um das Gift zu erlangen, sollen die Sultane dieses Landes den schweren Verbrechern die Strafe auferlegt haben, eine gewisse Menge Saftes von dem Baum zu bringen. Hatte der Verbrecher das Glück, mit dem Wind in das Tal zu gehen, so konnte er den Auftrag vollführen, mit dem Leben zurückkehren, und jede weitere Strafe war ihm in diesem Fall erlassen. Kam ihm jedoch bei diesem Gang der Wind ins Gesicht, so war sein Tod unvermeidlich.

Ich selbst erinnere mich, Beschreibungen dieser Art gelesen zu haben; es hieß ferner, daß dieses Tal voll von Skeletten von Menschen und Tieren sei. Jeder Vogel, der über das Tal fliege, stürze als Leiche nieder usw. – Sehr glaubwürdige Leute versicherten mir, daß an allem diesem Geschwätz kein wahres Wort sei. Es stehe zwar ein Upasbaum in einem kleinen Tal; allein Mensch und Tier kann sich ihm ohne die geringste Gefahr nahen, der Wind mag kommen, von welcher Seite er will. Hier und da ströme zwar aus dem Boden dieses Tales einiges Gas aus, das sich aber nicht über zwei Fuß erhebe. Man führt, um dem Fremden dies zu zeigen, gleich wie in die Hundsgrotte zu Neapel kleine

Abbildung 25:
Ein
Upasbaum.

Hunde dahin, die nach einigen Minuten von Zuckungen ergriffen dem Tode verfallen würden, zöge man sie nicht sogleich aus der Stickluft.

Auf Java habe ich keinen Upasbaum gesehen, dagegen in Borneo mehrere, an welchen ich oft ganz nahe vorbeikam. Die Eingeborenen warnten mich bloß, weder den Stamm noch die Äste zu berühren; sie sagten, die Hand schwölle auf und schmerze einige Stunden. Vielleicht ist auch dies nicht wahr; ich wagte aber doch nicht, es zu versuchen.

Da ich gerade von so Sonderbarem spreche, will ich auch eines rätselhaften Ereignisses erwähnen, das sich vor mehreren Jahren auf Java zutrug und so viel Aufsehen machte, daß es sogar die Aufmerksamkeit der Regierung in Anspruch nahm.

In der Cheriboner Residentschaft lag ein Häuschen, in welchem es, wie die Leute behaupteten, arg spukte. Sobald der Abend einbrach, begann ein Steinregen und Sirigespuck von allen Seiten in dem Gemach. Die Steine wie das Gespuck fielen knapp neben die Leuten, die sich darin befanden, nieder, ohne jedoch jemanden zu treffen. Dieser Spuk schien hauptsächlich gegen ein kleines Kind gerichtet. Es wurde von dieser unglaublichen Sache so viel gesprochen, daß am Ende die Regierung einen verläßlichen Stabsoffizier beauftragte, sie zu untersuchen. Dieser ließ das Häuschen von auserwählten, treuen Soldaten umstellen, untersuchte alles genau und setzte sich dann, das Kind auf den Schoß nehmend, in das verrufene Gemach. Zu Abend begann der Stein- und Siriregen wie immer, alles fiel knapp um den Offizier und das Kind nieder, ohne sie zu berühren.

Abermals wurde jeder Winkel, jedes Loch untersucht und – nichts gefunden. Der Offizier konnte aus der Sache nicht klug werden. Er ließ die Steine aufheben, sie bezeichnen und sie an einem weit entfernten Ort verbergen – vergebens, dieselben bezeichneten Steine flogen zur selben Stunde wieder in das Gemach. Um dieser unbegreiflichen Geschichte ein Ende zu machen, ließ die Regierung das Häuschen niederreißen.

Nach Batavia zurückgekommen, war ich abermals unentschlossen, wohin ich meinen Wanderstab wenden sollte. Von

Indien hatte ich das Interessanteste gesehen (Englisch-Indien auf meiner ersten Reise um die Welt), nach Australien verlangte ich nicht sehr, auch lagen keine Schiffe für dorthin im Hafen; wohl aber gab es deren zwei für Nordamerika, und zwar eines für Baltimore (Vereinigte Staaten), das zweite für San Francisco in Kalifornien.

Ich wandte mich an den amerikanischen Konsul, Herrn *Reed*, ihn ersuchend, mit den Kapitänen dieser Schiffe zu sprechen und mir, wo möglich, einen billigen Überfahrtspreis zu erwirken. Herr Reed überbrachte mir schon nach einigen Tagen die erfreuliche Nachricht, daß der Kapitän des für San Francisco bestimmten Schiffes bereit sei, mich ohne die geringste Vergütung auf diese lange Reise (über 10.000 Seemeilen) mitzunehmen.

Beinahe mit wehmütiger Empfindung nahm ich Abschied von den holländischen Besitzungen. Ich sah in diesen Ländern viel des Herrlichen und Großen in der wundervollen Natur, ich kam mit neuen Völkern in Berührung, deren Bekanntschaft mir, trotz der Gefahren, mit welchen ich sie mitunter erkaufte, höchst genußreiche und interessante Beobachtungen bot. Und nicht nur Geist und Auge fanden Genüsse auf dieser Reise, auch das Herz hatte seinen Teil, denn überall begegnete ich unter den Holländern vielen guten Menschen, die mir auf die liebevollste Weise mit Rat und Tat an die Hand gingen. Diesen, wie auch den Deutschen, die ich an einigen Orten traf, verdanke ich es, daß mir das Reisen nicht nur überhaupt ausführbar, sondern auch (die Länder der wilden Dayaker, Battaker und Alforen ausgenommen, wo es keine Europäer gab) so leicht und angenehm gemacht wurde, als es nur immer möglich war.

Solange ich lebe, werden die Eindrücke dieser schönen Reise ebensowenig aus meinem Gedächtnis schwinden, wie die Erinnerung an die Zuvorkommenheit und wahre Gastfreundschaft der Holländer.

Anmerkungen

1   *Fuß* – von der Länge des menschlichen Fußes abgeleitetes Längenmaß, meist zwischen 25 und 40 cm.

2   *Faktorei* – früher Bezeichnung für größere Handelsniederlassung in Übersee, besonders in den Kolonien.

3   *Kaffern* – alte, oft abwertend verstandene Bezeichnung für verschiedene im südlichen Afrika lebende Völker mit Bantusprachen, wie z.B. Zulu, Xhosa und Herero.

4   Die Kapkolonie führte zwischen 1779 und 1879 zahlreiche Kriege gegen die Xhosa, die sogenannten *Kaffernkriege*; kriegerische Auseinandersetzungen zwischen Briten und Xhosa gab es unter anderem 1846 und zu Beginn der 50er Jahre des 19. Jahrhunderts.

5   *Singapore* – früher auch im deutschsprachigen Raum üblich für: Singapur.

6   *Livres Sterling* – Pfund Sterling.

7   *Reaumur* – Temperaturskala, bei der der Abstand zwischen Gefrier- und Siedepunkt des Wassers in 80 gleiche Teile unterteilt ist, d.h. 80 Grad Reaumur entsprechen 100 Grad der Celsiusskala; $27\,°R \approx 34\,°C$.

8   Während ihrer ersten Weltreise (Mai 1846 bis November 1848) hatte sich Ida Pfeiffer, von Südamerika und China kommend, vom 3. September bis 7. Oktober 1847 in Singapur aufgehalten. Von hier reiste sie über Ceylon und Indien weiter durch Mesopotamien, Persien und Rußland zurück nach Europa. Ihr dreibändiger Reisebericht *Eine Frauenfahrt um die Welt* erschien 1850, eine gekürzte Ausgabe unter dem Titel *Eine Frau fährt um die Welt: Die Reise 1846 nach Südamerika, China, Ostindien, Persien und Kleinasien* in der Reihe „**Edition Frauenfahrten**", 1992.

9   *Stadt Sarawak* – Kuching.

10 *Keppel's Expedition to Borneo* – Henry Keppel: The Expedition to Borneo of H.M.S. Dido for the suppression of piracy with extracts from the journal of James Brooke, Esq. of Sarawak, third edition in 2 volumes, London 1847.

11 *Indischer Archipel* – früher für: Malaiischer Archipel; Bezeichnung der zwischen Südostasien und Neuguinea gelegenen Inselkette, einschließlich der häufig nicht dazu gerechneten Philippinen.

12 *Sultan von Bronni* – Sultan von Brunei, er herrschte damals über den nördlichen Küstenstreifen der Insel Borneo.

13 *Dayaker – Dayak* oder *Dajak*: Sammelname für die ursprünglichen Bewohner Borneos, die meist im Inneren der Insel leben. Die Dayak, von denen es heute etwa zwei Millionen gibt, sind keine homogene Gruppe, sondern zerfallen in rund 300 verschiedene Stämme; manche von ihnen waren früher Kopfjäger. Markante Siedlungsform der Dayak sind die bis über 100 m langen, auf Pfählen errichteten Langhäuser, die zum Teil die Bevölkerung eines ganzen Dorfes beherbergten und entlang der Urwaldströme errichtet wurden.

14 *Pikul* – früher in verschiedenen Ländern Asiens verwendetes Gewicht unterschiedlicher Größe, rund 60 kg.

1 Pfund leichtes Gewicht – rund 470 g.

15 *Nipapalme* oder *Atappalme* – kurzstämmige, Wälder bildende Palmenart der Mangrovengebiete Südostasiens und Austaliens mit großen Fiederblättern.

16 *Kammertuch* – feinfädiges, dichtes Baumwollgewebe in Leinenbindung; nach der französischen Stadt Cambrai, in der der Stoff zuerst hergestellt wurde, auch *Kambrik* genannt.

17 *Kampon – Kampong* oder *Kampung*: Bezeichnung für Dorf, Dorfbezirk, auch für einen dorfähnlichen Stadtbezirk.

18 *Zeug* – veraltet für: Stoff, Gewebe, Tuch.

19 *Gambir* – Extrakt aus den Blättern der in Südostasien beheimateten strauchartigen Kletterpflanze Uncaria gambir; Gambir wird als aromatische Zutat beim Betelkauen verwendet. Das Kauen führt zu einer Rot-, später Schwarzfärbung der Schleimhäute und Zähne.

20 *Siri* oder *Sirih* – malaiischer Name für *Betel*, ein stimulierendes Genußmittel, das früher von einem großen Teil der Bevölkerung Indonesiens, Südostasiens und Melanesiens gekaut wurde. Die Bestandteile des Betelbissens sind Stücke der Betel- oder Arekanuß, Blätter des Betelpfeffers und gebrannter, gelöschter Kalk, der durch eine chemische Reaktion dazu beiträgt, die in der Betelnuß enthaltenen Wirkstoffe (Alkaloide) freizusetzen; meist werden auch aromatische Stoffe, wie Gewürznelken, Tabak oder Gambir, beigemengt.

21 *Sagopalme* – in den sumpfigen Gegenden der Tropen wachsende Fiederpalme, deren Stamm eine große Menge von stärkehaltigem Mark enthält. Das durch Spalten gewonnene Mark ergibt durch Schaben, Stampfen und Waschen *Sago*, die rohe Stärke, die sich durch große Haltbarkeit auszeichnet. Die Sagopalme wird

teils angepflanzt, teils werden wildwachsende Bestände ausgebeutet.

22 *1 Zoll* – 2,3 bis 3 cm.

23 *Gegenvorstellungen* oder *Vorstellungen* – veraltet für: Einwände.

24 *Mündung des Flusses Sacaran* – gemeint ist die Trichtermündung des Batang Lupar.

25 *Bugspriet* – über den Bug von Segelschiffen schräg nach vorn hinausragender kurzer Mastbaum.

26 *Argusvogel* – *Argusfasan*: bis zu zwei Meter langer, im wesentlichen bräunlich gefärbter Hühnervogel der tropischen Regenwälder Sumatras, Borneos und Hinterindiens mit bis zu 1,40 m langen Schwanzfedern.

27 *Shawl* – veraltet für: Schal.

28 *Herr Temmingk* – der niederländische Naturforscher und Reisende *Coenraad Jacob Temminck* (1778 bis 1858) verfaßte ein Werk über die Naturgeschichte von Niederländisch-Indien, das auch Ida Pfeiffer gelesen hatte: *Verhandelingen over de natuurlijke Geschiedenis der Nederlandsche overzeesche bezittingen door de Leden der Natuurkundige commissie in Indië en andere Schrijvers*, 3 Bde., Leiden 1839 - 1844.

29 Der deutsche Naturforscher und Geograph *Alexander von Humboldt* (1769 bis 1859) unternahm von 1799 bis 1804 gemeinsam mit dem französischen Botaniker Aimé Bonpland in Lateinamerika eine Forschungsreise; in Zusammenarbeit mit Wissenschaftlern aus aller Welt wertete Humboldt deren Ergebnisse im größten privaten Reisewerk der Geschichte aus: *Voyage aux régions équinoxiales du nouveau continent*, 36 Lieferungen, 1805 - 1834. Ida Pfeiffer war mit Humboldt in Kontakt, sie sandte ihm 1856 während ihres Aufenthaltes in Berlin eine Ausgabe des Berichtes ihrer zweiten Weltreise.

30 *Knittel* – Knüppel.

31 *angelegentlich* – eingehend, nachdrücklich.

32 *Cabaya* – Kleidungsstück mit langen Ärmeln, meist seitlich geöffnet, das in China und in anderen orientalischen Ländern getragen wurde.

33 *Damarharz* – Baumharz, das vor allem aus dem zur Gattung der Shorea gehörenden Dammarbaum gewonnen und als Firnis für Gemälde, als Schiffspech und für Fackeln verwendet wurde; seit 1827 gelangte es, besonders von Sumatra aus, in den Handel.

34 *Rotang* – Produkt der Rotangpalme, einer Palmengattung mit zahlreichen Arten; meist wuchernde, hochkletternde Pflanzen mit dünnen, zähen, bis zu 100 m langen Stämmen. Rotang oder Peddigrohr, früher auch spanisches Rohr genannt, wird zur Herstellung von Korbwaren, Möbeln usw. verwendet.

35 *Pisang* – malaiisch für: Banane.

36 *Resident* – früher Bezeichnung für einen Verwaltungsbeamten der Kolonialmacht in einem kolonialisierten Land.

37 *Batavia* – bis 1950 Name von Jakarta; Batavia war seit dem 17. Jahrhundert Hauptstützpunkt der niederländischen Ostindienkompanie und Sitz des Generalgouverneurs von Niederländisch-Indien.

38 *Alang-Alang* – mit dem Zuckerrohr verwandtes Gras, das auf verlassenem Kulturland oder periodisch abgebranntem Gelände dichte Sekundärvegetation bildet.

39 *Scherbett* oder *Sorbett* – erfrischendes Getränk aus gekühltem, gesüßtem Fruchtsaft.

40 *eine Schuld berichtigen* – veraltet für: eine Schuld bezahlen.

41 Die Bemühungen der Engländer, Opium trotz des chinesischen Importverbotes in China einzuführen, führten zum *Opiumkrieg* (1840 bis 1842), in dessen Folge China gezwungen wurde, fünf Häfen für den englischen Handel zu öffnen und Hongkong an England abzutreten.

42 *Spanische Taler* – Bezeichnung für die verschiedenen amerikanischen Dollar und Peso, die in Ostasien im Umlauf waren.

43 *Willer, T.J.*: Verzameling der Battahsche Wetten en Instellingen in Mandheling en Pertibie, gefolgd van een overzigt van land en volk in die streken, Batavia 1846.

44 *zugeben* – veraltet für: gestatten, dulden.

45 *Otahaiti* – Tahiti. Pfeiffer besuchte diese Insel 1847 während ihrer zweiten Weltreise (16. April bis 17. Mai).

46 *Comptoir* – veraltet für: *Kontor*, Geschäftsraum eines Kaufmannes, Handelsniederlassung.

47 *Koningsplein* – heute Medan Merdaka; dieser Platz wurde im 19. Jahrhundert der Mittelpunkt Batavias, als die Holländer ihre Wohnviertel aus dem feucht-heißen, sumpfigen Küstengebiet in weiter landeinwärts gelegene, klimatisch gesündere Gebiete verlegten.

48 *Buitenzorg* – das heutige *Bogor*; hierher wurde im 18. Jahrhundert wegen des angenehmen Klimas die Residenz des holländischen Generalgouverneurs verlegt.

49 *Herr Wilson* – Wilsen, Frans Carel: Bôrô-Boedoer op het eiland Java, afgebeeld door en onder toezigt van F.C. WILSEN, met toelichtenden en verklarenden tekst…, 2 vol., Atlas, Leiden 1873–1874.

50 *Trippang* – Trepang: Art der Seewalze, auch Seegurke, die gekocht und getrocknet in Südostasien als Nahrungsmittel verwendet; bei den Chinesen gilt Trepang als Delikatesse. Seewalzen sind wurmförmig gestreckte Stachelhäuter mit lederartiger Körperhülle, die in der Tiefsee oder in Küstennähe im Sand leben.

Schwalbennester, auch *indische Vogelnester* – von den Salanganen, einer den Schwalben ähnlichen tropischen Seglerart, aus ihrem erhärteten Speichel erbaute Nester, die beim Kochen zu einer Gallerte aufquellen und in China ebenfalls als Delikatesse geschätzt werden.

51 *Deimar van Twist* – Albertus Jacobus Duymar van Twist (1809 bis 1887) war 1851 bis 1856 Generalgouverneur von Niederländisch-Indien; Pfeiffer verwendet meist das holländische Wort *gouverneur-generaal*.

52 *Banyanbaum* – Bezeichnung für einige südasiatische Feigenbaumarten mit mächtigem Wuchs, vor allem verwendet für den Bengalischen Banyan, ein immergrüner Urwaldbaum, mit einer Höhe von 20 bis 30 m und weit ausladender Krone, dessen Äste durch zahlreiche starke Luftwurzeln abgestützt werden.

53 *Cochenille-Pflanzung* – Opuntienplantage zur Zucht der Koschenilleschildlaus, aus der ein roter Farbstoff (*Cochenille* oder *Koschenille*) gewonnen werden kann. Diese Schildlaus trat ursprünglich als Schädling auf dem Koschenillekaktus (Opuntia oder Nopale coccinellifera) in Mexiko auf, vor der Herstellung von synthetischen Farbstoffen wurde sie in vielen Teilen der Welt wirtschaftlich genutzt.

54 *Fahrenheit* – noch heute in den USA und zum Teil in Großbritannien verwendete Temperaturskala, bei der der Abstand zwischen dem Gefrierpunkt (festgelegt auf 32 °F) und dem Siedepunkt des Wassers in 180 gleiche Teile unterteilt ist; 165 bis 175 °F ≈ 74 bis 80 °C.

55 *Lot* – ehemaliges Handelsgewicht in Deutschland und Österreich, rund 16 g.

56　*Typanas* – Cipanas; es handelt sich um den Istana Cipanas, einen Gouverneurspalast aus dem Jahr 1750.

57　*44° Fahrenheit* ≈ 7° Celsius.

58　*stützig* – störrisch, widerspenstig.

59　*Gothenburg* – Göteborg.
Pfeiffer bezieht sich hier auf ihre zweite große Reise, die sie 1845 zur Vulkaninsel Island führte; während dieser Reise hatte sie auch Dänemark, Schweden und Norwegen besucht.
1846 erschien das zweibändige Werk *Reise nach dem skandinavischen Norden und der Insel Island im Jahre 1845*; es wurde in der Reihe „**Edition Frauenfahrten**" des Promedia Verlages unter dem Titel *Nordlandfahrt. Eine Reise nach Skandinavien und Island im Jahre 1845* neu aufgelegt.

60　*Battaker* – Batak: Sammelbezeichung für sechs Ethnien des zentralen Nordsumatra; als eigentliches Zentrum der Batak gilt der Tobasee, ein großer Binnensee vulkanischen Ursprungs.

61　*Piaster* – in Europa zumeist gebrauchte Bezeichnung für den spanischen Peso de á ocho, den eigentlichen Spanischen Taler, und den spanisch-amerikanischen Peso, auch Dollar; eigentlich eine Silbermünze.

62　*Whist* – ursprünglich englisches Kartenspiel für vier Spieler mit französischen Karten (52 Blatt), Vorläufer des Bridge.

63　*Eier-Tau* – gemeint ist der Tobasee, der bis in die zweite Hälfte des 19. Jahrhunderts von keinem Europäer erreicht wurde; seine Erforschung war Triebfeder für zahlreiche Expeditionen.

64　*Dilleniacen, Dilleniengewächse* – Rosenapfelgewächse mit zahlreichen, meist strauch- oder baumförmigen Arten, beheimatet vor allem in Asien und Australien; bekannteste Gattung ist *Dillenia*, der von Madagaskar über Südostasien bis zu den Fidschiinseln verbreitete Rosenapfelbaum.

65　*Arengapalme* – eine in Hinterindien und im Malaiischen Archipel heimische Fiederpalme, die einen zuckerhaltigen Saft (deshalb auch der Name *Zuckerpalme*), aber auch Sago und Fasern liefert; mit dem Fasermaterial dieser Palme deckten die Batak schindelartig ihre Dächer.

66　*40° Reaumur* = 50° Celsius.

67　*Boskette* – veraltet für: Gebüsch-, Gehölzgruppen; der Begriff wurde besonders für Gruppen von beschnittenen Büschen und Bäumen in den Gärten der Renaissance- und Barockzeit verwendet.

68 *Kampferbaum* – in China und Japan beheimateter Baum aus der Familie der Lorbeergewächse, bis 50 m hoch, mit lederartigen, glänzenden Blättern; aus seinem Holz wird natürlicher Kampfer gewonnen.

69 *Sumatrafieber* – Ida Pfeiffer war vermutlich an Malaria erkrankt, sie berichtet im Laufe dieser Reise von immer wiederkehrenden Fieberanfällen; auch während ihrer letzten Reise nach Madagaskar litt sie wiederholt am „Madagaskar-Fieber", wahrscheinlich ein neuerliches Ausbrechen der Malaria, an dessen Folgen sie schließlich starb.

70 *Crustaceen* oder *Krustazeen* – Krebstiere.

71 *Samarang auf der Ostküste* – gemeint ist Semarang an der Nordküste Javas.

72 *Tamarindenbaum* – tropischer Baum der Gattung Johannisbrotgewächse, etwa 25 m hoch, mit gefiederten Blättern; die eßbaren Hülsenfrüchte, die sich nicht öffnen, enthalten ein breiiges, faseriges Fruchtfleisch.

73 *45° Reaumur* ≈ 56° Celsius.

74 *Djogokarta* – Yogyakarta.

75 *Boro-Budoo* – Borobudur: Größtes Bauwerk des Mahayana-Buddhismus in Java, errichtet im achten bis neunten Jahrhundert in Form einer Stufenpyramide. Als Mitteljava Ende des ersten Jahrtausends, möglicherweise wegen eines Ausbruchs des Vulkans Merapi, verlassen wurde, geriet der Tempel für fast ein Jahrtausend in Vergessenheit; erst 1814 wurde er durch einen britischen Kolonialbeamten wiederentdeckt.

76 *Velin* – feines, weiches, pergamentartiges Papier.

77 *Elora, Adjunta* – Elura, Ajanta: Felsentempel in Indien.
Pfeiffer besuchte während ihrer ersten Weltreise die buddhistischen Höhlentempel von Ajanta, nicht jedoch die Tempel von Elura, wie sie es ursprünglich geplant hatte – statt dessen nahm sie an einer Tigerjagd teil.

78 *Mataran* – Mataram: zu Beginn des 16. Jahrhunderts in Mitteljava gegründetes Sultanat, das in der Folge die Oberhoheit über fast alle Regionen Zentral- und Ostjavas erreichte. Der Aufstieg des Mataram-Reiches wurde durch die Ankunft der Europäer beendet, das Reich in die beiden Fürstentümer Yogyakarta und Surakarta (Solo) aufgespalten.

79 *L'hombre-Spiel* – von den Spaniern Mitte des 15. Jahrhundert erfundenes Kartenspiel für drei bis fünf Teilnehmer, bei dem

durch Reizen derjenige Spieler ermittelt wird, der gegen die anderen spielt.

80 *kasemattiert* – durch starkes Mauerwerk befestigt.

81 *Buginesen* oder *Bugi* – Bevölkerung von Südwest-Celebes; kulturell den Makassaren vewandt, betrieben sie wie diese neben dem Ackerbau vor allem Handel und waren als Piraten aktiv. Die Bugi und Makassaren waren ausgezeichnete Seefahrer, die mit ihren hochseetüchtigen Schiffen schon sehr früh bis zur Nordküste Australiens gelangten. Von den Bugi wurde unter anderen das Reich *Boni* getragen.

82 *Alforen* oder *Alfuren* – heute nicht mehr gebräuchlicher Sammelname für verschieden Stämme, die meist im Binnenland der Molukken und anderer Inseln des östlichen Indonesien leben. Der Name wurde vermutlich durch Portugiesen und Spanier eingeführt.

83 *Kussu* – Kusu: Angehöriger einer Gattung der Kletterbeutler von Katzengröße mit glattem Pelz und langem, behaartem Greifschwanz.

84 *einige fünfzig Paal* – veraltet für: fünfzig Paal und noch einige mehr.

85 *Sagower* – gemeint ist vermutlich der Palmwein der Zuckerpalme, die früher auch Sagwirepalme oder Saguweerpalme genannt wurde.

86 *Goa* oder *Gowa* – Reich der Makassaren mit der Hauptstadt Makassar, das sich im 16. und 17. Jahrhundert vom südwestlichen Celebes ausgehend über Flores, Sumba und Sumbawa ausdehnte.

87 *Sendling* – veraltet für: Abgesandter.

    Dragoman – im Vorderen Orient übliche Bezeichnung für einen Dolmetscher und Fremdenführer.

88 *Duenna* oder *Duenja* – veraltet für: Anstandsdame, Erzieherin.

89 *Kanarinen* – gemeint sind die ölhaltigen Steinfrüchte oder Samen einiger Arten des Kanaribaumes (Canarium), einer Gattung der Balsambaumgewächse mit zahlreichen Arten in den Tropen; Canarium indicum wird auch als Javanische Mandel bezeichnet.

90 *Tumuli* – vorgeschichtliche Hügelgräber.

91 *Durian* – stachelige, kürbisgroße Frucht des Durianbaumes, eines malaiischen Wollbaumgewächses, deren kastaniengroße Samen

von einem wohlschmeckenden, aber übelriechenden Samen-
mantel umschlossen sind.

92 *Anthrax* – eigentlich Milzbrand; es ist nicht klar, was Pfeiffer
meinte.

93 *Cicerone* – Bezeichnung für einen Fremdenführer, der wegen
seiner Beredsamkeit scherzhaft mit Cicero verglichen wird.

94 *Upasbaum* oder *Antiaris* – Maulbeerbaumgewächs des Malaiischen Archipels, aus dessen Milchsaft ein herzlähmendes Pfeil-
gift gewonnen wird, das in Europa früher auch als *Makassargift*
bekannt war.

Bildnachweis

Comte de Beauvoir: Voyage autour du Monde: Java, Siam, Canton, Bd. 2, Paris 1878. Abb. 18.

Bickmore, Albert S.: Reisen im Ostindischen Archipel in den Jahren 1865 und 1866, Jena 1869. Abb. 2, 8, 16, 22.

Dumont d'Urville, Jules Sébastien César: Voyage pittoresque autour du Monde, 2 Bde., Paris 1834–1835. Abb. 9, 10, 11, 17, 21, 23, 24.

Fritsch, Gustav: Die Eingeborenen Süd-Afrikas, Breslau 1872. Abb. 1.

Habinger, Gabriele: Aufbruch ins Ungewisse. Ida Pfeiffer (1797–1858) – Auf den Spuren einer Wiener Pionierin der Ethnologie. In: Kossek/Langer/Seiser (Hg.): Verkehren der Geschlechter. Reflexionen und Analysen von Ethnologinnen. Wien 1989, 248–261. Abb. 7.

Hatton, Frank: North Borneo. Explorations and Adventures on the Equator, London 1885. Abb. 4.

Illustrierte Zeitung. Wöchentliche Nachrichten über alle Ereignisse, Zustände und Persönlichkeiten der Gegenwart, über Tagesgeschichte, öffentliches und gesellschaftliches Leben, Wissenschaft und Kunst, Musik, Theater und Moden, Leipzig, 26. Jg., 1856. Abb. 25.

Pfeiffer, Ida: Meine Zweite Weltreise, 4 Teile, Wien 1856. Abb. 5, 14.

Rosenberg, H. von: Der Malayische Archipel. Land und Leute in Schilderungen, gesammelt während eines dreißigjährigen Aufenthaltes in den Kolonien, Leipzig 1878. Abb. 13, 20.

Ratzel, Friedrich: Völkerkunde, 2 Bde., 2. Auflage 1894. Titelbild, Abb. 3, 6, 15.

Wallace, Alfred Russel: Der Malayische Archipel. Die Heimath des Orang-Utan und des Paradiesvogels. Reiseerlebnisse und Studien über Land und Leute, 2 Bde., Braunschweig 1869, Abb. 12, 19.

„EDITION FRAUENFAHRTEN"

Ausgedehnte Reisen im 19. und zu Beginn des 20. Jahrhunderts waren mutige, oftmals sogar waghalsige Unternehmen. Umso mehr, wenn die Reisenden Frauen waren, die zäh und unerschrocken im Alleingang in Gebiete vordrangen, die bis dahin nur selten von Europäern und noch seltener von weißen Frauen erkundet wurden. In der „Edition Frauenfahrten" finden sich ausschließlich Originalberichte, die als Schilderungen, als Briefe an Verwandte und Freunde oder in Form von Artikeln für europäische Zeitungen, die Erlebnisse und Erfahrungen von reisenden Frauen widerspiegeln.

Reisende Frauen wurden nicht nur in fernen Gebieten mit Erstaunen, Unsicherheit und auch Mißtrauen betrachtet, sondern stießen vor allem in ihren europäischen Heimatländern an die Grenzen der Konventionen und des patriarchalen Verhaltenskodexes. Diese Reiseberichte geben daher auch Einblick in das Streben nach Unabhängigkeit und Freiheit dieser Frauen.

In der Reihe „Edition Frauenfahrten" sind bisher folgende Titel erschienen:

Ida Pfeiffer: „Eine Frau fährt um die Welt"
Die Reise 1846 nach Südamerika, China, Ostindien, Persien und Kleinasien.

Johanna Schopenhauer: „Promenaden unter südlicher Sonne"
Die Reise durch Frankreich 1804.

Ida Pfeiffer: „Nordlandfahrt"
Eine Reise nach Skandinavien und Island im Jahre 1845.

Caecilie Seler-Sachs: „Auf alten Wegen in Mexiko"
Reiseerinnerungen aus den Jahren 1895 bis 1897.

Isabella Bird: „Unbetretene Pfade in Japan"
Reise in das alte Japan 1878.

Ida von Hahn-Hahn: „Orientalische Briefe"
Eine Frauenfahrt 1843 in den Orient.

Gertrude Bell: „Am Ende des Lavastromes"
Durch die Wüsten und Kulturstätten Syriens.